研究生精品教材建设项目

刑事诉讼法

规范与阐释

张健　编著

镇　江

图书在版编目(CIP)数据

刑事诉讼法：规范与阐释 / 张健编著. — 镇江：江苏大学出版社，2021.12
ISBN 978-7-5684-1738-9

Ⅰ. ①刑… Ⅱ. ①张… Ⅲ. ①刑事诉讼法 — 中国 — 教材 Ⅳ. ①D925.2

中国版本图书馆 CIP 数据核字(2021)第 268210 号

刑事诉讼法：规范与阐释
Xingshi Susongfa: Guifan yu Chanshi

编　　著/张　健
责任编辑/汪　勇
出版发行/江苏大学出版社
地　　址/江苏省镇江市梦溪园巷 30 号(邮编：212003)
电　　话/0511-84446464(传真)
网　　址/http://press.ujs.edu.cn
排　　版/镇江文苑制版印刷有限责任公司
印　　刷/镇江文苑制版印刷有限责任公司
开　　本/718 mm×1 000 mm　1/16
印　　张/20.5
字　　数/420 千字
版　　次/2021 年 12 月第 1 版
印　　次/2021 年 12 月第 1 次印刷
书　　号/ISBN 978-7-5684-1738-9
定　　价/68.00 元

如有印装质量问题请与本社营销部联系(电话:0511-84440882)

前言

对于刑事热点案件，人们往往更关注罪与非罪、此罪与彼罪等实体问题，而对案件背后的诉讼程序少有关注，毕竟刑事诉讼程序离人们的生活较远。在笔者给研究生授课的时候，学生们也常抱怨刑事诉讼法学抽象且知识点繁杂、琐碎。如何在较短的时间内给法学基础薄弱的法律硕士研究生系统地教授刑事诉讼法知识，成为笔者经常思考的问题。摆在读者眼前的这本《刑事诉讼法：规范与阐释》是笔者这几年教学探索的结果。“法律是使人类行为服从于规则之治的事业。”本教材无意于做太多理论讨论，而是提供刑事诉讼法基本制度框架与规范，服务于教学实践。

教材分为四篇：第 1 章与第 2 章属于第一篇（刑事诉讼法基础理论篇）；第 3 章至第 10 章属于第二篇（刑事诉讼制度篇）；第 11 章至第 20 章属于第三篇（刑事诉讼程序篇）；第 20 章至第 25 章属于第四篇（刑事诉讼特别程序篇）。为方便学生掌握知识，每章列出了思维导图框架；根据知识点的重要程度标记了“★”符号，为学生提供了较为明确的指引。同时，为了行文方便，除特殊情形外，教材使用了法律法规的简称：《最高人民法院关于适用〈中华人民共和国刑事诉讼法〉的解释》简称《刑诉解释》；最高人民检察院《人民检察院刑事诉讼规则》简称《高检规则》；公安部《公安机关办理刑事案件程序规定》简称《公安部规定》；最高人民法院、最高人民检察院、公安部、国家安全部、司法部、全国人大常委会法制工作委员会《关于实施刑事诉讼法若干问题的规定》简称《六机关规定》；最高人民法院、最高人民检察院、公安部、国家安全部、司法部《关于办理刑事案件严格排除非法证据若干问题的规定》简称《严格排除非法证据规定》。另外，每章都设置了“课后阅读”，为读者提供课后的理论指引。本教材既注意全面、系统、准确地阐明国家立法规范的内容，又注意吸收和反映最新科研成果和司法实践的经验，力求做到观点明确、内容简明、通俗易懂。

近几年，刑事诉讼法学热点话题层见叠出，唯有根据立法的最新动向和司法的基本样态，以实践问题为出发点和研究对象，才能确保教材“言之有物”。2021 年，《最高人民法院关于适用〈中华人民共和国刑事诉讼法〉的解释》的出台也提出了许多值得研究与探讨的问题。笔者在编写本教材时总结和吸收了数本教材的经验，又参考了国内外的最新研究成果，引用和吸收了不少同行专家学者的理论，在此谨向他们致谢。同时，感谢编辑同志为本书出版所付出的辛劳。但是，由于时间紧促，本教材的个别观点和内容可能存在疏漏和不足，尚待方家和读者批评指正。在本书付梓之际，笔者深感学术是一项传承的事业，谨将此书献给我的老师与我的学生。

目录

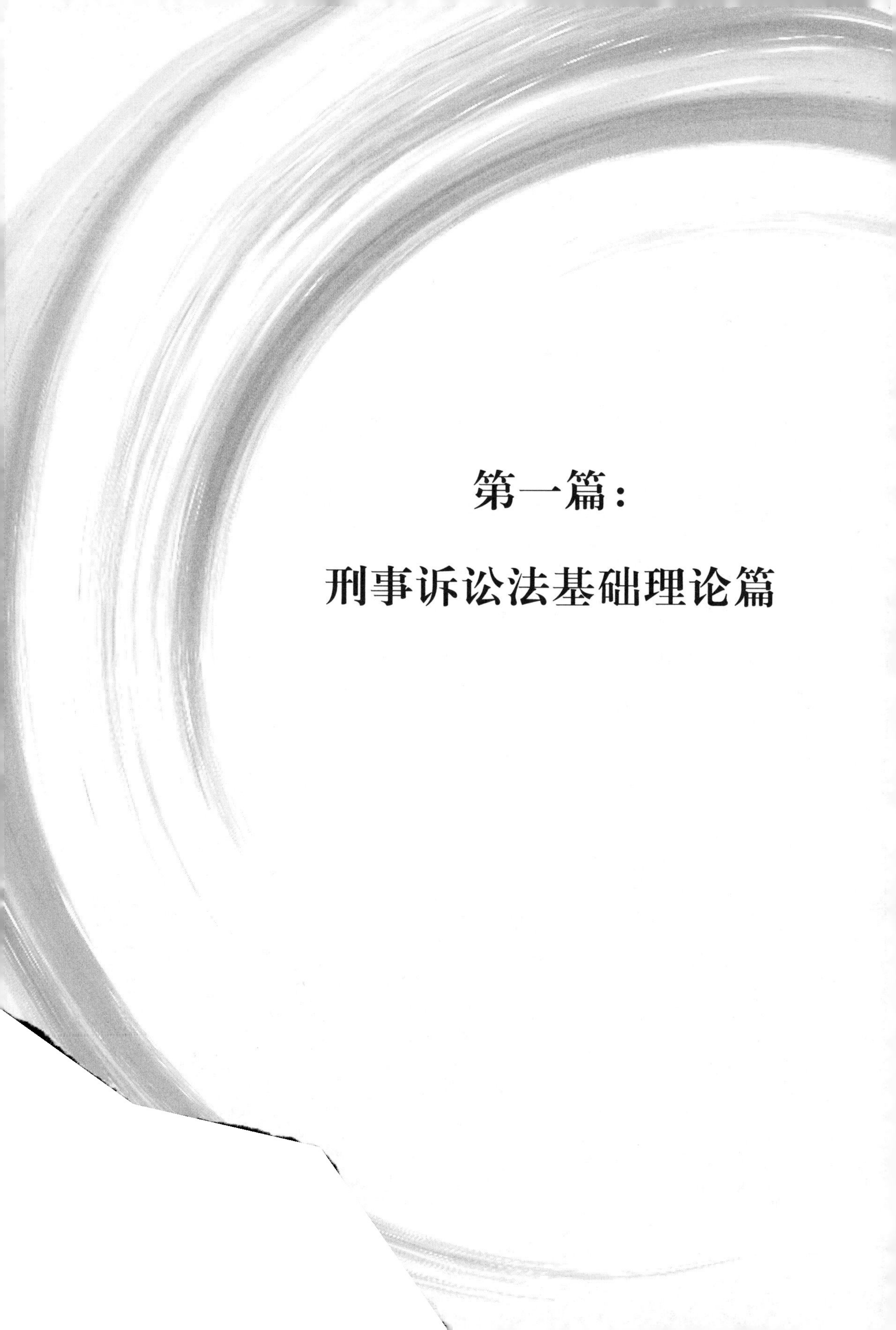

第一篇：

刑事诉讼法基础理论篇

第1章 刑事诉讼法概论

本章思维导图 <<<

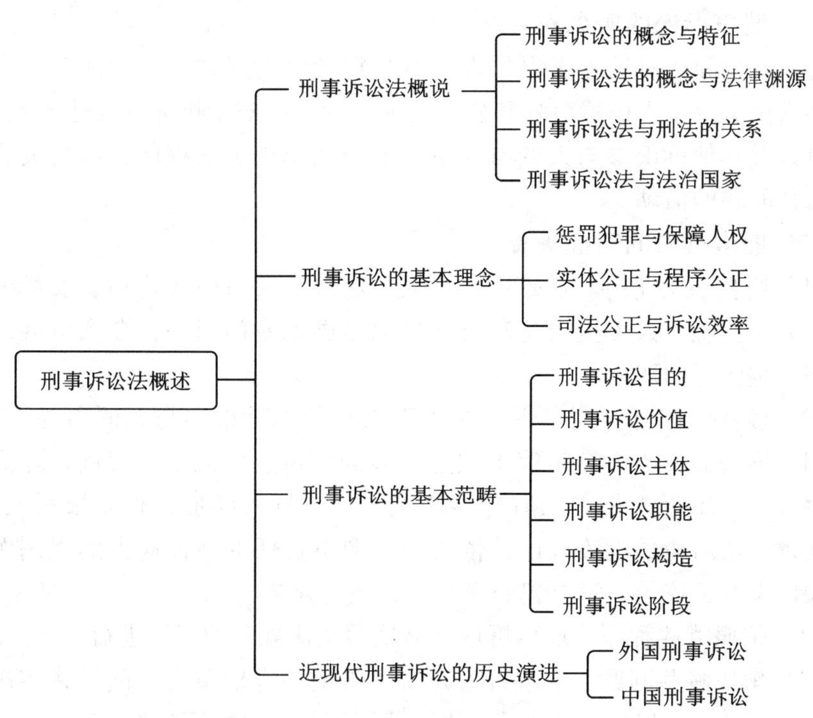

第1章　刑事诉讼法概论

本章思维导图 <<<

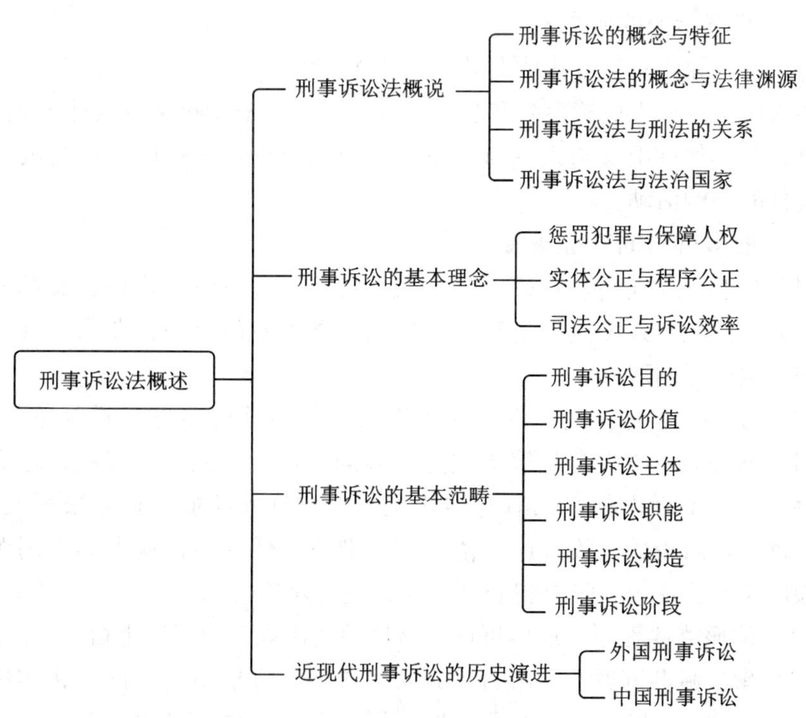

第 1 章　刑事诉讼法概论

本章思维导图 <<<

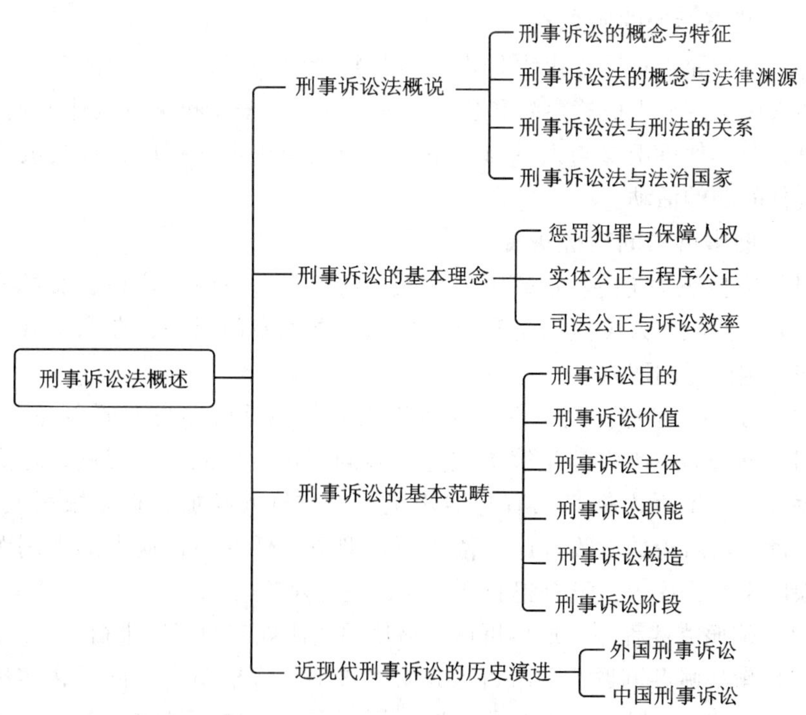

刑事诉讼法是规范刑事诉讼活动的基本法律，是专门调整刑事诉讼活动的法律规范，调整对象涉及公安、监察、检察、法院等机关及当事人、律师等个人在刑事诉讼过程中的活动，是宪法规定的有关机关权力的程序性规范和公民基本权利的程序性保障，因而被称作“小宪法”。

刑事诉讼是国家政法工作的重心，更被誉为法院审判工作的“门面”，并且最具争议，对普通公民权利的影响也最大、最为直接。社会大众了解、熟悉政法工作的传统“入口”与“通道”是刑事审判，刑事审判通过惩罚和打击犯罪极易引起社会的关注，进而也影响了社会公众对公安司法工作乃至对国家法律的认同。

1.1　刑事诉讼与刑事诉讼法

一、刑事诉讼的概念★

诉讼，即原告对被告提出告诉，由裁判者解决双方争议的活动。刑事诉讼，即人民法院、人民检察院和公安机关（含国家安全机关等其他侦查机关）在当事人及其他诉讼参与人的参加下，依照法律规定的程序，解决被追诉人刑事责任问题的活动。

二、刑事诉讼的特征★★

（1）哪些机关主持。刑事诉讼由人民法院、人民检察院和公安机关主持进行。人民法院、人民检察院和公安机关是国家专门机关，在刑事诉讼中分别行使一定的专门职权。

（2）哪些人参加。刑事诉讼在当事人和其他诉讼参与人的参与下进行。由于刑事诉讼的中心内容是解决被追诉人的刑事责任问题，因此，除少数特别程序外，刑事诉讼都必须有犯罪嫌疑人、被告人参加。犯罪嫌疑人逃匿、死亡案件违法所得的没收程序，依法不负刑事责任的精神病人的强制医疗程序及缺席审判程序等，没有犯罪嫌疑人、被告人参加。

（3）依照哪些程序。刑事诉讼严格依照法律规定的程序进行。

（4）解决哪些问题。刑事诉讼是解决被追诉人刑事责任问题，实现国家刑罚权的活动。和民事诉讼有所不同，刑事诉讼解决的是被追诉人刑事责任的问题，而民事诉讼解决的是平等主体之间的民事权益纠纷问题。

三、刑事诉讼法的概念★★

刑事诉讼法是指国家制定或认可的调整刑事诉讼活动的法律规范的总称。刑事诉讼法有狭义和广义之分。狭义刑事诉讼法单指刑事诉讼法典，在我国即指《中华人民共和国刑事诉讼法》。广义刑事诉讼法，即一切调整刑事诉讼活动的法律规范的总称。

四、刑事诉讼法的法律渊源★

刑事诉讼法的法律渊源又可以称为刑事诉讼法的法律渊源的表现形式，指的是刑事诉讼法律规范的存在形式或者存在载体。刑事诉讼法包括宪法、刑事诉讼法典、有关法律和司法解释、行政法规和部门规章、地方性法规与有关国际条约、国际公约。

五、刑事诉讼法与刑法的关系★★

刑法是实体法，解决的是犯罪与刑罚的问题；刑事诉讼法是程序法，解决的是以何种程序追究刑事责任的问题。刑事诉讼法既具有保障刑法正确适用的工具价值，也有自己的独立价值。

延伸阅读

刑事诉讼是一个国家政治状况的反光镜。政治领域的观念变革和制度变迁必然映射于诉讼程序之上，“如果将法律理解为社会生活的形式，那么作为‘形式的法律’的程序法，则是这种形式的形式，它如同桅杆顶尖，对船身最轻微的运动也会作出强烈的摆动”。刑事诉讼法所规定的诉讼结构、原则、制度、程序，体现着程序本身的民主、法治、人权精神，也反映出一国刑事司法制度的进步、文明程度，是衡量社会公正的一个极为重要的指标。比如，刑讯逼供、非法采证、秘密审判等内容是与现代民主、法治精神相背离的。在这种程序下，即使案件在实体处理上没有错误，也会因为程序不公让当事人和社会公众对实体处理是否公正产生怀疑，而且会使他们通过程序这个窗口对社会公正产生怀疑。这从反面体现出刑事诉讼法本身具有的独立价值。

六、刑事诉讼法与法治国家★★

刑事诉讼法在实现法治国家方面的作用集中体现在其与宪法的关系中。刑事诉讼法与宪法的关系，一方面体现为刑事诉讼法素有“小宪法”之称，是一国法治发展与人权保障状况的晴雨表，以至于宪法中关于程序性条款的规定成为法治国家的基本标志；另一方面体现为刑事诉讼法在维护宪法制度方面发挥的重要作用。

具体而言，首先，宪法是静态的刑事诉讼法。刑事诉讼法的程序性条款在宪法条文中占据重要地位，这些体现法治主义的有关刑事诉讼的程序性条款，构成了各国宪法关于人权保障条款的核心。其次，刑事诉讼法是动态的宪法。刑事诉讼法在维护宪法制度方面发挥了重要的作用。宪法规定要保障公民的基本权利，而刑事诉讼直接涉及公民的权利和自由，所以，必须对国家在刑事诉讼中的权力加以限制。各国刑事诉讼规范中有关强制措施的适用权限、条件、程序、羁押期限、辩护、侦查、审判的原则与程序等规定，都直接体现了宪法关于公民人身、住宅、财产不受非法逮捕、搜查扣押的精神。

1.2　刑事诉讼的基本理念

一、惩罚犯罪与保障人权★★

第一，惩罚犯罪。通过刑事诉讼程序，在准确、及时查明案件事实真相的基础上，对构成犯罪的被告人公正地适用刑法，从而打击犯罪。

第二，保障人权。在通过刑事诉讼惩罚犯罪的过程中，保障公民合法权益不受非法侵犯。具体包括：① 无辜的人不受追究；② 有罪的人受到公正处罚；③ 诉讼权利得到充分行使和保障。此处的保障人权并不限于保障犯罪嫌疑人、被告人的人权，也包括保障被害人、证人等所有公民的人权。惩罚犯罪与保障人权既对立又统一。惩罚犯罪与保障人权是密切联系、同等重要的两个方面。当然，不同国家在不同时期，因社会经济发展和犯罪状况不同，往往对惩罚犯罪或保障人权有所侧重，二者总体上是一种动态平衡关系。

案例阅读

1995 年 4 月 25 日，河北省鹿泉县人聂树斌因故意杀人、强奸妇女被判处死刑，剥夺政治权利终身，同年 4 月 27 日被执行死刑。2005 年 1 月 17 日，河南省荥阳市公安局索河路派出所干警抓获河北省公安机关网上通缉逃犯王书金。王书金除交代在广平县实施多起强奸杀人案件外，还供称曾在石家庄西郊方台村附近玉米地内强奸、杀害一名青年女性，此案即原“聂树斌案”。王书金自称系聂树斌案背后真凶的做法引发社会关注。2014 年 12 月 12 日，最高人民法院指令山东省高级人民法院复查河北省高级人民法院终审的聂树斌故意杀人、强奸妇女一案。2015 年 6 月、9 月和 12 月，聂树斌案复查期限先后延期三个月。2016 年 2 月，山东高院决定再次延长复查期限三个月。2016 年 12 月 2 日，最高人民法院第二巡回法庭对原审被告人聂树斌故意杀人、强奸妇女再审案公开宣判，宣告撤销原审判决，改判聂树斌无罪。

二、实体公正与程序公正★★

司法公正也称诉讼公正，是维护社会正义的最后一道屏障，是体现社会正义的窗口，是诉讼的灵魂和生命。司法公正包括实体公正和程序公正两个方面。实体公正就是结果公正，是指案件实体的结局处理所体现的公正。程序公正，是指诉讼过程中所体现的公正。在我国，长期存在着“重实体、轻程序”的现象，应当着重予以纠正。程序公正和实体公正具有内在的一致性，其终极目的都在于追求诉讼的公正解决。程序公正具有保障实体公正的工具价值，程序公正相对于实体公正又具有独立价值。因为程序公正具有不同于实体公正的评判标准。如果一个案件连必要程序都没有遵循，公众完全有理由对其结果的公正性产生合理怀疑。我们要坚持实体公正和程序公正并重原则，但当二者出现价值冲突的时候，需要根据利益权衡的原则做出选择。

案例阅读

1994 年，美国发生了一起轰动全球的“辛普森杀妻案”。据当时美国媒体报道，警方在案发现场提取到辛普森的血迹和毛发，辛普森家中有被害人的血迹，案发现场和辛普森家中被发现有恰成一对的血手套，辛普森的卧室中还有沾有被害人血迹的袜子……另外，辛普森有杀人动机，他多次扬言要杀死被害人，而且他无法提供发案时不在现场的证明……所有的疑点和证据都足以推定辛普森为凶手。但是，本案中警方致命的错误在于：警方收集、保存证据的程序、方法违法，如警方在进入辛普森住宅搜查时没有得到法律所要求的搜查令，翻墙进入被告人家中调取证据；警方对现场血迹的保管方法不当，按照规定，新鲜血痕要用专门的塑料袋来包装，而警察使用的普通的纸袋，这就有可能使血痕受到污染，同时在血袜子上发现一种化学物质，而这个物质人体中是没有的，从侧面也印证了血痕受到污染的怀疑，这直接导致 DNA 检验鉴定结论可能不可靠，进而使有力证据失效。按照美国的《证据法》规则，在所有证据中，只要有一个关键性证据无效，那就可以推定所有证据无效。这条规则翻译成中文就是：“面条里面只能有一只臭虫！”意思是说：假如一个人在吃一碗面条时发现面条里有一只臭虫，他就有权立即将整碗面条倒掉，而无须再搞清楚面条里还有几只臭虫。根据这样的证据规则，法院只能宣告辛普森无罪，当庭释放。此后，美国媒体对公众做民意调查，第一个问题是：你认为辛普森有罪吗？90%的人认为其有罪。第二个问题是：你认为这一审判公正吗？90%的人认为公正。为什么会出现这种情况呢？美国人凭自己的直觉相信是辛普森杀了人，但辛普森是不是犯罪，要根据合法的证据来裁断，在证据受到了“污染”而不够充分时，他不被判为有罪，这样的审判当然是公正的。如果判决辛普森有罪，其带来的直接后果是，警察的非法取证将得到法庭的认可，从而引发美国整个法律制度的混乱。这是一个程序公正的典型案例。

三、司法公正与诉讼效率★

公正和效率是诉讼中的两大价值目标。公正是首要价值目标。然而，在当代社会，刑事司法系统面临的压力越来越大。因而除了司法公正以外，诉讼效率也成为衡量一个国家刑事诉讼是否科学与文明的一个重要尺度。《刑事诉讼法》规定了“准确、及时地查明犯罪事实”的内容，而且从诉讼期限、轻罪不起诉和简易程序、速裁程序等多方面体现了诉讼效率的理念。

延伸阅读

2020年10月22日，《检察日报》刊文《充分发挥认罪认罚从宽制度的社会治理功能》。该文认为，在过去相当长时间里，我国刑法一直坚持“重刑主义”思想，与之相应，刑事诉讼法也一直注重惩罚犯罪的功能。然而，近年来，我国刑事犯罪结构发生了显著变化。随着《刑法修正案（八）》《刑法修正案（九）》的出台，在立法废除部分死刑罪名的同时，犯罪圈在持续扩大；法定犯持续增加，犯罪轻刑化趋势明显。受此影响，在我国司法实践中，自2013年以来，重罪案件所占比重越来越小，而轻微犯罪的比重持续增大。2013年以来，我国刑事案件的基本样态呈现一种全新的发展趋势：暴力犯罪案件占比持续下降。尤其在“醉驾入刑”的新规出台以后，危险驾驶罪等交通肇事类犯罪成为刑事犯罪案件的主要类型之一。在犯罪类型上，此类犯罪属于基于社会治理目的而特别规定的犯罪。这些人的行为尽管构成犯罪，但就人身危险性而言，他们却并非传统刑法意义上的“犯罪人”——他们并不具有明显的反社会人格，也不具有现实意义上的社会人身危险性、再犯可能性。简言之，在我国刑事司法实践中，大多数犯罪已非当年的犯罪，犯罪人也非传统刑法意义上具有社会危险性的犯罪人。

为适应新的犯罪发展态势，刑事司法制度必须做出实质性调整，确立简案快办、繁案精审的刑事案件繁简分流机制，以推动刑事司法资源的有效配置。2012年《刑事诉讼法》修改扩大了简易程序的适用范围，2018年《刑事诉讼法》修改规定了认罪认罚从宽制度和速裁程序，这些都体现了对诉讼效率的追求。在刑事司法中，应当在保证司法公正的前提下追求效率，因此，刑事诉讼应当遵循“公正优先、兼顾效率”的原则。

1.3 刑事诉讼的基本范畴

一、刑事诉讼目的★★

刑事诉讼目的是指国家制定刑事诉讼法和进行刑事诉讼活动所期望达到的结果。任何国家进行刑事诉讼，均期望达到维护社会秩序的目的。在美国、日本、德国等国家，关于刑事诉讼目的的理论分类主要包括以下两种学说：

一是犯罪控制模式和正当程序模式学说。犯罪控制模式的理论基点是：控制犯罪为刑事诉讼程序最主要的机能，刑事诉讼程序运作的方式与取向应遵循“控制犯罪”的目标。该模式的基本价值理念是：刑事诉讼以惩罚犯罪的“效率”为目标与评价标准。正当程序模式的理论基础是自然法的学说，认为人类拥有某些与生俱来的基本权利，如果统治者侵犯了这些权利，人民将不信任政府并撤回授予统治者的权力。因此，该模式主张刑事诉讼目的不单是发现实体真实，更重要的是以公平与合乎正义的程序来保护被告人的人权，强调通过公正的程序来保障人权。

二是实体真实主义和正当程序主义学说。实体真实主义认为，刑事诉讼旨在追求案件实体真实，它以发现客观真实为原则，它认为那些违反程序造成侵犯公民权利的后果应由有关部门给予个别处理，而不影响其后的诉讼行为。正当程序主义认为，刑事诉讼的目的重在维护正当的程序；刑事诉讼中的真实只是有限的真实，人们只能通过诉讼程序的内在活动去接近这种真实。

二、刑事诉讼价值★

刑事诉讼价值是指刑事诉讼立法及其实施对国家、社会及其一般成员具有的效用和意义。刑事诉讼价值包括秩序、公正、效益诸项内容，其中每项内容又包含着非常丰富的内涵。

三、刑事诉讼主体★★

刑事诉讼主体是指所有参与刑事诉讼活动，在刑事诉讼中享有一定权利、承担一定义务的国家专门机关和诉讼参与人。

其中，诉讼参与人是指在刑事诉讼过程中享有一定诉讼权利，承担一定诉讼义务的除国家专门机关工作人员以外的人。诉讼参与人一般可分为两大类：诉讼当事人；其他诉讼参与人。诉讼当事人是直接影响诉讼进程并且与诉讼结果有直接利害关系的人，包括犯罪嫌疑人、被告人、被害人、自诉人、附带民事诉讼的原告人和被告人。其他诉讼参与人是协助国家专门机关和诉讼当事人进行诉讼活动的人，包括法定代理人、诉讼代理人、辩护人、证人、鉴定人和翻译人员。

四、刑事诉讼职能★★

刑事诉讼职能是指根据法律规定，国家专门机关和诉讼参与人在刑事诉讼中所承担的职责、具有的作用和功能。刑事诉讼有三种基本职能，即控诉、辩护和审判。

五、刑事诉讼构造★★

刑事诉讼构造是指刑事诉讼法所确立的进行刑事诉讼的基本方式及专门机关、诉讼参与人在刑事诉讼中形成的法律关系的基本格局，它集中体现为控诉、辩护、审判三方在刑事诉讼中的地位及其相互间的法律关系。一个国家特定时期的刑事诉讼目的与构造具有内在的一致性，它们都受当时占主导地位的关于刑事诉讼的法律价值观的深刻影响。

现代西方国家刑事诉讼构造大致分为两类，即大陆法系国家采职权主义，英美法系国家采当事人主义。“二战”后，日本在职权主义背景下大量吸收当事人主义因素，从而形成了以当事人主义为主，以职权主义为补充的混合式诉讼构造。

当事人主义模式一般将开始和推动诉讼的主动权委诸当事人，控诉、辩护双方当事人在诉讼中居于主导地位，其典型代表为英美法系国家。职权主义模式将诉讼的主动权委诸国家专门机关，其典型代表为大陆法系国家。

六、刑事诉讼阶段★★

在刑事诉讼中，按照一定顺序进行的相互连接的一系列行为过程，可以划分为若干相对独立的单元（即刑事诉讼阶段）。每一个诉讼阶段作为一个相对独立和完整的程序，都有其自身的直接任务和形式。其中，按照案件分类，刑事诉讼阶段大致如下：

公诉案件

立案→侦查→审查起诉→审判（一审、二审、复核、再审）→执行

监察案件

立案→调查→审查起诉→审判（一审、二审、复核、再审）→执行

自诉案件

起诉→受理→审判（一审、二审、复核、再审）→执行

1.4　近现代刑事诉讼的历史演进

一、外国刑事诉讼★

近现代西方发展出三种刑事诉讼模式，分别是职权主义刑事诉讼模式、对抗式刑事诉讼模式和混合式刑事诉讼模式。

第一，职权主义刑事诉讼模式。

职权主义刑事诉讼模式是由裁判者行使职权来掌握和推动刑事诉讼程序。具体是指在诉讼中，法官居于主导地位，控辩双方居于从属地位，法官可以依职权主动调查取证，而且判决不局限于当事人的诉讼请求的一种诉讼模式。职权主义诉讼模式主要为法国、德国等大陆法系国家所实行。主要特征包括：① 法官依职权主动推进诉讼进程；② 法官主动依职权调查证据，可以主动询问被告人、证人、鉴定人并采取一切必要的证明方法；③ 采取不变更原则，案件一旦起诉到法院，控诉方不能撤回起诉，诉讼的终止以法院的裁判作为标志。现在，在大陆法系国家，纯粹职权主义的诉讼模式已经被打破，诉讼中一般实行变更原则，允许控诉方撤回起诉。

第二，对抗式刑事诉讼模式。

以英美法系的刑事诉讼为代表的对抗式刑事诉讼模式，也称当事人主义诉讼、辩论主义诉讼、竞争主义诉讼。对抗式刑事诉讼指诉讼的发动、继续和发展主要依赖于当事人及其律师，诉讼过程由当事人及其律师主导，法官仅处于消极的中立的裁判者地位；当事人及其律师要负责证据的调查、准备、提出和证据价值的陈述工作，法官不能在当事人指明的证据范围以外依职权主动收集证据。其主要特征是：① 诉讼活动由当事人来发动、推动和主导；② 法官不主动依职权调查证据，自我克制是法官在案件调查活动中的惯例；③ 案件事实的发现委诸控诉方和辩护方的举证和辩论，在法庭调查中实行交叉询问制度；④ 实行变更原则，允许控诉方变更、追加、撤回诉讼，允许控诉方与辩护方进行辩诉交易；⑤ 实行起诉认否程序，在刑事诉讼中如果被告人自愿而不是被强迫作出有罪供述，则对案件事实无须进行举证和辩论，法官可以径行作出有罪判决；⑥ 实行陪审团制度，由一定数量的非专业人士组成陪审团，在没有法官出席的情况下负责对事实的有无进行裁决。

第三，混合式刑事诉讼模式。

混合式刑事诉讼模式的代表国家是日本和意大利。混合式刑事诉讼模式又称折中主义诉讼，兼采当事人主义和职权主义诉讼模式的因素而成。其主要特征是：① 保留了法官主动依职权进行调查取证的权力，注重发挥法官在调查案件事实方面的能动性；② 大力借鉴对抗制诉讼的因素，在诉讼中注重发挥控辩双方的积极性，注重控辩双方平等对抗。总的来看，混合式刑事诉讼模式是在原有的职权主义诉讼模式的基础上大力吸收对抗式诉讼模式的积极因素的结果，既强化对人权的保障，又注重提高诉讼效率。

当前全球化的时代，在立足本土资源的基础上，两大法系相互学习和融合成为一种趋势。当事人主义模式和职权主义模式没有绝对的优劣之分。国家和地区之间的诉讼制度的互相融合和借鉴已经是不可逆转的潮流，英美法系和大陆法系也不可能再有完全明确的界限，走向混合和融合已经成为各个国家共同的选择。

二、中国刑事诉讼★★

在传统中国，民刑不分，司法与行政合一。不过，近代意义的中国法史学从学科初创时起就充斥着大量的西方法学概念与理论。这一情形在清代州县诉讼研究领域表现得格外突出。早期的法史学者在论及清代诉讼时，往往直接套用“民事案件”与“刑事案件”作为称谓，并且从现代西方三权分立的视角看，清代州县对诉讼的审断是司法行为。对于传统中国的司法裁判模式，滋贺秀三与黄宗智等人持久的争议成为法律史研究的热点话题。然而在中国，当时州县是统管一方的牧民之官，审断诉讼不过是其治理地方职责的一部分，故其审断行为应看作政务而非司法。县衙不同于现代意义的法院，州县长官也不同于现代意义的法官。州县的审断侧重法律知识，所针对的社会诉求也更多是申冤而非维权，故其审断时主要考虑的并不是完成整个审断程序及严格适用律例，而是自主灵活地掌握程序与规则，综合运用情、理、律，以最便捷有效，也最能为当事人接受的方式了结纠纷，从而维护地方社会的安定与和谐。

在西学东渐的时代大背景下，1902 年清政府设立修订法律馆，任命沈家本、伍廷芳为修律大臣，着手编纂近代法典，建立新的法律体系。晚清修律标志着传统的中华法律体系发生了重大变化，形成了“诸法分立，各有所司”的崭新局面。“世界化”“全球化”成为晚清及以后中国法制变革的重要内容。《大清刑事民事诉讼法》草案是中国历史上第一部独体的诉讼法立法，也是清末修订法律馆最早出台的新律草案。《1911 年刑事诉讼律（草案）》是中国法制史上第一部刑事诉讼法典，同时也是中国近现代刑事诉讼制度的奠基之作，对之后民国时期的刑事诉讼法制，乃至对中华人民共和国的刑事诉讼法律制度都产生了极其深远的影响。黄源盛称该草案“酌采各国通例，实足以弥补传统中国旧制之所未备”，是“一本打开中国刑事诉讼现代化历程的钥匙”。

晚清变法修律的成果大部分为北洋政府所继承，1927 年建立的南京国民政府又承续了北洋政府的法制成果。南京国民政府以北洋政府 1919 年《刑法第二次修正案》为模本，于 1928 年 3 月公布《中华民国刑法》；以北洋政府《民事诉讼条例》为基础，于 1930 至 1931 年制定了《中华民国民事诉讼法》；以北洋政府《刑事诉讼条例》为参考，于 1928 年 7 月公布了《中华民国刑事诉讼法》。经过立法院对上述两个诉讼法的重新修订，南京国民政府于 1935

年颁布了新的《民事诉讼法》和《刑事诉讼法》，两法于 1935 年 7 月 1 日生效。图 1-1 为民国时期司法状纸。

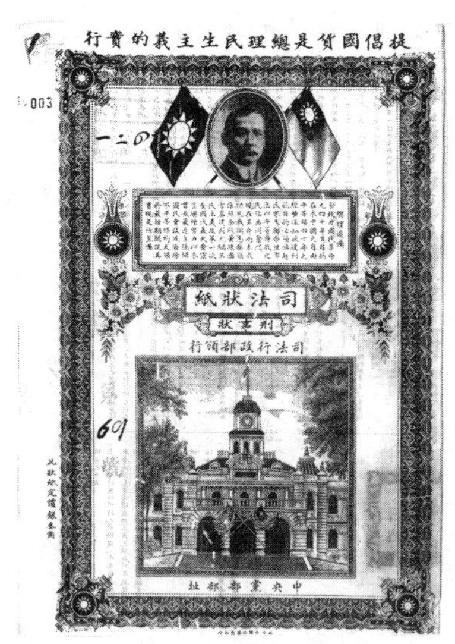

图 1-1　龙泉司法档案所见民国时期司法状纸

中华人民共和国成立后，我国起草《刑事诉讼法》的工作早在 20 世纪 50 年代初期就着手进行。但是，由于“左倾”思想的干扰，反“右”斗争的开展，《刑事诉讼法》的起草、修订工作被迫停止。1978 年 12 月，以十一届三中全会为标志，中国开启了改革开放的历史征程。中华人民共和国成立 70 多年来，刑事诉讼制度走过了雏形设计、初步实践、广泛探索和深化改革四个重要历史阶段，中国特色社会主义刑事程序法治取得非凡成就。《刑事诉讼法》在 1979 年颁布后，经历了 1996 年、2012 年、2018 年三次修改，逐步强调惩罚犯罪与保障人权并重，程序正义与实体正义并重。未来应当进一步繁荣刑事诉讼法学研究，促进刑事诉讼制度完善，实现理论与实践的良性互动。

【课后阅读】

［1］陈光中：《中国古代司法制度》，北京：北京大学出版社，2017 年。

［2］陈光中等：《中国现代司法制度》，北京：北京大学出版社，2020 年。

［3］卞建林等：《改革开放 40 年法律制度变迁 · 刑事诉讼法卷》，厦门：厦门大学出版社，2019 年。

［4］陈瑞华：《刑事诉讼的前沿问题》，北京：中国人民大学出版社，2016 年。

［5］孙长永：《中国刑事诉讼法制四十年：回顾、反思与展望》，北京：中国政法大学出版社，2021 年。

［6］林钰雄：《刑事诉讼法》，北京：中国人民大学出版社，2005 年。

［7］陈卫东：《中国刑事诉讼权能的变革与发展》，北京：中国人民大学出版社，2018 年。

［8］胡铭：《刑事诉讼法学》，北京：法律出版社，2019 年。

［9］易延友：《刑事诉讼法：规则原理应用》，北京：法律出版社，2019 年。

［10］［日］田口守一：《刑事诉讼法（第七版）》，张凌、于秀峰译，北京：法律出版社，2019 年。

［11］［美］米尔伊安·R. 达玛什卡：《司法和国家权力的多种面孔：比较视野中的法律程序》，郑戈译，北京：中国政法大学出版社，2015 年。

第 2 章　刑事诉讼法基本原则

本章思维导图 <<<

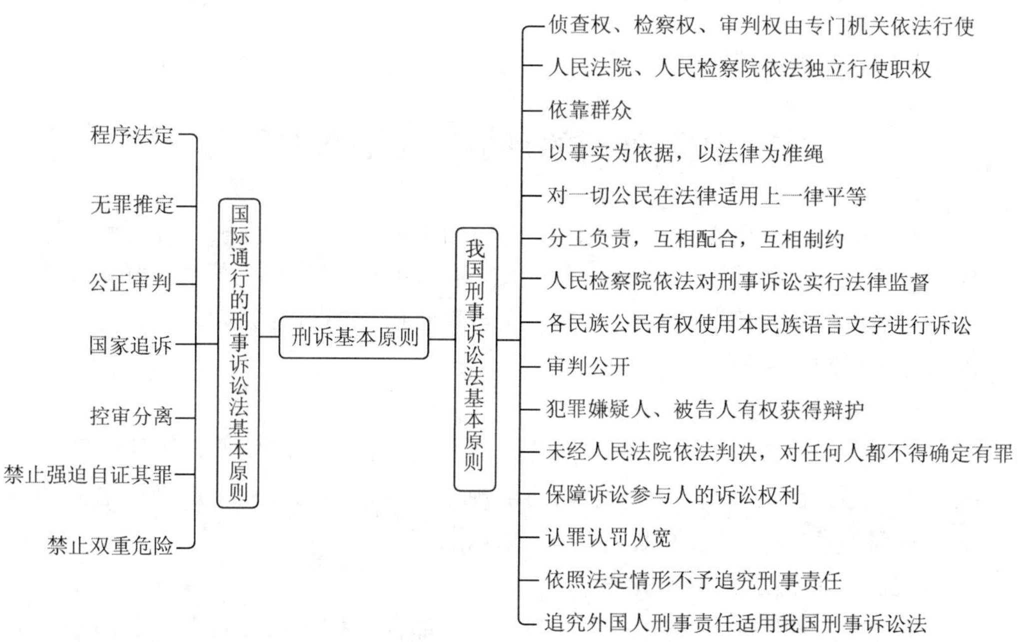

2.1　刑事诉讼法基本原则的概念与特征

一、刑事诉讼法基本原则的概念★

刑事诉讼法基本原则是指反映刑事诉讼理念、目的和要求，贯穿于刑事诉讼的全过程或者主要诉讼阶段，对刑事诉讼过程具有普遍或者重大指导意义和规范作用，是国家专门机关和诉讼参与人参与刑事诉讼必须遵循的基本行为准则。

二、刑事诉讼法基本原则的特征★

第一，体现刑事诉讼活动的基本规律。

第二，必须由法律明确规定。

第三，一般贯穿于刑事诉讼全过程或主要诉讼阶段，具有较普遍的指导意义。

第四，具有法律约束力。

2.2　国际通行的刑事诉讼法基本原则

刑事诉讼基本原则可以从国际与国内两个视角来进行理解，且两个原则体系之间具有内在联系。一般认为，国际通行的刑事诉讼基本原则更具有普遍性、前瞻性，我国的刑事诉讼改革应当吸收国际通行的原则，缩小与刑事诉讼国际标准的差异。

一、程序法定原则★★★

所谓程序法定原则，有两层含义：一是立法方面，国家追诉犯罪的职权与刑事程序，都只能由法律来加以明确规定；二是司法方面，刑事诉讼活动应当按照国家法律规定的职权和刑事程序来进行。

二、无罪推定原则★★★

无罪推定原则是指未经法庭审判证明有罪前，推定被控告者无罪的一种原则。无罪推定原则是现代法治国家刑事司法通行的一项重要原则，是国际公约确认和保护的一项基本人权原则，也是联合国在刑事司法领域制定和推行的最低限度标准之一。

三、公正审判原则★★★

公正审判原则要求刑事审判程序本身应具备一些内在的“善”的品质，体现程序正义。判断某一审判程序是否符合公正审判的基本要求，要看它能否使那些可能受到裁判结果不利影响的人有效地参与到裁判结果的形成过程中。一般认为，公正审判原则的历史渊源主要有两个：一是英国的自然正义理论，二是美国《宪法》第5条和第14条修正案规定的正当法律程序条款。

四、国家追诉原则★

国家追诉原则有两个基本要求：一是检察官代表国家向法院提出公诉，要求法院通过审判确定被告人的刑事责任；二是检察官是否提起公诉，不以被害方的意志为转移。

五、控审分离原则★★

控审分离是指控诉职能和审判职能必须分别由专门的诉讼主体来承担，而不能把两种职能集中由一个诉讼主体来承担。如果没有法定的控诉主体提起诉讼，承担审判职能的法院就不能主动审判任何案件。这也是刑事诉讼中不告不理原则的由来。控审分离原则的主要内容有：（1）明确划分刑事追诉权和裁判权，分别由不同主体独立行使，各主体不得逾越各自的职权范围。（2）法院的审判必须在检察机关提出合法起诉的前提下才能启动。（3）法院审理和裁判的对象和范围必须仅限于检察官的起诉书所明确记载的对象和范围，而不得审理任何未经起诉的被告人行为。（4）凡是旨在限制和剥夺公民基本人权，包括自由权、财产权与隐私权的强制处分与秘密侦查措施都属于裁判范围，应由法官审查决定。

六、禁止强迫自证其罪原则★★★

禁止强迫自证其罪又称为反对强迫自证其罪特权，是国际社会公认的公民的一项基本权利。从联合国《公民权利和政治权利国际公约》第14条第3款第（庚）项规定的“不被强迫作不利于他自己的证言或强迫承认有罪”来看，不被强迫自证其罪的权利被规定为被告人获得公正审判的最低限度的程序保障之一。一般认为，禁止强迫自证其罪原则源于英国普通法。在英国普通法上，有两句古老的法律格言，即“任何人都没有背叛自己的义务”和“任何人都没有控告自己的义务”。禁止强迫自证其罪原则旨在承认、尊重和保障被告人的人格尊严和诉讼主体地位，使控辩双方成为平等参与者，使被告人能积极地参与裁判过程，而不是被动地接受裁判，甚至成为协助检察官控告自己的工具。

七、禁止双重危险原则★★

禁止双重危险原则在《公民权利和政治权利国际公约》第14条第7款中表述为：任何人已依一国的法律及刑事程序被最后定罪或宣告无罪者，不得就同一罪名再予审判或惩罚。按照美国联邦最高法院的观点，禁止双重危险原则的价值包括几个方面：（1）对同一犯罪再行起诉会使一个人蒙受尴尬、折磨和经济损失，并强迫他持续生活在焦虑和不安的状态中。（2）对同一犯罪再行起诉会产生一种令人难以接受的高风险：政府会通过它的优越资源消磨一个人而对无辜者定罪。（3）双重危险条款的主要目标是保持裁判的终局性。与英美法系国家的禁止双重危险原则相对应，大陆法系国家实行一事不再理原则。

2.3　我国刑事诉讼法的基本原则

一、侦查权、检察权、审判权由专门机关依法行使原则★

《刑事诉讼法》第3条第1款规定，对刑事案件的侦查、拘留、执行逮捕、预审，由公安机关负责。检察、批准逮捕、检察机关直接受理的案件的侦查、提起公诉，由人民检察院负责。审判由人民法院负责。除法律特别规定的以外，其他任何机关、团体和个人都无权行使这些权力。

该条文包含了以下几层含义：（1）侦查权、检察权、审判权具有专属性，其行使主体只能是公安机关、人民检察院和人民法院等国家专门机关。其他任何机关、社会团体及其他单位、公民都无权行使这些职权。（2）公安机关、人民检察院和人民法院分别行使侦查权、检察权和审判权，不能相互代替和混淆。（3）公安机关、人民检察院和人民法院在行使职权时，应当严格遵守《刑事诉讼法》及有关法律的规定。（4）“法律另有规定”主要体现为除公安机关享有侦查权外，人民检察院、国家安全机关、军队保卫部门、监狱、中国海警局也享有侦查权。

二、人民法院、人民检察院依法独立行使职权原则★

《刑事诉讼法》第5条规定，人民法院依照法律规定独立行使审判权，人民检察院依照法律规定独立行使检察权，不受行政机关、社会团体和个人的干涉。

该条文包含了以下几层含义：（1）谁要独立。人民法院行使审判权，人民检察院行使检察权，各自在法定职责范围内独立。（2）独立于谁。职权的行使不受行政机关、社会团体和个人的干涉。不受“行政机关”干涉，不能表述成不受“任何机关”干涉。因为各机关仍然需要接受党的领导，接受各级人民代表大会的监督，并应当自觉接受人民群众、社会舆论的监督。（3）独立的前提。人民法院行使审判权和人民检察院行使检察权，必须严格遵守宪法和法律的各项规定。（4）独立的特点。人民法院和人民检察院作为一个组织整体，集体对审判权和检察权的行使负责。

延伸阅读

在国外，与人民法院、人民检察院依法独立行使职权原则相对应的是司法独立原则。司法独立原则作为现代法治的一项基本原则，源于资产阶级启蒙思想中的三权分立学说。西方的司法独立，一方面是指司法权相对于国家立法权和行政权是分离的、独立的，法院作为司法机关独立于立法机关和行政机关，依法独立行使司法权，不受其他机关的干预；另一方面是指法官审判案件时，作为个体也是独立的，只依照法律和良心，独立对案件作出判断，不受任何机关、个人的干预。从这个意义上讲，司法独立也就是法官独立。

人民代表大会制与三权分立制不同，但是国家权力的适度分工与制衡在我国也是同样适用的。在我国，独立行使审判权和检察权的主体是人民法院、人民检察院，而不是某个审判员或者检察员。需要注意的是，党的十八大以来的司法体制改革以“司法责任制”为核心，要求实现“让审理者裁判，让裁判者负责”，强调了承办案件的法官和检察官在办理案件中履行职权与承担责任方面的独立性。虽然人民法院、人民检察院对外都不受行政机关、社会团体和个人的干涉，但是二者在内部独立上有所差异。人民法院独立既包括外部独立也包括内部独立。法院的内部独立是指各级法院独立行使审判权时，应作为一个整体单位独立于其他法院；同一法院内部法官相互之间是独立的，每个法官在自己的权限范围内有权按照自己对案件事实和法律的见解，通过法律规定的审判组织形式进行审理和作出判决。而人民检察院独立仅限外部独立，这是因为人民法院和人民检察院在上下级关系上有所不同。

三、依靠群众原则★

依靠群众原则是中国共产党的群众路线在刑事诉讼中的体现，既是我国优良的司法传统，又是我国刑事诉讼的一大特点。需要注意的是，贯彻依靠群众原则必须正确处理好专门机关和依靠群众的关系。依靠群众是公安司法机关智慧和力量的源泉，但刑事司法整体上是一项专门性、职业性、复杂性的活动，并非人人可为，刑事司法与群众之间应保持适当的距离。

案例阅读

2004 年 2 月 23 日，云南省昆明市云南大学生化学院生物技术专业 4 名学生被发现死在该校学生公寓里。案发后，经公安机关检验认定，已潜逃的马加爵有重大作案嫌疑。当地公安部门及时向社会通报，公安部也迅速发布了通缉令。此后，群众积极参与案件的侦破工作，许多群众向公安部门反映情况、提供线索，有力地推进了案件的侦破。以海南为例，全省 12 天收到群众举报线索 200 余条，其中重要线索有 37 条。2004 年 3 月 15 日晚 7 时许，一名 30 多岁的摩托车司机到河西派出所报案称，在三亚市西河西路财政局附近亚航大厦对面的河边有一男子好像是公安部通缉的马加爵。值班民警胡崇军立即和另一名民警与报案人一起赶到河边。民警立即上前将其按倒在地，随后带回所里审问。马加爵的最终抓获，还是得益于群众的举报。

四、以事实为根据、以法律为准绳原则★

以事实为根据，就是指公安司法机关在进行刑事诉讼时，应当以客观存在的案件事实作为处理问题的根本依据。以法律为准绳，就是指公安司法机关应该在查明案件事实的基础上，以法律为尺度来衡量案件的具体事实和情节，按照法律的规定对案件作出正确处理。以事实为根据和以法律为准绳是紧密联系、相辅相成的。事实是正确适用法律的基础，如果不以事实为根据运用法律，就会丧失客观标准，会对案件作出不正确的处理。不以法律为准绳，则无法保障调查事实的继续和诉讼目的之实现。只有两者相结合，才能既准确惩罚犯罪，又有效地保障人权，全面实现刑事诉讼的目的。

五、对一切公民在适用法律上一律平等原则★

我国《刑事诉讼法》第 6 条规定，人民法院、人民检察院和公安机关进行刑事诉讼……对于一切公民，在适用法律上一律平等，在法律面前，不允许有任何特权。该原则的基本含义是指我国《刑事诉讼法》对全体公民同等适用，人人平等，不存在任何例外，也不准搞任何特权或歧视。

六、分工负责、互相配合、互相制约原则★★

《刑事诉讼法》第 7 条规定，人民法院、人民检察院和公安机关进行刑事诉讼，应当分工负责，互相配合，互相制约，以保证准确有效地执行法律。

该原则主要体现为以下几点：（1）分工负责。① 对刑事案件的侦查、拘留、执行逮捕、预审，由公安机关负责。② 检察、批准逮捕、检察机关直接受理的案件的侦查、提起公诉，由人民检察院负责。③ 审判由人民法院负责。（2）互相配合。公、检、法进行刑事诉讼，应当在分工负责的基础上，相互支持，通力合作，使案件处理能上下衔接、协调一致，共同完成查明案件事实，追究、惩罚犯罪的任务。（3）互相制约。公、检、法进行刑事诉讼，应当按照职能分工和程序上的设置，相互约束，相互制衡，防止发生错误，如有错误，及时纠正，保证准确执行法律，做到不错不漏，不枉不纵。

七、人民检察院依法对刑事诉讼实行法律监督原则★★

《刑事诉讼法》第 8 条规定，人民检察院依法对刑事诉讼实行法律监督。可见，人民检察院是我国专门的法律监督机关。在刑事诉讼活动中，人民检察院有权对公安机关的立案侦查、人民法院的审判和执行机关的执行活动是否合法进行监督。这种监督贯穿于刑事诉讼活动的始终。

该原则体现为以下几个阶段：（1）立案监督。对公安机关应当立案而不立案、不应立案而立案的行为进行监督。（2）侦查阶段监督。对侦查活动的监督、对提请批捕的监督。（3）审判阶段监督。对庭审活动的监督、对刑事判决、裁定的监督、对死刑复核程序的监督、对特别程序的监督。（4）执行阶段监督。对死刑执行的监督，人民法院在交付执行死刑前，应当通知同级人民检察院派员临场监督；对监外执行的监督；对减刑、假释的监督。

八、各民族公民有权使用本民族语言文字进行诉讼原则★

《刑事诉讼法》第 9 条规定，各民族公民都有用本民族语言文字进行诉讼的权利。人民法院、人民检察院和公安机关对于不通晓当地通用的语言文字的诉讼参与人，应当为他们翻译。在少数民族聚居或者多民族杂居的地区，应当用当地通用的语言进行审讯，用当地通用的文字发布判决书、布告和其他文件。

九、审判公开原则★★

审判公开原则是指人民法院审理案件和宣告判决都公开进行，允许公民到法庭旁听，允许新闻记者采访和报道，即把法庭审判的全部过程，除休庭评议案件外，都公之于众。审判公开是一项民主的审判原则，已为现代各国立法所普遍规定。

不过，并不是对所有的案件都可以适用审判公开原则。为了保护更重要的利益，审判公开原则要受到一定的限制。这种限制主要表现在两个方面：一是法庭评议不公开；二是对部分案件不公开审理。根据我国《刑事诉讼法》第 188 条的规定，下列案件不公开审理：（1）有关国家秘密的案件。（2）有关个人隐私的案件，如强奸案件等。（3）当事人申请不公开审理的涉及商业秘密的案件。此外，《刑事诉讼法》第 285 条为保护未成年人做出了特别规定：审判的时候被告人不满 18 周岁的案件，不公开审理。上述不公开审理的案件，应当当庭宣布不公开审理的理由，而且宣告判决一律公开进行，见图 2-1。

图 2-1　刑事审判公开

十、犯罪嫌疑人、被告人有权获得辩护原则★

《刑事诉讼法》第 11 条规定，被告人有权获得辩护，人民法院有义务保证被告人获得辩护。这一原则的基本含义是：（1）犯罪嫌疑人、被告人有辩护权是犯罪嫌疑人、被告人最基本的诉讼权利，我国法律赋予犯罪嫌疑人、被告人辩护权，并在制度和程序上充分保障犯罪嫌疑人、被告人行使辩护权。在任何情况下，对任何犯罪嫌疑人、被告人都不得以任何理由限制或剥夺其辩护权。（2）公、检、法机关有义务保障犯罪嫌疑人、被告人的辩护权，公、检、法机关负有以下义务：① 告知义务。② 为犯罪嫌疑人、被告人提供进行辩护的条件。

十一、未经人民法院依法判决，对任何人都不得确定有罪原则★

《刑事诉讼法》第 12 条规定，未经人民法院依法判决，对任何人都不得确定有罪。这一原则的基本含义是：（1）明确规定了确定被告人有罪的权力由人民法院统一行使，任何其他机关、团体和个人都无权行使。定罪权是刑事审判权的核心；人民法院作为我国唯一的审判机关，代表国家统一独立行使刑事审判权。（2）人民法院判决被告人有罪，必须严格依照法定程序。该原则在刑事诉讼法中的相应体现如下：（1）区分犯罪嫌疑人与刑事被告人。（2）控诉方承担举证责任。（3）疑案作无罪处理。

延伸阅读

在我国，立法虽明确规定只有人民法院享有定罪权，但这并不等于无罪推定原则。我国在一定程度上吸收了无罪推定原则的精神，但是尚未达到无罪推定的高度。无罪推定原则的基本含义是：任何人，在未经依法确定有罪以前，应假定其无罪。无罪推定原则作为宪法原则和刑事诉讼法的基本原则，已为世界多数国家的刑事程序所采用。最早完整阐述无罪推定思想的，是意大利启蒙法学家贝卡利亚，他说："在法官判决之前，一个人是不能被称为罪犯的，只要还不能断定他已侵犯了给予他公共保护的契约，社会就不能取消对他的公共保护。"后来，无罪推定原则逐渐为资产阶级革命后的许多国家所接受。我国现行刑事诉讼法虽然吸收了无罪推定原则的基本精神，但与完整意义上的无罪推定原则仍存在一定的差距，正是这样的差异使得我国刑事诉讼中的一些具体制度并没有体现甚至违背了无罪推定的要求。在刑事诉讼法改革的背景下，无论是从完善我国刑事诉讼制度、改善我国国际形象的方面来看，还是从贯彻"国家尊重和保障人权"的宪法条文、落实我国已经签署并待批准的《公民权利和政治权利国际公约》的角度出发，我们都应当从立法上确立完整意义上的无罪推定原则。

十二、保障诉讼参与人的诉讼权利原则★★

《刑事诉讼法》第 14 条规定，人民法院、人民检察院和公安机关应当保障犯罪嫌疑人、被告人和其他诉讼参与人依法享有的辩护权和其他诉讼权利。诉讼参与人对于审判人员、检察人员和侦查人员侵犯公民诉讼权利和人身侮辱的行为，有权提出控告。

十三、认罪认罚从宽原则★★★★★

《刑事诉讼法》第 15 条规定，犯罪嫌疑人、被告人自愿如实供述自己的罪行，承认指控的犯罪事实，愿意接受处罚的，可以依法从宽处理。这一原则的基本含义是：对于自愿认罪认罚并自愿接受司法机关给予的刑罚处罚的犯罪嫌疑人、被告人，可以从宽处理。该原则的价值在于：在公正基础上实现效率，它承载了现代司法的宽容精神，探索形成非对抗的诉讼格局，以实现司法资源的优化配置。认罪认罚从宽既是一项刑事诉讼的基本原则，同时还是一项具体的诉讼制度，刑事诉讼法通过在侦查、审查起诉、审判等一系列诉讼阶段中的具体规定，保障了认罪认罚从宽原则的实现。

案例阅读

2020 年 4 月，北京的余金平交通肇事案引爆法律界。2019 年 6 月 5 日晚 21 时许，被告人余金平（央企纪检干部）酒后驾车，在北京市门头沟区撞到被害人宋某，致其死亡。撞人后余金平驾车逃逸，次日 5 时许，到公安机关投案。6 月 17 日，余金平赔偿被害人近亲属 160 万元，获得谅解。本案的争议问题在于：（1）一审检察院在余金平签署认罪认罚具结书的前提下，在提起公诉时提出了有期徒刑三年、缓刑四年的量刑建议；（2）一审法院拒绝采纳检察院的量刑建议，判决被告人余金平犯交通肇事罪，判处有期徒刑二年；（3）一审检察院提出抗诉，二审检察院支持抗诉，认为法院应当采纳判三缓四的量刑建议；（4）二审法院不但未采纳量刑建议，而且直接推翻了一审法院对自首的认定，改判有期徒刑三年六个月。普通民众从常情常理出发，对二审判决纷纷叫好。但从律师等实务人士到法学理论界，支持二审判决的是极少数，大多数人从“认罪认罚从宽”“上诉不加刑”等方面提出了反对意见。

十四、依照法定情形不予追究刑事责任原则★★★

《刑事诉讼法》第 16 条规定，有下列情形之一的，不追究刑事责任，已经追究的，应当撤销案件，或者不起诉，或者终止审理，或者宣告无罪：① 情节显著轻微、危害不大，不认为是犯罪的；② 犯罪已过追诉时效期限的；③ 经特赦令免除刑罚的；④ 依照刑法告诉才处理的犯罪，没有告诉或者撤回告诉的；⑤ 犯罪嫌疑人、被告人死亡的；⑥ 其他法律规定免予追究刑事责任的。

十五、追究外国人刑事责任适用我国刑事诉讼法原则★★

《刑事诉讼法》第 17 条规定，对于外国人犯罪应当追究刑事责任的，适用本法的规定。对于享有外交特权和豁免权的外国人犯罪应当追究刑事责任的，通过外交途径解决。该原则的具体含义包括以下两个方面：① 外国人、无国籍人犯罪，一般应当按照刑事诉讼法规定的诉讼程序进行追诉。这是国家主权原则在刑事诉讼中的体现。② 享有外交特权和豁免权的外国人犯罪，应当追究刑事责任的，通过外交途径解决。所谓“通过外交途径解决”，一般是指建议派遣国依法处理；宣布为不受欢迎的人；责令限期出境；宣布驱逐出境等。

案例阅读

2021 年 8 月 16 日，北京市朝阳区人民检察院经依法审查，对犯罪嫌疑人吴某凡以涉嫌强奸罪批准逮捕。吴某凡是外国人，中国刑法对外国人犯罪有特别规定，外国人犯罪，根据中国法律追究责任，有外交豁免权的除外。《刑事诉讼法》第 17 条追究外国人刑事责任适用我国刑事诉讼法原则规定，对于外国人犯罪应当追究刑事责任的，适用本法的规定。对于享有外交特权和豁免权的外国人犯罪应当追究刑事责任的，通过外交途径解决。

【课后阅读】

［1］陈光中，张佳华，肖沛权：《论无罪推定原则及其在中国的适用》，《法学杂志》，2013 年第 10 期。

［2］孙长永：《认罪认罚从宽制度的基本内涵》，《中国法学》，2019 年第 3 期。

［3］陈卫东：《认罪认罚从宽制度研究》，《中国法学》，2016 年第 2 期。

［4］胡铭：《认罪协商程序：模式、问题与底线》，《法学》，2017 年第 1 期。

［5］黄明涛：《法律监督机关——宪法上人民检察院性质条款的规范意义》，《清华法学》，2020 年第 4 期。

［6］刘忠：《从公安中心到分工、配合、制约——历史与社会叙事内的刑事诉讼结构》，《法学家》，2017 年第 4 期。

第二篇：

刑事诉讼制度篇

第 3 章　刑事诉讼中的专门机关和诉讼参与人

本章思维导图 <<<

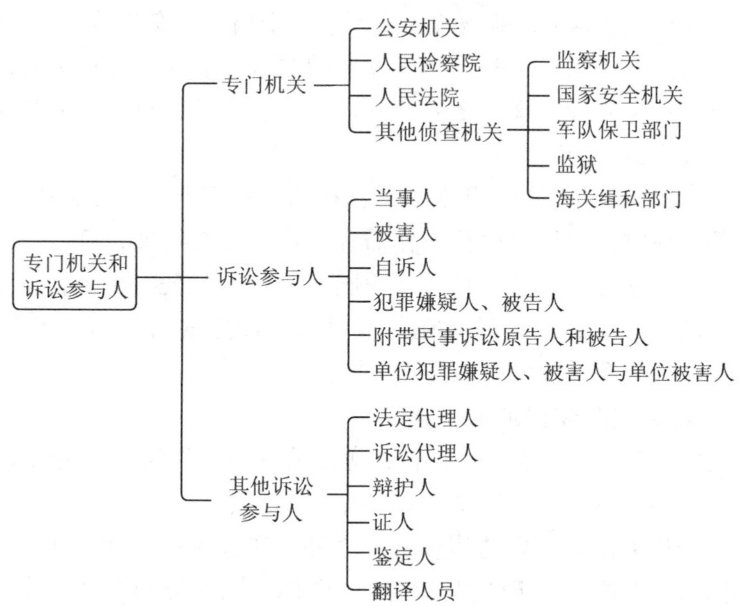

3.1 刑事诉讼中的专门机关

3.1.1 公安机关

一、公安机关的性质★

公安机关在性质上属于行政机关，是国家的治安保卫机关，是各级人民政府即国家行政部门的组成部分。从性质上看，公安机关与人民检察院和人民法院是不同的。人民检察院和人民法院在性质上属于司法机关；公安机关属于同级人民政府的一个职能部门，在性质上属于行政机关。

二、公安机关的组织体系★★

公安机关设置在各级人民政府中。其中，国务院设立公安部，是全国公安机关的领导机关；地方各级设立公安厅、公安局、公安分局。

公安机关上下级之间是领导与被领导的关系。上级公安机关发现下级公安机关作出的决定或者办理的案件有错误的，有权予以撤销或者变更，也可以指令下级公安机关予以纠正。

注意：派出所是基层公安机关的派出机构，并不是一级公安机关。

公安部和地方公安机关根据工作需要，经国务院批准，可以在一些特殊的部门或单位设立专门的公安机关。我国设立的专门公安机关，主要是在海关总署设立的海关总署缉私局和在各直属海关设立的缉私局，还有在铁路、交通、林业、民航等系统设立的公安机关。

三、公安机关的职权范围★★

刑事案件的侦查由公安机关进行，法律另有规定的除外。在刑事诉讼中，公安机关的主要职权有：立案权、侦查权与执行权。

除了公安机关作为主要的侦查机关之外，还有其他几种行使侦查权的机关，包括国家安全机关、军队保卫部门、监狱、人民检察院与中国海警局。

3.1.2 人民检察院

一、人民检察院的性质★

检察机关是国家的法律监督机关，代表国家行使检察权。

在刑事诉讼中，检察机关既是公诉机关，又是诉讼活动的监督机关。

二、人民检察院的组织体系★★

人民检察院的组织体系包括最高人民检察院、地方各级人民检察院和专门人民检察院。

最高人民检察院领导地方各级人民检察院和专门人民检察院的工作，上级人民检察院领导下级人民检察院的工作。上级人民检察院对下级人民检察院作出的决定，有权予以撤销或者变更；发现下级人民检察院办理的案件有错误的，有权指令下级人民检察院予以纠正。检察长统一领导人民检察院的工作。

三、人民检察院的职权范围★

人民检察院的主要职权有：立案、侦查权；公诉权；法律监督权。

四、人民检察院的办案组织★

根据《高检规则》第5条的规定，人民检察院办理刑事案件，根据案件情况，可以由一名检察官独任办理，也可以由两名以上检察官组成办案组办理。由检察官办案组办理的，检察长应当指定一名检察官担任主办检察官，组织、指挥办案组办理案件。检察官办理案件，可以根据需要配备检察官助理、书记员、司法警察、检察技术人员等检察辅助人员。检察辅助人员依照法律规定承担相应的检察辅助事务。这和法院审判组织不同，法院合议庭由三人以上审判人员组成。

五、捕诉合一★★

根据《高检规则》第8条的规定，对同一刑事案件的审查逮捕、审查起诉、出庭支持公诉和立案监督、侦查监督、审判监督等工作，由同一检察官或者检察官办案组负责，但是审查逮捕、审查起诉由不同人民检察院管辖，或者依照法律、有关规定应当另行指派检察官或者检察官办案组办理的除外。人民检察院履行审查逮捕和审查起诉职责的办案部门，《高检规则》中统称为负责捕诉的部门。

审查逮捕和审查起诉部门，统称捕诉部门。另外，“一人办案办到底”的规定，提升了办案效率，增强了检察官的办案责任。

3.1.3 人民法院

一、人民法院的性质★

人民法院是国家的审判机关。《刑事诉讼法》第12条规定，未经人民法院依法判决，对任何人都不得确定有罪。可见，人民法院是刑事诉讼中唯一有权审理和判决有罪的专门机关。

二、人民法院的组织体系★★

人民法院的组织体系包括最高人民法院、地方各级人民法院和专门人民法院。其中，专门人民法院包括军事法院、海事法院、知识产权法院、金融法院等。

人民法院上下级之间是监督与被监督的关系：上级人民法院通过二审程序、审判监督程序、死刑复核程序维持下级人民法院正确的裁判；通过纠正错误的裁判实现监督。人民法院的监督不是通过对具体案件的指导实现的，各级人民法院依照职权独立原则进行审判。上级人民法院不应对下级人民法院正在审理的案件作出决定，指令下级人民法院执行；下级人民法院也不应将案件在判决之前报送上级人民法院，请求审查批示。检察院系统上下级之间是领导与被领导的关系。

三、人民法院的职权范围★★

人民法院的职权可以分为审判权及为保障审判权的实施而享有的其他职权两类。

3.1.4　其他专门机关

我国刑事诉讼中的专门机关除公安机关、人民检察院和人民法院以外，还有参与刑事诉讼活动，担负重要的刑事诉讼职能的其他专门机关。

一、监察机关★★

2018 年 3 月，第十三届全国人民代表大会第一次会议审议通过了《宪法修正案》，设立中华人民共和国国家监察委员会，见图 3-1，不再保留监察部，将其并入国家监察委员会。我国设立国家监察委员会和地方各级监察委员会。宪法明确规定，中华人民共和国各级监察委员会是国家的监察机关。监察委员会是实现党和国家自我监督的政治机关，其性质和地位不同于行政机关、司法机关。根据党中央关于深化国家监察体制改革的部署，监察机关与党的纪律检查机关合署办公。根据监察法的规定，监察委员会具有三项职能：(1) 对所有行使公权力的公职人员进行监察。(2) 调查职务违法和职务犯罪。(3) 开展廉政建设和反腐败工作，维护宪法和法律的尊严。监察法对监察委员会职能的规定，与党章关于纪委主要任务的规定相匹配。

图 3-1　国家监察委员会

二、国家安全机关★

为了适应改革开放的形势，加强同危害我国国家安全的行为作斗争的需要，国家于 1983 年 7 月 1 日成立了国家安全部。《刑事诉讼法》第 4 条规定，国家安全机关依照法律规定，办理危害国家安全的刑事案件，行使与公安机关相同的职权。可见，国家安全机关与公安机关在刑事诉讼中的法律地位和职权相同，只是各自负责侦查的犯罪类型有所区别。

三、军队保卫部门★

根据我国的军事体制，中国人民解放军内部设立保卫部门，负责军队内部发生的刑事案件的侦查工作。《刑事诉讼法》第 290 条规定，军队保卫部门对军队内部发生的刑事案件行使侦查权。军队保卫部门办理刑事案件，适用《刑事诉讼法》的有关规定，行使与公安机关相同的职权。

四、监狱★

监狱是国家的刑罚执行机关，是实现人民法院的生效判决、对罪犯进行劳动改造的主要场所。根据《监狱法》和《刑事诉讼法》的规定，罪犯在监狱内犯罪的案件由监狱进行侦查。监狱办理刑事案件，适用《刑事诉讼法》的有关规定，行使与公安机关相同的职权。监狱在刑事诉讼中还承担着重要的刑罚执行功能，对被判处死刑缓期二年执行、无期徒刑、有期徒刑的罪犯，由公安机关依法将该罪犯送交监狱执行刑罚。

五、海关缉私部门★

1998 年，国家在各级海关设立了走私犯罪侦查部门，专门负责对走私犯罪案件的侦查工作。例如，海关总署下设缉私局，下级海关设缉私分（支）局。这些走私犯罪侦查部门在侦查活动中享有与公安机关同样的权力，具有与公安机关同等的诉讼地位。因此，海关走私犯罪侦查部门也是刑事诉讼中的专门机关。

3.2 诉讼参与人

一、当事人★

当事人是指与案件的结局有着直接利害关系，对刑事诉讼进程发挥着较大影响作用的诉讼参与人。当事人一般分为被害人、自诉人、犯罪嫌疑人、被告人、附带民事诉讼的原告人、附带民事诉讼的被告人。

二、被害人★

被害人是指人身、财产或者其他权益遭受犯罪行为直接侵害的人。

三、自诉人★

自诉人是指在自诉案件中以自己的名义直接向人民法院提起诉讼的人。自诉人相当于自诉案件的原告，通常是该案件的被害人。

四、犯罪嫌疑人、被告人★

犯罪嫌疑人和被告人是对因涉嫌犯罪而受到刑事追诉的人的两种称谓。公诉案件中，受刑事追诉者在检察机关向人民法院提起公诉以前，称为“犯罪嫌疑人”，在检察机关正式提起公诉以后，则称为“被告人”。

五、附带民事诉讼当事人★

附带民事诉讼当事人包括附带民事诉讼原告人和附带民事诉讼被告人。

六、单位当事人★

单位当事人包括单位犯罪嫌疑人、被告人与单位被害人。在单位犯罪的情况下，单位可以独立成为犯罪嫌疑人、被告人，与作为自然人的直接负责的主管人员和其他直接责任人员一起参与刑事诉讼。单位被害人参与刑事诉讼时，应由其法定代表人作为代表参加刑事诉讼。单位被害人在刑事诉讼中的诉讼权利和诉讼义务，与自然人作为被害人时大体相同。

3.3 其他诉讼参与人

其他诉讼参与人是指除公安司法人员及当事人之外，参与诉讼活动并在诉讼中享有一定的诉讼权利、承担一定的诉讼义务的人。根据《刑事诉讼法》第 108 条的规定，其他诉讼参与人是指法定代理人、诉讼代理人、辩护人、证人、鉴定人和翻译人员。

一、法定代理人★★

法定代理人是指由法律规定的对被代理人负有专门保护义务并代其进行诉讼的人，见表 3-1。

表 3-1　法定代理人

1. 对象	无行为能力人或者限制行为能力人
2. 范围	被代理人的父母、养父母、监护人和负有保护责任的机关、团体的代表
3. 产生	依据法律的规定，而不是基于委托关系
4. 权限	有广泛的与被代理人相同的诉讼权利 法定代理人不能代替被代理人作陈述，也不能代替被代理人承担与人身相关联的义务，如服刑等
5. 地位	具有独立的法律地位，在行使代理权限时无须经过被代理人同意

二、诉讼代理人★★

诉讼代理人是指基于被代理人的委托而代表被代理人参与刑事诉讼的人，见表 3-2。

表 3-2　诉讼代理人

1. 对象	被害人、自诉人、附带民事诉讼当事人及其法定代理人均有权委托诉讼代理人；另外，被害人的近亲属也可以委托诉讼代理人 刑事被告人委托的是辩护人，其他的当事人委托的是诉讼代理人 只有公诉案件的被害人的近亲属可以委托诉讼代理人，其他几类主体的近亲属不可以委托诉讼代理人 所谓近亲属，是指夫、妻、父、母、子、女、同胞兄弟姐妹，这与民法规定的范围不同
2. 范围	律师；人民团体或者被代理人所在单位推荐的人；被代理人的监护人、亲友
3. 产生	基于被代理人的委托而代表被代理人参与刑事诉讼
4. 权限	只能在被代理人授权范围内进行诉讼活动，既不得超越代理范围，也不能违背被代理人的意志
5. 地位	不具有独立的诉讼地位，仅仅是被代理人的代言人

三、辩护人★

辩护人是指在刑事诉讼中接受犯罪嫌疑人、被告人及其法定代理人的委托，或者受法律援助机构指派，依法为犯罪嫌疑人、被告人辩护，以维护其合法权益的人。

四、证人★★

证人是指在诉讼外了解案件情况的当事人以外的自然人。证人有以下特点：（1）证人必须是了解案件情况的人，这是证人的首要条件。（2）证人必须是当事人以外的人。被告人、被害人等虽然通常也了解案件情况，但由于其与案件裁判结果存在切身利害关系，因而只能作为当事人，不能作为证人。（3）证人必须是在诉讼之外了解案件情况的人。（4）证人只能是自然人。国家机关、企业、事业单位或者人民团体不能成为证人，因为它们不能像自然人一样感知案件事实，无法享有证人的诉讼权利或者承担证人的诉讼义务。（5）生理上、精神上有缺陷或者年幼，并且不能辨别是非、不能正确表达的人，不得作为证人。（6）证人具有优先性和不可替代性。

延伸阅读

《刑事诉讼法》对证人的规定要区别于《民事诉讼法》的相关规定。在刑事诉讼中，证人只能是自然人，单位不能做证人；但是在民事诉讼中，证人包括单位和个人。生理上、精神上有缺陷或者年幼，只有达到不能辨别是非或者不能正确表达的程度，才不能做证人。换句话说，生理上、精神上虽然有缺陷或者年幼，但是还没有达到不能辨别是非或者不能正确表达的程度，仍然可以做证人。

五、鉴定人★

鉴定人是指接受公安、司法机关的指派或者聘请，运用自己的专门知识或者技能对刑事案件中的专门性问题进行分析判断并提出书面鉴定意见的人。

应当注意的是：(1) 鉴定人必须具备鉴定某项专门性问题的知识或技能。(2) 鉴定人由公安、司法机关指派或者聘请产生，并且在诉讼过程中可以更换。在刑事诉讼中，当事人、辩护人及诉讼代理人都无权自行委托鉴定人，只能由公安司法机关指派或者聘请。(3) 鉴定人通过参加刑事诉讼的途径了解案件的真实情况。(4) 鉴定人必须是与案件或案件当事人没有利害关系的人。(5) 鉴定人只能是自然人。

延伸阅读

在刑事诉讼中，除了鉴定人是以自身具有的专门知识或者技能参与外，还有另外一些具有专门知识的人有可能依据具体案件的需要参加刑事诉讼。虽然鉴定人以外的有专门知识的人并非刑事诉讼法定的诉讼参与人，但随着犯罪技术性和专业性的增强，他们同样在诉讼过程中发挥重要甚至不可替代的作用。由于其他具有专门知识的人与鉴定人具有很大的相似性，有关他们的诉讼地位和权利义务，通常参照鉴定人的规定。

案例阅读

2007 年 10 月 12 日，陕西省林业厅宣布陕西发现华南虎，并公布据称为陕西省安康市镇坪县城关镇文采村村民周正龙于 2007 年 10 月 3 日拍摄到的华南虎照片，该照片的真实性受到诸多质疑，并引发中国乃至世界的关注，被指可能是他（们）用纸老虎造假。该案在二审审理之前，顾玉树律师曾提出对虎照进行重新鉴定的申请。对于辩护人提出的对虎照未委托权威司法鉴定机构进行鉴定的质疑，检察机关认为，案卷内大量的证据足以证实周正龙所拍摄的华南虎是假老虎。安康市中级人民法院认为，全案证据足以证明周正龙实施拍摄假华南虎照的行为，对辩护人申请对于虎照真假鉴定的请求，因事实清楚，证据充分，故无鉴定的必要。而且目前没有任何证据直接表明有上诉人周正龙以外的其他人指使、安排或者参与了周正龙拍摄假虎照片的造假行为，也没有证据表明虎照经过 PS 处理。

六、翻译人员★

翻译人员是指在刑事诉讼过程中接受公安司法机关的指派或者聘请，为参与诉讼的外国人或无国籍人、少数民族人员、盲人、聋人、哑人等进行语言、文字或者手势翻译的人员。翻译人员属于诉讼参与人（其他诉讼参与人）。翻译人员是回避的对象。

【课后阅读】

［1］秦前红，石泽华：《监察法规的性质、地位及其法治化》，《法学论坛》，2020 年第 6 期。

［2］陈瑞华：《论检察机关的法律职能》，《政法论坛》，2018 年第 1 期。

［3］张泽涛：《论公安侦查权与行政权的衔接》，《中国社会科学》，2019 年第 19 期。

第 4 章　管辖

本章思维导图 <<<

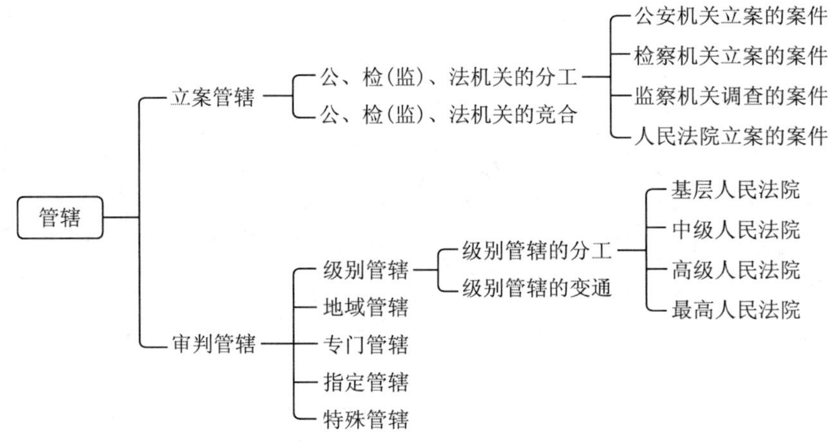

4.1 立案管辖

立案管辖是指公安机关（包括国家安全机关）、人民检察院、监察机关和人民法院之间在直接受理刑事案件上的权限分工。

4.1.1 立案管辖的分工

一、公安机关立案侦查的案件范围★

刑事案件的侦查由公安机关进行，法律另有规定的除外。

2020年9月1日施行的《公安机关办理刑事案件程序规定》第14条规定，根据刑事诉讼法的规定，除下列情形外，刑事案件由公安机关管辖：① 监察机关管辖的职务犯罪案件。② 人民检察院管辖的在对诉讼活动实行法律监督中发现的司法工作人员利用职权实施的非法拘禁、刑讯逼供、非法搜查等侵犯公民权利、损害司法公正的犯罪，以及经省级以上人民检察院决定立案侦查的公安机关管辖的国家机关工作人员利用职权实施的重大犯罪案件。③ 人民法院管辖的自诉案件。对于人民法院直接受理的被害人有证据证明的轻微刑事案件，因证据不足驳回起诉，人民法院移送公安机关或者被害人向公安机关控告的，公安机关应当受理；被害人直接向公安机关控告的，公安机关应当受理。④ 军队保卫部门管辖的军人违反职责的犯罪和军队内部发生的刑事案件。⑤ 监狱管辖的罪犯在监狱内犯罪的刑事案件。⑥ 海警部门管辖的海（岛屿）岸线以外我国管辖海域内发生的刑事案件。对于发生在沿海港岙口、码头、滩涂、台轮停泊点等区域的，由公安机关管辖。⑦ 其他依照法律和规定应当由其他机关管辖的刑事案件。

公安机关侦查案件，也会有地域分工和级别分工。根据《公安机关办理刑事案件程序规定》第15条的规定，刑事案件由犯罪地的公安机关管辖。如果由犯罪嫌疑人居住地的公安机关管辖更为适宜的，可以由犯罪嫌疑人居住地的公安机关管辖。法律、司法解释或者其他规范性文件对有关犯罪案件的管辖作出特别规定的，从其规定。

《公安机关办理刑事案件程序规定》第24条规定，县级公安机关负责侦查发生在本辖区内的刑事案件。设区的市一级以上公安机关负责下列犯罪中重大案件的侦查：① 危害国家安全犯罪；② 恐怖活动犯罪；③ 涉外犯罪；④ 经济犯罪；⑤ 集团犯罪；⑥ 跨区域犯罪。上级公安机关认为有必要的，可以侦查下级公安机关管辖的刑事案件；下级公安机关认为案情重大需要上级公安机关侦查的刑事案件，可以请求上一级公安机关管辖。

二、人民检察院直接受理的案件范围★★★

人民检察院直接受理的案件简称为自侦案件。随着《监察法》的实施，原本由人民检察院负责侦查的职务犯罪大部分改由监察委员会进行立案调查，人民检察院仅对两类案件继续行使侦查权（见《刑事诉讼法》第19条第2款）。

第一，人民检察院在对诉讼活动实行法律监督中发现司法工作人员利用职权实施的非法拘禁、刑讯逼供、非法搜查等侵犯公民权利、损害司法公正的犯罪，可以由人民检察院立案侦查。

从2018年《刑事诉讼法》的规定来看，检察机关侦查的职务犯罪主要有4个特点：① 犯罪主体限于司法工作人员；② 犯罪行为限于发生在司法活动中，这是对犯罪行为方式的限定，即有关人员利用职权实施的侵犯公民权利、损害司法公正的犯罪；③ 发现途径限定在检察机关在对诉讼活动进行监督过程之中；④ 法律规定此类案件“可以”由人民检察院侦查，也可以由监察委员会调查。

这类案件具体包括14个罪名，分别是：① 非法拘禁罪（《刑法》第238条）（非司法工作人员除外）；② 非法搜查罪（《刑法》第245条）（非司法工作人员除外）；③ 刑讯逼供罪（《刑法》第247条）；④ 暴力取证罪（《刑法》第247条）；⑤ 虐待被监管人罪（《刑法》第248条）；⑥ 滥用职权罪（《刑法》第397条）（非司法工作人员滥用职权侵犯公民权利、损害司法公正的情形除外）；⑦ 玩忽职守罪（《刑法》第397条）（非司法工作人员玩忽职守侵犯公民权利、损害司法公正的情形除外）；⑧ 徇私枉法罪（《刑法》第399条第1款）；⑨ 民事、行政枉法裁判罪（《刑法》第399条第2款）；⑩ 执行判决、裁定失职罪（《刑法》第399条第3款）；⑪ 执行判决、裁定滥用职权罪（《刑法》第399条第3款）；⑫ 私放在押人员罪（《刑法》第400条第1款）；⑬ 失职致使在押人员脱逃罪（《刑法》第400条第2款）；⑭ 徇私舞弊减刑、假释、暂予监外执行罪（《刑法》第401条）。

第二，对于公安机关管辖的国家机关工作人员利用职权实施的重大犯罪案件，需要由人民检察院直接受理的时候，经省级以上人民检察院决定，可以由人民检察院立案侦查。

注意：此类案件要由人民检察院侦查需要同时满足以下几个条件：“公”“机”“权”“大”“省级以上”。此类案件也可以由公安机关立案侦查。这种机动侦查权只能针对个别案件，通常是公安机关不立案或者不便立案的个别案件，否则就违反了《刑事诉讼法》关于侦查的管辖分工的原则，也违反了公、检、法三机关分工负责、互相制约的原则。

案例阅读

2018年11月29日，依据2018年10月修改后《刑事诉讼法》的规定，山东省济南市人民检察院对某监狱民警尹某涉嫌虐待被监管人罪一案立案侦查。该案是《刑事诉讼法》修改后山东省检察机关立案查处的第一起司法工作人员涉嫌侵犯公民权利、损害司法公正的职务犯罪案件。犯罪嫌疑人尹某在监狱执行监管职务过程中，指使其他被监管人帮助，使某被监管人失去反抗能力，尹某利用缝衣针扎入其指甲缝中；并违规使用瓦斯催泪喷射器喷射已经被安全带束缚的被监管人，给被监管人的身体和心理带来极度痛苦，造成了极其恶劣的影响。

三、监察机关立案调查的案件范围★★★

第一，监察机关立案调查的对象。《监察法》第15条规定，监察机关对下列公职人员和有关人员进行监察：

（1）中国共产党机关、人民代表大会及其常务委员会机关、人民政府、监察委员会、人民法院、人民检察院、中国人民政治协商会议各级委员会机关、民主党派机关和工商业联合会机关的公务员，以及参照《公务员法》管理的人员。

（2）法律、法规授权或者受国家机关依法委托管理公共事务的组织中从事公务的人员。

（3）国有企业管理人员。

（4）公办的教育、科研、文化、医疗卫生、体育等单位中从事管理的人员。

（5）基层群众性自治组织中从事管理的人员。

（6）其他依法履行公职的人员。

第二，监察机关立案调查的案件。《监察法》第11条规定，监察机关对涉嫌贪污贿赂、滥用职权、玩忽职守、权力寻租、利益输送、徇私舞弊及浪费国家资财等职务违法和职务犯罪进行调查。

延伸阅读

2018年4月16日，中央纪委、国家监委发布了《国家监察委员会管辖规定（试行）》，该规定详细列举了国家监委管辖的6大类88个职务犯罪案件罪名。

1. 贪污贿赂犯罪

具体包括：① 贪污罪；② 挪用公款罪；③ 受贿罪；④ 单位受贿罪；⑤ 利用影响力受贿罪；⑥ 行贿罪；⑦ 对有影响力的人行贿罪；⑧ 对单位行贿罪；⑨ 介绍贿赂罪；⑩ 单位行贿罪；⑪ 巨额财产来源不明罪；⑫ 隐瞒境外存款罪；⑬ 私分国有资产罪；⑭ 私分罚没财物罪；⑮ 非国家工作人员受贿罪；⑯ 对非国家工作人员行贿罪；⑰ 对外国公职人员、国际公共组织官员行贿罪。

2. 滥用职权犯罪

具体包括：① 滥用职权罪；② 国有公司、企业、事业单位人员滥用职权罪；③ 滥用管理公司、证券职权罪；④ 食品监管渎职罪；⑤ 故意泄露国家秘密罪；⑥ 报复陷害罪；⑦ 阻碍解救被拐卖、绑架妇女、儿童罪；⑧ 帮助犯罪分子逃避处罚罪；⑨ 违法发放林木采伐许可证罪；⑩ 办理偷越国（边）境人员出入境证件罪；⑪ 放行偷越国（边）境人员罪；⑫ 挪用特定款物罪；⑬ 非法剥夺公民宗教信仰自由罪；⑭ 侵犯少数民族风俗习惯罪；⑮ 打击报复会计、统计人员罪。

3. 玩忽职守犯罪

具体包括：① 玩忽职守罪；② 国有公司、企业、事业单位人员失职罪；③ 签订、履行合同失职被骗罪；④ 国家机关工作人员签订、履行合同失职被骗罪；⑤ 环境监管失职罪；⑥ 传染病防治失职罪；⑦ 商检失职罪；⑧ 动植物检疫失职罪；⑨ 不解救被拐卖、绑架妇女、儿童罪；⑩ 失职造成珍贵文物损毁、流失罪；⑪ 过失泄露国家秘密罪。

4. 徇私舞弊犯罪

具体包括：① 徇私舞弊低价折股、出售国有资产罪；② 非法批准征收、征用、占用土地罪；③ 非法低价出让国有土地使用权罪；④ 非法经营同类营业罪；⑤ 为亲友非法牟利罪；⑥ 枉法仲裁罪；⑦ 徇私舞弊发售发票、抵扣税款、出口退税罪；⑧ 商检徇私舞弊罪；⑨ 动植物检疫徇私舞弊罪；⑩ 放纵走私罪；⑪ 放纵制售伪劣商品犯罪行为罪；⑫ 招收公务员、学生徇私舞弊罪；⑬ 徇私舞弊不移交刑事案件罪；⑭ 违法提供出口退税凭证罪；⑮ 徇私舞弊不征、少征税款罪。

5. 重大责任事故犯罪

具体包括：① 重大责任事故罪；② 教育设施重大安全事故罪；③ 消防责任事故罪；④ 重大劳动安全事故罪；⑤ 强令违章冒险作业罪；⑥ 不报、谎报安全事故罪；⑦ 铁路运营安全事故罪；⑧ 重大飞行事故罪；⑨ 大型群众性活动重大安全事故罪；⑩ 危险物品肇事罪；⑪ 工程重大安全事故罪。

6. 公职人员其他犯罪

具体包括：① 破坏选举罪；② 背信损害上市公司利益罪；③ 金融工作人员购买假币、以假币换取货币罪；④ 利用未公开信息交易罪；⑤ 诱骗投资者买卖证券、期货合约罪；⑥ 背信运用受托财产罪；⑦ 违法运用资金罪；⑧ 违法发放贷款罪；⑨ 吸收客户资金不入账罪；⑩ 违规出具金融票证罪；⑪ 对违法票据承兑、付款、保证罪；⑫ 非法转让、倒卖土地使用权罪；⑬ 私自开拆、隐匿、毁弃邮件、电报罪；⑭ 职务侵占罪；⑮ 挪用资金罪；⑯ 故意延误投递邮件罪；⑰ 泄露不应公开的案件信息罪；⑱ 披露、报道不应公开的案件信息罪；⑲ 接送不合格兵员罪。

案例阅读

2017 年 12 月 26 日，余建军贪污案在杭州市中级人民法院开庭审理。余建军因犯贪污罪被判处有期徒刑 15 年，并处罚金 200 万元，没收扣押冻结在案的财物并继续追缴赃款。这起看似寻常的职务犯罪案件，其实与监察体制改革试点工作密切相关——在此案正式移送杭州市上城区检察院审查起诉前，由新成立的上城区监察委员会立案调查。3 月 17 日，上城区监察委员会依法对余建军作出立案调查决定，并对其采取留置措施。这也是全国首例监察留置案。

四、人民法院直接受理的案件范围★★★

刑事诉讼中，人民法院仅直接受理自诉案件，且立案后直接进入审理阶段，不需要经过专门机关侦查。这类案件包括以下三种情形。

第一，告诉才处理的案件。告诉才处理的案件是指只有被害人或其法定代理人提出控告和起诉，人民法院才予以受理的案件。具体包括：

（1）侮辱、诽谤案（严重危害社会秩序和国家利益的除外）。

（2）暴力干涉婚姻自由案（致使被害人死亡的除外）。

（3）虐待案（致使被害人重伤、死亡的除外）。

根据 2022 年修订的《刑诉解释》第 1 条第 1 项的规定可知，虐待案中，如果被害人没有能力告诉或者因受到强制、威吓无法告诉的，作为公诉案件处理。

（4）侵占案（绝对的告诉才处理）。

案例阅读

2008 年 12 月 9 日下午 1 点 40 分，下班回家的梁丽带回了一个装满价值超过300万元（后来被司法部门认定是261万元）金首饰的纸箱。当晚，梁丽与另外两名“分金”同事曹万义和马银山一同被深圳警方刑拘。2009年1月14日，曹、马两人获得自由，梁丽则因涉嫌盗窃被批捕。3月12日，深圳市公安局向深圳市人民检察院提交起诉意见书。5月11日，《广州日报》刊发《清洁工“捡”14公斤金饰或被起诉》一文，迅速在社会上引起热议。梁丽究竟是“偷”还是“捡”引起了广泛争论。深圳市检察机关于5月25日侦查终结，将此案定性为“侵占罪”。因侵占罪不是公诉案件，因此检察机关取消起诉。10月10日，随着深圳市公安局机场分局“撤案决定书”的送达，轰动全国的机场女清洁工“捡金案”尘埃落定。

案例阅读

2020年7月7日，郎某趁吴女士在其快递站取快递时，使用手机摄录了吴女士一段视频，并同何某恶意编造吴女士出轨快递小哥等微信聊天记录，发至微信群，随后事情发酵，视频和聊天记录在网上肆意传播扩散。吴女士得知后遂至公安机关报案。8月13日，杭州市余杭区公安分局对郎某、何某二人分别作出行政拘留9日的处罚。10月26日，吴女士向杭州市余杭区人民法院提起自诉，要求追究郎某、何某二人诽谤罪的刑事责任。12月14日，余杭区人民法院对自诉予以立案。12月25日，根据检察机关建议，公安机关对郎某、何某涉嫌诽谤案立案侦查。在此期间，相关视频和聊天记录进一步在网络传播、发酵，仅微博、热搜上，网民阅读数就分别达到4.1亿次和8100万次，讨论数分别达到5.8万条和4046条。纵观本案的处理，从行政处罚到刑事自诉，从刑事自诉到公诉，逐步“升格”，诽谤罪属于自诉案件，一般情况下检察、公安机关不需要介入，但法律明确规定，严重危害社会秩序和国家利益的除外。对涉嫌侵犯社会公共利益的犯罪行为立案侦查、提起公诉，保护公民权益，维护社会秩序，是检察机关、公安机关的职责使命。郎某、何某诽谤吴某一案转为刑事公诉案件，就是这种情况。此案为网络时代惩处侮辱诽谤类犯罪司法动向的最新案例，值得高度重视和研究。

第二，人民检察院没有提起公诉，被害人有证据证明的轻微刑事案件。这类案件必须满足两个条件：① 必须是轻微的刑事案件；② 被害人必须有相应的证据证明被告人有罪。这类案件主要包括：

（1）故意伤害案（轻伤）。

（2）非法侵入住宅案。

（3）侵犯通信自由案。

（4）重婚案。

（5）遗弃案。

（6）生产、销售伪劣商品案。

（7）侵犯知识产权案。

（8）刑法分则第四、五章规定的，对被告人可能判处 3 年有期徒刑以下刑罚的案件。

注意：此类案件可以公诉也可以自诉。被害人直接向人民法院起诉的，人民法院应当依法受理。对其中证据不足、可以由公安机关受理的，或者认为对被告人可能判处 3 年有期徒刑以上刑罚的，应当告知被害人向公安机关报案，或者移送公安机关立案侦查。被害人向公安机关控告的，公安机关应当受理。

第三，公诉转自诉的案件。被害人有证据证明对被告人侵犯自己人身、财产权利的行为应当依法追究刑事责任，且有证据证明曾经提出控告，而公安机关或者人民检察院不予追究被告人刑事责任的案件（又称“公诉转自诉的案件”）。

公诉转自诉的案件，从性质上说，原本属于公诉案件范围，若要成为自诉案件，必须具备 4 个条件：

（1）被害人有足够证据证明被告人的行为构成犯罪。

（2）被告人侵犯了被害人的人身、财产权利。

（3）应当追究被告人刑事责任。

（4）被害人有证据证明曾经提出控告，而公安机关或者人民检察院不予追究刑事责任。

此类刑事案件范围很广，既包括公安机关或者检察机关不立案侦查或撤销的案件，也包括检察机关决定不起诉的案件。

案例阅读

2018 年 6 月 5 日，最高人民法院印发《关于拒不执行判决、裁定罪自诉案件受理工作有关问题的通知》。为保证依法对拒执罪进行准确、高效的打击，有效配合解决执行难工作，该通知将解决实践中公诉转自诉程序不畅问题作为重点。

2016 年 7 月，陈平作为一名欠债不还的“老赖”，却入住星级酒店，因违反了限制高消费令，被法院拘留 15 日。拘留期间，他承诺 2017 年元旦前还款 10 万元，但均未兑现。2018 年 12 月，漳州某公司以陈平犯拒不执行判决、裁定罪向思明法院提起控诉。因涉嫌犯拒不执行判决、裁定罪，思明法院决定将其逮捕，被逮捕后陈平又通过其律师称愿先还款10万元，请自诉人撤诉。但自诉人不再相信，要求依法判决。思明法院依法做出一审判决：被告人陈平犯拒不执行判决、裁定罪，判处有期徒刑一年六个月。该案是厦门市首例拒不执行判决、裁定罪的自诉案件。对拒执罪案件的追诉程序由单一的公诉改为公诉与自诉并行，有利于形成依法打击的合力，强化对失信行为的震慑作用。

4.1.2 管辖竞合及其处理

一、公安机关与人民检察院的管辖竞合★★

根据《高检规则》第18条第1款的规定，人民检察院办理直接受理侦查的案件涉及公安机关管辖的刑事案件，应当将属于公安机关管辖的刑事案件移送公安机关。如果涉嫌的主罪属于公安机关管辖，由公安机关为主侦查，人民检察院予以配合；如果涉嫌的主罪属于人民检察院管辖，由人民检察院为主侦查，公安机关予以配合。

二、公诉案件与自诉案件的管辖竞合★★

公安机关或人民检察院在侦查过程中，如果发现被告人还犯有属于人民法院直接受理的罪行时，应分情况进行处理：

（1）对于属于告诉才处理的案件，告知被害人向人民法院直接提起诉讼。

（2）对于属于人民法院可以受理的其他类型自诉案件的，可以立案进行侦查，在人民检察院提起公诉时，随同公诉案件移送人民法院，由人民法院合并审理。

三、自诉案件与公诉案件的管辖竞合★★

人民法院在审理自诉案件过程中，如果发现被告人还犯有必须由人民检察院提起公诉的罪行，应将新发现的罪行另案移送有管辖权的公安机关或者人民检察院处理。

四、普通刑事案件与监察案件的管辖竞合★★

根据《监察法》第34条的规定，人民法院、人民检察院、公安机关、审计机关等国家机关在工作中发现公职人员涉嫌贪污贿赂、失职渎职等职务违法或者职务犯罪的问题线索，应当移送监察机关，由监察机关依法调查处置。被调查人既涉嫌严重职务违法或者职务犯罪，又涉嫌其他违法犯罪的，一般应当由监察机关为主调查，其他机关予以协助。

根据《监察法》第35条的规定，监察机关对于报案或者举报，应当接受并按照有关规定处理。对于不属于本机关管辖的，应当移送主管机关处理。

五、并案管辖★★

《六机关规定》第 3 条规定，具有下列情形之一的，人民法院、人民检察院、公安机关可以在其职责范围内并案处理：① 一人犯数罪的；② 共同犯罪的；③ 共同犯罪的犯罪嫌疑人、被告人还实施其他犯罪的；④ 多个犯罪嫌疑人、被告人实施的犯罪存在关联，并案处理有利于查明案件事实的。

《刑诉解释》第 24 条：人民法院发现被告人还有其他犯罪被起诉的，可以并案审理；涉及同种犯罪的，一般应当并案审理。人民法院发现被告人还有其他犯罪被审查起诉、立案侦查、立案调查的，可以参照前款规定协商人民检察院、公安机关、监察机关并案处理，但可能造成审判过分迟延的除外。根据前两款规定并案处理的案件，由最初受理地的人民法院审判。必要时，可以由主要犯罪地的人民法院审判。

4.2 审判管辖

审判管辖，是指各级人民法院之间、同级人民法院之间及普通人民法院与专门人民法院之间、各专门人民法院之间在审判第一审刑事案件上的权限划分。审判管辖所要解决的是人民法院系统内部受理案件的分工问题，包括级别管辖、地域管辖、专门管辖、移送管辖、指定管辖。

4.2.1 级别管辖

一、级别管辖★

级别管辖是指各级人民法院之间在审判第一审刑事案件上的权限划分。级别管辖是对第一审刑事案件审判权的纵向划分，解决的是上下级人民法院之间的权限分工问题。

二、级别管辖的分工★★★

第一，基层人民法院。管辖第一审普通刑事案件，但是依照《刑事诉讼法》由上级人民法院管辖的除外。

第二，中级人民法院。管辖危害国家安全、恐怖活动案件；可能判处无期徒刑、死刑的案件；违法所得没收程序的案件；缺席审判程序案件。

注意：危害国家安全案件是指《刑法分则》第一章规定的危害国家安全的案件；恐怖活动案件的范围主要依据《刑法分则》规定的罪名是否属于恐怖活动予以明确。上述规定并不是说这些案件必须由中级人民法院进行第一审，而是最低应由中级人民法院进行第一审，并不排除由高级人民法院、最高人民法院对这些案件进行第一审。

第三，高级人民法院。管辖全省（自治区、直辖市）性的重大刑事案件。

第四，最高人民法院。管辖在全国范围内具有重大影响的，性质、情节都特别严重的刑事案件。

三、级别管辖的变通★★

第一，上可审下。上级法院在必要时，可以审判下级法院管辖的第一审刑事案件。下级人民法院认为案情重大、复杂，需要由上级人民法院审判的第一审刑事案件，可以请求移送上一级人民法院审判。

第二，下不可审上。下级法院绝对不能审理上级法院管辖的案件。依法应当由上级法院管辖的一审案件，不能再指定下级法院管辖。基层法院对可能判处无期徒刑、死刑的第一审刑事案件，应当移送中级人民法院审判。

第三，数罪或数人，就高不就低。根据《刑诉解释》第15条的规定，一人犯数罪、共同犯罪或者其他需要并案审理的案件，其中一人或者一罪属于上级人民法院管辖的，全案由上级人民法院管辖。

4.2.2 地域管辖

一、地域管辖的概念★

地域管辖是指同级人民法院之间，在审判第一审刑事案件时的权限划分。这是对第一审刑事案件审判权的横向划分，解决的是同级人民法院之间的权限分工问题。

二、以犯罪地管辖为主，被告人居住地管辖为辅原则★

刑事案件由犯罪地的人民法院管辖。如果被告人居住地的人民法院审判更为适宜的，可以由被告人居住地的人民法院管辖。

第一，犯罪地包括犯罪行为发生地和犯罪结果发生地。《刑诉解释》第2条第2款针对主要利用计算机网络实施的犯罪，犯罪地包括用于实施犯罪行为的网络服务使用的服务器所在地，网络服务提供者所在地，被侵害的信息网络系统及其管理者所在地，犯罪过程中被告人、被害人使用的信息网络系统所在地，以及被害人被侵害时所在地和被害人财产遭受损失地等。

第二，居住地是指被告人的户籍地。经常居住地与户籍地不一致的，经常居住地为其居住地。经常居住地为被告人被追诉前已连续居住1年以上的地方，但住院就医的除外。被告单位登记的住所地为其居住地。主要营业地或者主要办事机构所在地与登记的住所地不一致的，主要营业地或者主要办事机构所在地为其居住地。

由被告人居住地的人民法院管辖更为适宜的情况一般包括：被告人流窜作案，主要犯罪地难以确定，而其居住地的群众更多地了解案件情况的；被告人在居住地民愤极大，当地群众要求在当地审判的；可能对被告人适用缓刑、管制或者单独适用剥夺政治权利等刑罚，因而需要在其居住地执行的；等等。

三、以最初受理的人民法院审判为主，主要犯罪地人民法院审判为辅原则★

根据《刑诉解释》第 19 条的规定，几个同级人民法院都有权管辖的案件，由最初受理的人民法院审判。在必要的时候，可以移送主要犯罪地的人民法院审判。“必要的时候”，一般应从有利于查清犯罪事实、及时处理案件及充分发挥审判活动的教育作用等方面考虑。所谓主要犯罪地，包括案件涉及多个地点时，对该犯罪的成立起主要作用的行为地，也包括一人犯数罪时，主要罪行的实行地。

注意：在此问题上，民事诉讼规定为最先立案的人民法院管辖。

4.2.3 专门管辖

专门管辖是指专门人民法院与普通人民法院之间、各种专门人民法院之间及各专门人民法院系统内部在受理第一审刑事案件上的权限分工。在我国，军事法院就是管辖刑事案件的专门人民法院。一般而言，军人和非军人共同犯罪的，分别由军事法院和地方人民法院管辖，但涉及国家军事秘密的，全案由军事法院管辖。

4.2.4 指定管辖

指定管辖是指当管辖不明或者有管辖权的法院不宜行使管辖权时，由上级人民法院以指定的方式确定案件的管辖。根据《刑诉解释》第 21 条的规定，上级人民法院指定管辖，应当将指定管辖决定书分别送达被指定管辖的人民法院和其他有关的人民法院。

第一，管辖不明。根据《刑诉解释》第 20 条第 1 款的规定，管辖不明的案件，上级人民法院可以指定下级人民法院审判。管辖权发生争议的，应当在审限内协商解决；协商不成的，由争议的人民法院分别层报共同的上级人民法院指定管辖。注意：协商是必经程序，而且必须是层报。

第二，管辖不宜。有管辖权的人民法院因案件涉及本院院长而需要回避或者其他原因，不宜行使管辖权的，可以请求移送上一级人民法院管辖。上一级人民法院可以管辖，也可以指定与提出请求的人民法院同级的其他人民法院管辖。

第三，规避管辖。根据《刑诉解释》第 23 条的规定，第二审人民法院发回重新审判的案件，人民检察院撤回起诉后，又向原第一审人民法院的下级人民法院重新提起公诉的，下级人民法院应当将有关情况层报原第二审人民法院。原第二审人民法院根据具体情况，可以决定将案件移送原第一审人民法院或者其他人民法院审判。

案例阅读

薄熙来涉嫌受贿、贪污、滥用职权犯罪一案，于2013年8月22日在山东省济南市中级人民法院第五法庭公开开庭审理，引起了社会各界的广泛关注。据新华社的报道，薄熙来案经依法指定管辖。异地审理，主要是为了有效排除、预防审判干扰，可以防止官员利用在其任职地区的权力影响案件的侦查和审判、妨碍审判的独立性和公正性。近年来，落马高官案件在异地审判的例子不少：上海市委原书记陈良宇在天津受审，贵州省政协原主席黄瑶在四川受审，广东省政协原主席陈绍基在重庆受审，深圳市原市长许宗衡在河南受审等。“跨省异地”审理，能够有效排除案件查处中的各种干扰和阻力，有效消除了社会公众对审判工作的一部分担忧和误解。

4.2.5 特殊案件的管辖

一、外国人犯罪的管辖★★

第一，普遍管辖。《刑诉解释》第12条规定，对中华人民共和国缔结或者参加的国际条约所规定的罪行，中华人民共和国在所承担条约义务的范围内行使刑事管辖权的，由被告人被抓获地、登陆地或者入境地的人民法院管辖。

鉴于海上刑事案件的特殊性，实际办案中可能存在犯罪嫌疑人在我国领海以外（如公海）被抓获的情形，无法依据原《刑诉解释》第10条的规定进行管辖。基于此，新《刑诉解释》增加规定，规定被告人入境地、登陆地的人民法院也可以管辖。

第二，保护管辖。《刑诉解释》第11条规定，外国人在中华人民共和国领域外对中华人民共和国国家或者公民犯罪，根据《中华人民共和国刑法》应当受处罚的，由该外国人登陆地、入境地或者入境后居住地的人民法院管辖，也可以由被害人离境前居住地或者现居住地的人民法院管辖。

鉴于海上刑事案件的特殊性，《关于海上刑事案件管辖等有关问题的通知》第1条第4项增加规定，规定被告人登陆地的人民法院也可以管辖。同时，考虑到被告人或被害人入境后的居住地可能与离境前居住地不一致的情况，为便于案件办理，增加规定了相关管辖连接点。

二、中国的交通工具★

第一，飞机。

领域内：用一般管辖方法确定即可。

领域外：《刑诉解释》第 8 条规定，在中华人民共和国领域外的中国航空器内的犯罪，由该航空器在中国最初降落地的人民法院管辖。

第二，船舶。

领域内：《刑诉解释》第 4 条规定，在中华人民共和国内水、领海发生的刑事案件，由犯罪地或者被告人登陆地的人民法院管辖。由被告人居住地的人民法院审判更为适宜的，可以由被告人居住地的人民法院管辖。

领域外：《刑诉解释》第 7 条规定，在中华人民共和国领域外的中国船舶内的犯罪，由该船舶最初停泊的中国口岸所在地或者被告人登陆地、入境地的人民法院管辖。有的在中国领域外航行的中国船舶内发生犯罪后，船舶可能并不马上返航回国，而是继续向外航行，只是将犯罪嫌疑人带回我国。对此种情形，新《刑诉解释》增加规定被告人登陆地、入境地的人民法院作为管辖选择地。

第三，列车。

国内列车：《刑诉解释》第 5 条第 1 款规定，在列车上的犯罪，被告人在列车运行途中被抓获的，由前方停靠站所在地负责审判铁路运输刑事案件的人民法院管辖。必要时，也可以由始发站或者终点站所在地负责审判铁路运输刑事案件的人民法院管辖。

《刑诉解释》第 5 条第 2 款规定，被告人不是在列车运行途中被抓获的，由负责该列车乘务的铁路公安机关对应的审判铁路运输刑事案件的人民法院管辖；被告人在列车运行途经车站被抓获的，也可以由该车站所在地负责审判铁路运输刑事案件的人民法院管辖。

国际列车：《刑诉解释》第 6 条规定，在国际列车上的犯罪，根据我国与相关国家签订的协定确定管辖；没有协定的，由该列车始发或者前方停靠的中国车站所在地负责审判铁路运输刑事案件的人民法院管辖。

三、中国人在国外犯罪★★★

第一，使领馆内。《刑诉解释》第 9 条规定，中国公民在中国驻外使领馆内的犯罪，由其主管单位所在地或者原户籍地的人民法院管辖。

第二，使领馆外。《刑诉解释》第 10 条规定，中国公民在中华人民共和国领域外的犯罪，由其登陆地、入境地、离境前居住地或者现居住地的人民法院管辖；被害人是中国公民的，也可以由被害人离境前居住地或者现居住地的人民法院管辖。

四、服刑期间发现漏罪、新罪★★★

第一，漏罪。正在服刑的罪犯在判决宣告前还有其他罪没有判决的，由原审地人民法院管辖；由罪犯服刑地或者犯罪地的人民法院审判更为适宜的，可以由罪犯服刑地或者犯罪地的人民法院管辖。

第二，新罪。罪犯在服刑期间又犯罪的，由服刑地的人民法院管辖。罪犯在脱逃期间又犯罪的，由服刑地的人民法院管辖。除非在犯罪地抓获罪犯并发现其在脱逃期间的犯罪的，由犯罪地的人民法院管辖。

五、缺席审判程序的管辖★★★

对于贪污贿赂犯罪案件，以及需要及时进行审判，经最高人民检察院核准的严重危害国家安全犯罪、恐怖活动犯罪案件，犯罪嫌疑人、被告人在境外而采用缺席审判的，由犯罪地、被告人离境前居住地或者最高人民法院指定的中级人民法院组成合议庭进行审理。

【课后阅读】

［1］王新清：《刑事管辖权基本问题研究》，北京：中国人民大学出版社，2014 年。

［2］龙宗智：《刑事诉讼指定管辖制度之完善》，《法学研究》，2012 年第 4 期。

［3］顾培东：《人民法院改革取向的审视与思考》，《法学研究》，2020 年第 1 期。

［4］谢小剑：《刑事职能管辖错位的程序规制》，《中国法学》，2021 年第 1 期。

［5］佀化强：《法院的类型、创设权归属及其司法权配置》，《中外法学》，2020 年第 5 期。

第 5 章 回避

本章思维导图 <<<

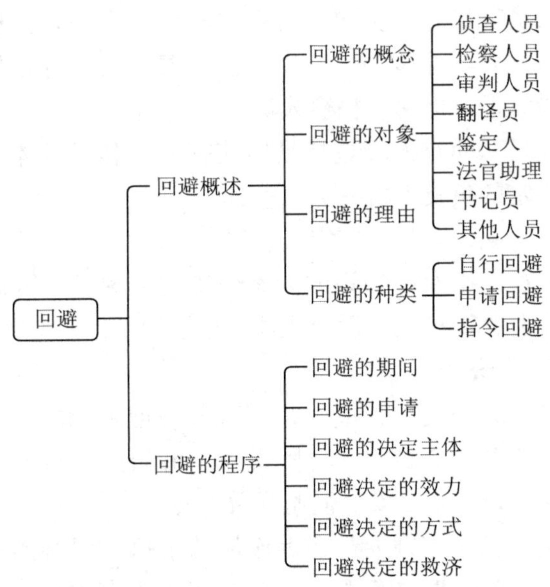

5.1 回避概述

一、回避的概念★

刑事诉讼中的回避是指根据《刑事诉讼法》和有关法律的规定，侦查人员、检察人员、审判人员等同案件有法定利害关系或者其他可能影响案件公正处理的关系而不得参加该案诉讼活动的一项诉讼制度。

二、回避的对象★★

第一，审判人员。审判人员包括人民法院院长、副院长、审判委员会委员、庭长、副庭长、审判员和人民陪审员。人民陪审员属于审判人员，所以也属于回避对象；法官员额制改革后，新《刑诉解释》删除了“助理审判员”的表述。

第二，检察人员。检察人员包括检察官和检察官助理。检察官包括检察长、副检察长、检察委员会委员、检察员。检察人员不等于检察员，如检察官助理虽不属于检察员，但属于检察人员。

第三，侦查人员。侦查人员包括具体侦查人员和对具体案件的侦查有权参与讨论和作出决定的负责人。

第四，书记员、翻译人员、鉴定人、法官助理。

第五，其他人员。有专门知识的人参照鉴定人规则，因此也属于回避对象。证人不适用回避，辩护人和诉讼代理人也不属于回避对象。

三、回避的理由★★

第一，本人是本案的当事人或者是当事人的近亲属的。当事人是指被害人、自诉人、犯罪嫌疑人、被告人、附带民事诉讼的原告人和被告人；近亲属是指夫、妻、父、母、子、女、同胞兄弟姊妹。

最高人民法院《关于审判人员在诉讼活动中执行回避制度若干问题的规定》第1条对此作了进一步的解释，规定与当事人有夫妻、直系血亲、三代以内旁系血亲及近姻亲关系的审判人员都应当回避。

第二，本人或者其近亲属和本案有利害关系的。所谓利害关系是指本案的处理结果会影响到审判人员、检察人员、侦查人员及书记员、翻译人员、鉴定人或其近亲属的利益。

第三，担任过本案的证人、鉴定人、辩护人、诉讼代理人或者翻译人员的。在同一个案件中，曾经担任过证人、鉴定人、辩护人或诉讼代理人的人。对案件事实往往已经形成了自己的看法，如果再以其他办案人员的身份参与对该案件的处理，就很难做到客观公正。

第四，与本案的辩护人、诉讼代理人有近亲属关系的。

第五，与本案当事人有其他关系，可能影响公正处理案件的。

这是对上述情形以外的概括性规定，内容比较广泛，既可以是同学、朋友等友好关系，也可以是不睦关系，如与当事人有过仇隙、纠纷等，具体则由公安司法机关裁量决定。上述关系只有达到影响案件公正处理的程度时，相关人员才应当回避。

第六，接受本案当事人及其委托的人的请客送礼，或者违反规定会见当事人及其委托人的（《刑事解释》第28条）。

第七，参与过本案调查、侦查、审查起诉工作的监察人员、侦查人员、检察人员，调至人民法院工作的，不得担任本案的审判人员。

在一个审判程序中参与过本案审判工作的合议庭组成人员或者独任审判员，不得再参与本案其他程序的审判。但是，发回重新审判的案件，在第一审人民法院作出裁判后又进入第二审程序、在法定刑以下判处刑罚的复核程序或者死刑复核程序的，原第二审程序、在法定刑以下判处刑罚的复核程序或者死刑复核程序中的合议庭组成人员不受本款规定的限制。

第八，依照法律和有关规定应当实行任职回避的，不得担任案件的审判人员。

案例阅读

2009年8月，在深圳市福田区法院第二审判庭，一单案情看似普通的刑事诉讼却引来很多法律界人士的关注，因为被告人丁女士向福田区人民法院申请了全体回避。据该案的代理律师、深圳市政协委员杨一平律师称，这是内地首次出现申请整个法院回避的案件。《人民法院报》2014年11月20日曾报道民事诉讼中法院整体回避的情形。2014年3月，原告尹某将被告某工程公司诉至法院。某工程公司提出，尹某之弟是该法院的法官，基于同事之间的情谊，主审法官难以不偏不倚审理本案，故申请法院整体回避。后该案由上级法院指定邻县法院管辖。

四、回避的种类★★

第一，自行回避。审判人员、检察人员、侦查人员等，在诉讼过程中遇有法定回避情形时，主动要求退出刑事诉讼活动。

第二，申请回避。案件当事人及其法定代理人、辩护人或者诉讼代理人认为审判人员、检察人员、侦查人员等具有法定回避情形，有权向他们所在的机关提出申请，要求他们回避。

第三，指令回避。审判人员、检察人员、侦查人员等遇有法定的回避情形时，没有自行回避，当事人及其法定代理人也没有申请回避，公、检、法机关等有关组织或负责人可以依职权命令其退出案件诉讼活动。

5.2 回避的程序

一、回避的期间★

在刑事诉讼的各个阶段，如侦查、起诉和审判等阶段，都可以启动回避程序。侦查人员、检察人员、审判人员应当在相应的诉讼阶段及时告知当事人有申请回避权。

二、回避的申请★

第一，申请主体和方式。当事人及其法定代理人、辩护人或者诉讼代理人要求司法工作人员回避的，应当书面或者口头向公安司法机关提出，并说明理由或者提供有关证明材料。

申请回避的主体共有 4 个：当事人、法定代理人、辩护人、诉讼代理人。近亲属不能申请回避。

第二，申请效果。被申请回避的人员一般应暂停参与本案的诉讼活动。

在作出对侦查人员的回避决定前，侦查人员不能停止对案件的侦查工作，以免影响及时收集犯罪证据和查明案件事实；但是作出回避决定后，被申请回避的公安机关负责人、侦查人员不得再参与本案的侦查工作。

三、回避的决定主体★★

决定主体，见表 5-1。

表 5-1　决定主体

审判人员、检察人员、侦查人员	应当分别由法院院长、检察院检察长、县级以上公安机关负责人决定
法院院长、检察院检察长和公安机关负责人	（1）法院院长的回避，由本院审判委员会决定 （2）检察院检察长和公安机关负责人的回避，由同级检察院检察委员会决定。这里的公安机关负责人，是指公安机关的正职负责人
书记员、翻译人员和鉴定人	一般应当按照诉讼进行的阶段，分别由公安机关负责人、检察院检察长或法院院长决定，书记员、翻译人员和鉴定人实行“谁聘请，谁决定”的原则 《刑诉解释》第 38 条规定，法官助理、书记员、翻译人员和鉴定人适用审判人员回避的有关规定，其回避问题由院长决定 书记员、翻译人员和鉴定人的回避在民事诉讼及行政诉讼中由审判长决定

四、回避决定的效力★★

第一，根据《公安部规定》第39条的规定，被决定回避的公安机关负责人、侦查人员在回避决定作出以前所进行的诉讼活动是否有效，由作出决定的机关根据案件情况决定。

第二，根据《高检规则》第36条的规定，被决定回避的检察长在回避决定作出以前所取得的证据和进行的诉讼行为是否有效，由检察委员会根据案件具体情况决定。被决定回避的其他检察人员在回避决定作出以前所取得的证据和进行的诉讼行为是否有效，由检察长根据案件具体情况决定。被决定回避的公安机关负责人在回避决定作出以前所进行的诉讼行为是否有效，由作出决定的人民检察院检察委员会根据案件具体情况决定。

被回避的侦查人员、检察人员之前进行的诉讼行为并非当然有效或无效，而是由回避的决定主体来确定。

五、回避决定的方式★

人民法院、人民检察院和公安机关处理回避问题应当使用“决定”的形式。回避的决定可以采用口头方式或者书面方式作出，采用口头方式的，必须将决定记录在案。对于自行回避和指令回避，回避决定的作出不需要告知当事人。

只有作出驳回回避申请的决定才需要告知当事人。

六、回避决定的救济★★

有关回避的决定一经作出，立即发生法律效力。当事人及其法定代理人、辩护人、诉讼代理人对驳回申请的决定不服，可以申请复议一次。

第一，在复议主体作出复议决定前，不影响被申请回避的人员参与案件的处理活动。

第二，申请复议的主体只包括当事人及其法定代理人、辩护人、诉讼代理人。被申请回避的人不能申请复议。

第三，只有对“驳回申请”的决定方可复议，如果是“支持申请”的决定则不可复议。

第四，对于不属于《刑事诉讼法》第29、30条所列情形的回避申请，由法庭当庭驳回，并不得申请复议。

【课后阅读】

［1］韩波：《论回避制度的根基：信息披露》，《法律科学》，2011年第1期。

［2］张友好：《论我国申请法官回避的现状及改革》，《清华法学》，2012年第4期。

［3］谢登科：《论法官回避制度的失灵》，《湖南社会科学》，2013年第3期。

第6章 辩护与代理

本章思维导图 <<<

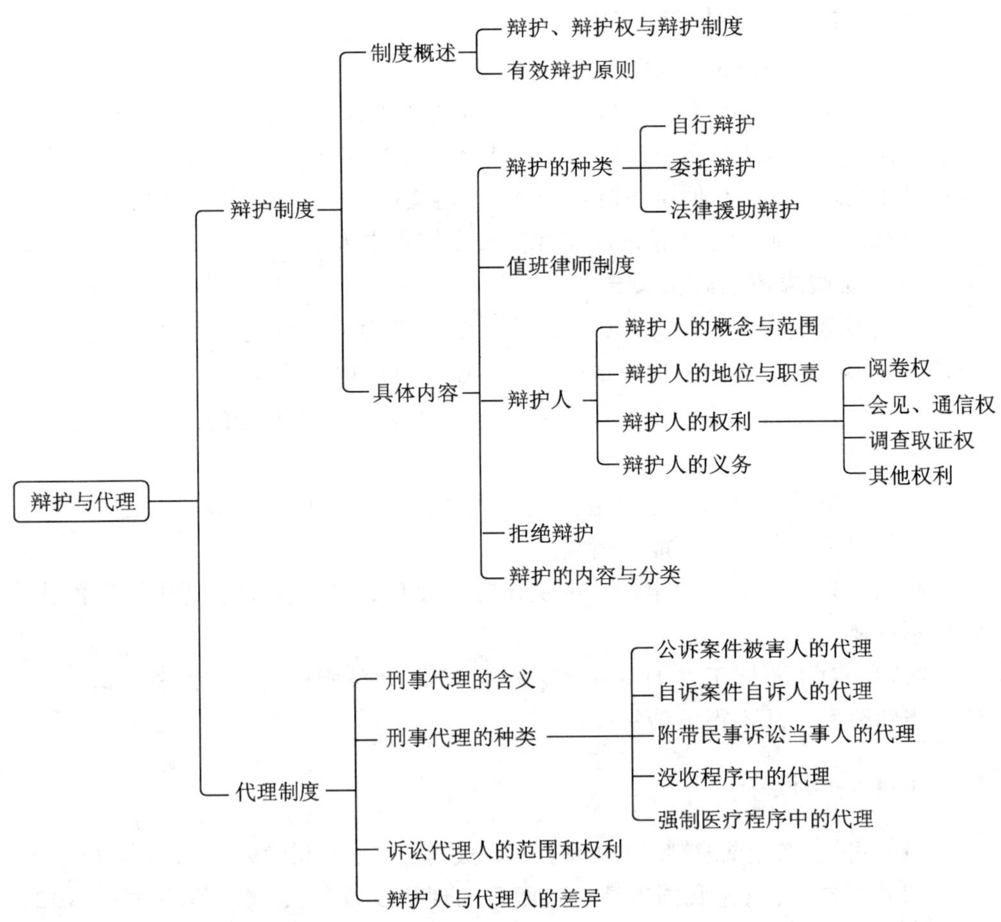

6.1 辩护

6.1.1 辩护制度概述

一、辩护★

辩护是指辩方（犯罪嫌疑人、被告人及其辩护人）针对控方（公诉机关或者自诉人）对犯罪嫌疑人、被告人的指控，从实体和程序上提出有利于犯罪嫌疑人、被告人的事实和理由，以辨明犯罪嫌疑人、被告人无罪、罪轻或者应当减轻、免除刑事处罚，以及在犯罪嫌疑人、被告人的程序权利受到侵犯时，维护犯罪嫌疑人、被告人诉讼权利的诉讼活动。辩护与控诉相对应，是刑事诉讼中的一种防御性的诉讼活动。

二、辩护权★★

辩护权是指法律赋予受到刑事追诉的人针对所受到的指控进行反驳、辩解和申辩，以维护自身合法权益的一种诉讼权利。辩护权是犯罪嫌疑人、被告人各项诉讼权利中最为基本的权利，在各项权利中居于核心地位。辩护权是犯罪嫌疑人、被告人所享有的一项宪法性权利。辩护权归纳起来有以下几个特点：① 辩护权贯穿于刑事诉讼的整个过程，不受诉讼阶段的限制；② 辩护权不受犯罪嫌疑人、被告人是否有罪及罪行轻重的限制；③ 辩护权不受案件调查情况的限制，无论案件事实是否清楚，证据是否确实充分，犯罪嫌疑人、被告人都依法享有辩护权；④ 辩护权不受犯罪嫌疑人、被告人认罪态度的限制，无论他们是否认罪，是否坦白交代，均不能作为限制其辩护权的理由；⑤ 辩护权的行使不受辩护理由的限制。

三、辩护制度★★

辩护制度是指法律规定的关于犯罪嫌疑人、被告人行使辩护权和公安司法机关等有义务保障他们行使辩护权的一系列规则的总称。其包括辩护权、辩护种类、辩护方式、辩护人的范围、辩护人的责任、辩护人的权利与义务等。

四、有效辩护原则★★

有效辩护原则是辩护权的体现，也是对辩护权的保障。在刑事诉讼中，辩护应当对保护犯罪嫌疑人、被告人的权利具有实质意义，而不仅仅是形式上的。这就是有效辩护原则的基本要求。有效辩护原则的基本内容包括：① 犯罪嫌疑人、被告人作为刑事诉讼的当事人在整个诉讼过程中应当享有充分的辩护权；② 允许犯罪嫌疑人、被告人聘请合格的能够有效履行辩护职责的辩护人为其辩护，这种辩护同样应当覆盖从侦查到审判甚至执行阶段的整个刑事诉讼过程；③ 国家应当保障犯罪嫌疑人、被告人自行辩护权的充分行使，并通过设立法律援助制度确保犯罪嫌疑人、被告人能够获得符合最低标准并具有实质意义的律师帮助。

有效辩护原则的确立，是人类社会文明进步在刑事诉讼中的体现，不仅体现了犯罪嫌疑人、被告人刑事诉讼主体地位的确立和人权保障的理念，还有助于强化辩方成为影响诉讼进程的重要力量，维系控辩平等对抗和审判方居中"兼听则明"的刑事诉讼构造。

延伸阅读

刑事辩护作为司法制度的一项重要内容，作为刑事诉讼制度的重要组成部分，其历史要追溯到古罗马时期。该制度扎根于"尊重人的尊严"这一思想，强调犯罪嫌疑人、被告人在未经法律规定的程序判决有罪之前，被推定为无罪，而享有辩护权及其他诉讼权利，可以委托律师或其他辩护人参与刑事诉讼程序，通过充分行使辩护权，与追诉机关进行平等对抗，以维护其合法权益。该制度对于完整诉讼结构形态的构成，对于案件事实真相的查明、程序正义的实现和诉讼效率的提高都起到了一定的积极作用。

2021 年 9 月，湖北律师薛伟幸在执业时，不幸被对方当事人枪杀。事件发生后，一些律师倡议全国律师联名，拒绝为杀人凶手辩护。但徐昕律师撰文指出，为"坏人"辩护，或许才是刑事辩护的出发点。现代法治以无罪推定为基本原则，在法庭的终审判决之前，任何人都应被推定为无罪。正如徐昕所说："虽然你杀害了我的同行，但我依旧会为你辩护。这恰恰是刑事辩护制度的伟大之处。"辩护制度的设立有利于发现真相和正确处理案件。同时，辩护制度是实现程序正义的重要保障。辩护制度对于实现程序正义的作用是其意义的最重要体现。正是对这一意义的充分肯定，才使辩护制度在现代刑事司法制度中具有不可动摇的地位。

6.1.2　辩护的种类

辩护有三种类型，分别是自行辩护、委托辩护和法律援助辩护。

一、自行辩护★

自行辩护是指犯罪嫌疑人、被告人针对控诉进行辩解和反驳，自己为自己所作的辩护，这种辩护方式贯穿于刑事诉讼过程的始终，也是犯罪嫌疑人、被告人实现其辩护权的最基本方式。

二、委托辩护★★

委托辩护是指犯罪嫌疑人、被告人依法委托律师或其他公民担任辩护人，协助其进行辩护。

第一，委托时间。

（1）公诉案件：公诉案件的犯罪嫌疑人在被侦查机关第一次讯问或者采取强制措施之日起，有权委托辩护人。需要注意的是，侦查阶段只能聘请律师担任辩护人。监察机关立案调查的职务犯罪案件，被调查人自移送审查起诉之日起，方可委托辩护人。

（2）自诉案件：自诉案件的被告人有权随时委托辩护人为自己辩护。

第二，公、检、法机关的告知义务。

（1）侦查机关：侦查机关在第一次讯问犯罪嫌疑人或者对犯罪嫌疑人采取强制措施的时候，应当告知犯罪嫌疑人有权委托辩护人。

（2）人民检察院：人民检察院自收到移送审查起诉的案件材料之日起 3 日以内，应当告知犯罪嫌疑人有权委托辩护人。

（3）人民法院：人民法院自受理案件之日起 3 日以内，应当告知被告人有权委托辩护人。

第三，委托主体。

（1）自己委托：犯罪嫌疑人、被告人可以自己委托辩护人。

（2）代为委托：犯罪嫌疑人、被告人在押的，也可以由其监护人、近亲属代为委托辩护人。辩护人接受犯罪嫌疑人、被告人委托后，应当及时告知办理案件的机关。

三、法律援助辩护★★

第一，概念。

法律援助辩护是指犯罪嫌疑人、被告人及其近亲属因经济困难或者其他原因没有委托辩护人而向法律援助机构申请，或者具备法定情形时由公、检、法机关直接通知法律援助机构，由法律援助机构指派律师为其提供辩护。

第二，特点。

根据《刑事诉讼法》第 35 条的规定，适用法律援助辩护具有以下几个条件：

（1）前提。法律援助辩护必须以犯罪嫌疑人、被告人没有委托辩护人为前提。

（2）阶段。法律援助辩护适用于从侦查、审查起诉到审判整个刑事诉讼过程。

（3）人员。法律援助辩护只能由律师担任辩护人，其他人不得担任。

（4）机关。公、检、法机关都有权通知法律援助机构安排律师。

第三，种类。

法律援助种类及特点，见表 6-1。

表 6-1 法律援助种类及特点

申请法律援助	犯罪嫌疑人、被告人因经济困难等原因没有委托辩护人的，本人及其近亲属可以向法律援助机构提出申请，符合法律援助条件的“应当”为其提供法律援助辩护
强制法律援助	犯罪嫌疑人、被告人有下列情形时，应当通知法律援助机构指派律师担任辩护人：① 盲、聋、哑人；② 未完全丧失辨认或者控制自己行为能力的精神病人；③ 可能被判处无期徒刑、死刑的；④ 未成年人；⑤ 缺席审判程序的
裁量法律援助	根据《刑诉解释》第 48 条的规定，具有下列情形之一，被告人没有委托辩护人的，人民法院可以通知法律援助机构指派律师为其提供辩护：① 共同犯罪案件中，其他被告人已经委托辩护人的；② 案件有重大社会影响的；③ 人民检察院抗诉的；④ 被告人的行为可能不构成犯罪的；⑤ 有必要指派律师提供辩护的其他情形

延伸阅读

2021 年 8 月 20 日，十三届全国人大常委会第三十次会议表决通过了《中华人民共和国法律援助法》（以下简称《法律援助法》），于 2022 年 1 月 1 日起施行。在此之前，我国的法律援助工作一直以国务院颁布的《法律援助条例》、有关法律援助的司法解释、《律师法》中的法律援助规定等为准。法律援助服务供不应求、分配不均匀、覆盖范围狭窄等问题是我国过去几十年中开展法律援助工作所碰到的困难之处，而此次新颁布的《法律援助法》针对现实存在的问题做出了应对。该法拓宽了提供法律援助的渠道，丰富了法律援助工作的形式，减少了法律援助工作的经费压力，扩大了法律援助范围，保障了法律援助工作的便利性，强化了对法律援助工作的监督。

6.1.3 值班律师制度

根据《刑事诉讼法》第 36 条的规定，法律援助机构可以在人民法院、看守所等场所派驻值班律师。犯罪嫌疑人、被告人没有委托辩护人，法律援助机构没有指派律师为其提供辩护的，由值班律师为犯罪嫌疑人、被告人提供法律咨询、程序选择建议、申请变更强制措施、对案件处理提出意见等法律帮助。人民法院、人民检察院、看守所应当告知犯罪嫌疑人、被告人有权约见值班律师，并为犯罪嫌疑人、被告人约见值班律师提供便利。

一、值班律师制度的特点★★

值班律师制度的基本内涵可以从以下几个方面进行理解：

第一，值班律师制度是对我国辩护制度的重要补充。值班律师为既未委托辩护人又未获得法律援助机构指派律师辩护的犯罪嫌疑人、被告人提供法律帮助，帮助犯罪嫌疑人、被告人更好地进行自行辩护，是对委托辩护与法律援助辩护的重要补位。性质上属于为被追诉者提供的必要的最低限度的法律帮助。

第二，值班律师制度是我国法律援助制度的重要组成部分。值班律师的派驻由法律援助机构负责，并由法律援助机构确定人选、进行指导和管理。值班律师制度使我国法律援助制度在刑事案件领域得以覆盖更大范围，为更多的犯罪嫌疑人、被告人提供法律援助。

第三，值班律师在具体案件中的身份不是辩护人，不提供出庭辩护的服务，但需要以其专业的法律知识为犯罪嫌疑人、被告人提供包括法律咨询、程序选择建议、申请变更强制措施等一系列法律帮助。

第四，值班律师制度的适用范围并不限于认罪认罚从宽制度，而应该覆盖所有案件的所有诉讼阶段中犯罪嫌疑人、被告人没有辩护人的情形。

第五，人民法院、人民检察院和看守所等办案机关需要为值班律师制度的设立和运转承担相应的责任，具体包括应当告知犯罪嫌疑人、被告人有权约见值班律师，并为其约见值班律师提供便利。例如，为犯罪嫌疑人、被告人提供值班律师名册和联系方式；设置可以进行约见的场地和设施；为值班律师了解案件有关情况提供必要的便利等。

二、值班律师的职责★★

值班律师应当维护犯罪嫌疑人、被告人的合法权益，确保犯罪嫌疑人、被告人在充分了解认罪认罚性质和法律后果的情况下，自愿认罪认罚。值班律师应当为认罪认罚的犯罪嫌疑人、被告人提供下列法律帮助：① 提供法律咨询，包括告知涉嫌或指控的罪名、相关法律规定，认罪认罚的性质和法律后果等；② 提出程序适用的建议；③ 帮助申请变更强制措施；④ 对人民检察院认定的罪名、量刑建议提出意见；⑤ 就案件处理向人民法院、人民检察院、公安机关提出意见；⑥ 引导、帮助犯罪嫌疑人、被告人及其近亲属申请法律援助；⑦ 法律法规规定的其他事项。值班律师可以会见犯罪嫌疑人、被告人，看守所应当为值班律师会见提供便利。危害国家安全犯罪、恐怖活动犯罪案件，侦查期间值班律师会见在押犯罪嫌疑人的，应当经侦查机关许可。自人民检察院对案件审查起诉之日起，值班律师可以查阅案卷材料、了解案情。人民法院、人民检察院应当为值班律师查阅案卷材料提供便利。

值班律师提供法律咨询、查阅案卷材料、会见犯罪嫌疑人或者被告人、提出书面意见等法律帮助活动的相关情况，应当记录在案并随案移送。

三、值班律师的权利★★★

第一，会见权。

值班律师可以会见犯罪嫌疑人、被告人，看守所应当为值班律师会见提供便利。对于危害国家安全犯罪、恐怖活动犯罪案件，侦查期间值班律师会见在押犯罪嫌疑人的，应当经侦查机关许可。

第二，阅卷权。

自人民检察院对案件审查起诉之日起，值班律师可以查阅案卷材料、了解案情。人民法院、人民检察院应当为值班律师查阅案卷材料提供便利。

第三，意见权。

值班律师提供法律咨询、查阅案卷材料、会见犯罪嫌疑人或者被告人、提出书面意见等法律帮助活动的相关情况，应当记录在案并随案移送。

第四，法律帮助的衔接。

对于被羁押的犯罪嫌疑人、被告人，在不同诉讼阶段，可以由派驻看守所的同一值班律师提供法律帮助。对于未被羁押的犯罪嫌疑人、被告人，前一诉讼阶段的值班律师可以在后续诉讼阶段继续为犯罪嫌疑人、被告人提供法律帮助。

第五，拒绝法律帮助的处理。

犯罪嫌疑人、被告人自愿认罪认罚，没有委托辩护人，拒绝值班律师帮助的，人民法院、人民检察院、公安机关应当允许，记录在案并随案移送。但是审查起诉阶段签署认罪认罚具结书时，人民检察院应当通知值班律师到场。

注意：法律援助值班律师不提供出庭辩护服务。符合法律援助条件的犯罪嫌疑人、被告人，可以依申请或通知由法律援助机构为其指派律师提供辩护。

案例阅读

2020年2月2日15时许，在安徽省蚌埠市固镇县刘集镇梁桥村新冠肺炎防疫检查卡口，防疫工作人员梁某亮在对梁某某驾驶的车辆及车内人员进行检查时，遭到梁某某辱骂及殴打，造成梁某亮右耳处、右眼皮处受伤。2月17日，固镇县法律援助中心接到固镇县人民检察院通知，犯罪嫌疑人梁某某同意签署认罪认罚具结书，需要值班律师在场见证，要求法律援助中心给予安排。固镇县法律援助中心与固镇县人民检察院法律援助工作站值班律师王玮联系，指派其为梁某某提供法律帮助。值班律师于2月18日下午到场了解案件详细情况后，向犯罪嫌疑人梁某某释明了认罪认罚从宽制度的法律法规及相关规定，分析了选择认罪认罚从宽可能发生的法律后果。办案检察官充分听取了值班律师意见，根据犯罪嫌疑人梁某某无犯罪前科劣迹、主动投案自首、取得梁某亮谅解等量刑情节，提出判处其有期徒刑6个月的量刑建议。值班律师根据相关法律规定，向梁某某分析该量刑建议的合理性，由其自愿选择是否适用。最后，梁某某选择适用认罪认罚从宽程序，同意本案适用速裁程序审理。办案检察官当场出具认罪认罚具结书并由梁某某自愿签名，值班律师在场见证了具结书的签署。2月19日，固镇县人民检察院以梁某某涉嫌妨害公务罪向固镇县人民法院提起公诉。根据疫情防控的现实情况和案件情节，适用速裁程序审理此案，法院对被告人梁某某判处有期徒刑6个月。

6.1.4 辩护人的概念与范围

辩护人是指接受犯罪嫌疑人、被告人的委托或法律援助机构指派，帮助犯罪嫌疑人、被告人行使辩护权，以维护其合法权益的人。

1名犯罪嫌疑人、被告人可以委托1～2人作为辩护人，即1名犯罪嫌疑人、被告人最多可以委托2名辩护人。1名辩护人不得为2名以上的同案被告人，或者未同案处理但犯罪事实存在关联的被告人辩护。

一、辩护人的范围★★★

第一，可以担任辩护人的人：① 律师；② 人民团体或者犯罪嫌疑人、被告人所在单位推荐的人；③ 犯罪嫌疑人、被告人的监护人、亲友。

第二，不能担任辩护人的人，见表6-2。

表6-2　不能担任辩护人的人

类别	内容
绝对禁止	（1）正在被执行刑罚或者处于缓刑、假释考验期间的人 （2）依法被剥夺、限制人身自由的人 （3）无行为能力或者限制行为能力的人 以上三类情形绝对禁止，不管是否属于被告人近亲属，都不能担任被告人的辩护人
相对禁止	（1）人民法院、人民检察院、监察机关、公安机关、国家安全机关、监狱的现职人员 （2）人民陪审员 （3）与本案审理结果有利害关系的人 （4）外国人或者无国籍人 （5）被开除公职和被吊销律师、公证员执业证书的人 以上五类人员，如果是犯罪嫌疑人、被告人的监护人、近亲属，由被告人委托担任辩护人的，可以准许

第三，法官、检察官离任后担任辩护人的限制情形。根据2019年修订的《法官法》第24条和第36条，以及《检察官法》第25条和第37条的规定，法官、检察官从法院、检察院离任后，欲担任诉讼代理人或辩护人将受到某些方面的限制。

（1）离任后2年限制。

法官、检察官从法院、检察院离任后2年内，不得以律师身份担任诉讼代理人或辩护人。

（2）离任或开除后终身限制。

① 法官、检察官离任后，不得担任原任职法院、检察院办理案件的诉讼代理人或辩护人，但作为当事人的监护人或近亲属代理或辩护除外；

② 法官、检察官被开除后，不得担任诉讼代理人或辩护人，但作为当事人的监护人或近亲属代理或辩护除外。

（3）任职回避的限制。

法官、检察官的配偶、父母、子女有下列情形之一的，法官、检察官应当实行任职回避：① 担任该法官、检察官所任职机关辖区内律师事务所的合伙人或者设立人的；② 在该法官、检察官所任职机关辖区内以律师身份担任诉讼代理人、辩护人，或者为诉讼案件当事人提供其他有偿法律服务的。

案例阅读

《检察日报》2006年12月6日刊登了《妻子能否以律师身份担任丈夫的辩护人》一文，文中介绍，犯罪嫌疑人李某因涉嫌职务侵占罪被移送审查起诉，李某提出让身为执业律师的妻子担任辩护人。因我国《刑事诉讼法》对律师辩护人与非律师辩护人的辩护权作了不同的规定，律师辩护人比非律师辩护人享有更为广泛的权利，因此，是否允许妻子以律师名义担任辩护人就成了争议的焦点。经协调，其妻子已同意放弃律师身份，而以近亲属的身份为李某进行辩护。

二、辩护人的地位与职责★★★

（1）辩护人是独立的诉讼参与人，享有独立的诉讼地位，以自己的名义独立进行辩护，不受犯罪嫌疑人、被告人意向的约束。

辩护人与犯罪嫌疑人、被告人的关系，不同于诉讼代理人和当事人的关系。辩护律师参与诉讼是履行法律规定的职责，而不是基于犯罪嫌疑人、被告人的授权。辩护人不是犯罪嫌疑人、被告人的“代言人”。

（2）辩护人在刑事诉讼中只承担辩护职能，是犯罪嫌疑人、被告人合法权益的专门维护者。辩护人在刑事诉讼中一般不能检举、揭发犯罪嫌疑人、被告人已经实施的犯罪行为。

（3）辩护人所维护的只能是犯罪嫌疑人、被告人的合法权益。因此辩护人只能依据事实和法律为犯罪嫌疑人、被告人进行辩护，而不能为其谋取非法利益，更不得教唆犯罪嫌疑人、被告人翻供，不得帮助犯罪嫌疑人、被告人威胁、引诱证人改变证言或者进行其他妨碍诉讼的活动。

案例阅读

2011 年 5 月，高某松因为醉驾，被“顶格”判处 6 个月拘役，罚金 4 000 元。这个案子正好发生在中国舆论激烈争议醉驾入刑之际，迅速成为媒体焦点。在法庭审理现场，有一段对话颇值得玩味。当时，高某松的辩护律师要以警方办案证据有瑕疵为高某松辩护，却被高某松两次打断。庭审中，高某松因积极认罪，几次打断律师的辩护，“律师，我已经认罪了”，这一举动被公众解读为高的认罪态度好。同时，又有观点认为，高如果真不想辩护，可以不请律师，不必请了律师又不让人家辩护。该案引发律师独立辩护的争议。随着刑事辩护制度的快速发展，我国辩护律师和被告人频频产生辩护立场和辩护策略上的冲突，该问题亟待解决。

6.1.5 辩护人的权利

一、阅卷权★★

《刑事诉讼法》第 40 条规定，辩护律师自人民检察院对案件审查起诉之日起，可以查阅、摘抄、复制本案的案卷材料。其他辩护人经人民法院、人民检察院许可，也可以查阅、摘抄、复制上述材料，见表 6-3。

表 6-3 辩护人的权限

非律师	需要经过人民法院、人民检察院许可	
律师	无须许可	无须办案机关许可即可阅卷
	阅卷时间	自人民检察院对案件审查起诉之日起 在审查起诉阶段，辩护人应当到人民检察院阅卷；案件起诉到人民法院后，辩护人应当到人民法院阅卷 侦查阶段即使律师也没有阅卷权。但侦查阶段，辩护律师可以向侦查机关了解犯罪嫌疑人涉嫌的罪名和案件有关的情况
	阅卷方法	查阅、复印、拍照、扫描、电子数据拷贝等

二、会见、通信权★★★

《刑事诉讼法》第39条第1款规定，辩护律师可以同在押的犯罪嫌疑人、被告人会见和通信。其他辩护人经人民法院、人民检察院许可，也可以同在押的犯罪嫌疑人、被告人会见和通信，见表6-4。

表6-4　辩护人与在押的犯罪嫌疑人、被告人会见和通信

非律师	需要经人民法院、人民检察院许可	
律师	无须许可	辩护律师无须许可即有权同在押的或者被监视居住的犯罪嫌疑人、被告人会见和通信
	证件要求	辩护律师持律师执业证书、律师事务所证明和委托书或者法律援助公函即有权要求会见在押的犯罪嫌疑人、被告人
	安排时间	看守所应当及时安排会见，至迟不得超过48小时
	特殊许可	危害国家安全犯罪、恐怖活动犯罪案件，辩护律师在侦查期间会见在押的或者被监视居住的犯罪嫌疑人，应当经侦查机关许可 注意：《监察法》实施后，贪污贿赂案件不再由人民检察院侦查，因此，《刑事诉讼法》第39条第3款删除了特别重大贿赂犯罪侦查阶段律师会见需要检察院许可的规定
	会见内容	（1）辩护律师会见在押的或者被监视居住的犯罪嫌疑人、被告人，可以了解案件有关情况，提供法律咨询等 （2）自案件移送审查起诉之日起，可以向犯罪嫌疑人、被告人核实有关证据 侦查阶段没有核实证据的权利
	不被监听	会见在押的或者被监视居住的犯罪嫌疑人时，不得监听，不得派员在场
	会见人员	（1）犯罪嫌疑人、被告人委托2名律师担任辩护人的，2名辩护律师可以共同会见，也可以单独会见 （2）辩护律师可以带1名律师助理协助会见，助理人员随同辩护律师参加会见的，应当出示律师事务所证明和律师执业证书或申请律师执业人员实习证，办案机关应当核实律师助理的身份
	通信检查	看守所应当及时传递辩护律师同犯罪嫌疑人、被告人的往来信件；看守所可以对信件进行必要的检查，但不得截留、复制、删改信件，不得向办案机关提供信件内容，但信件内容涉及危害国家安全、公共安全，严重危害他人人身安全及涉嫌串供、毁灭证据等情形的除外

延伸阅读

犯罪嫌疑人、被告人以被关押在看守所的状态下接受公安机关的侦查、检察机关的起诉及审判机关的审判，是我国处理刑事案件的“标准模式”。高羁押率在我国刑事司法中也是一个无法否认的事实。根据《中国法律年鉴》，我国在1997年、2012年、2018年三次修改《刑事诉讼法》，全国检察机关每年批准和决定逮捕的犯罪嫌疑人人数与决定提起公诉的人数相比，从1997年超过100%到2012年下降到75.7%，再到2018年只有62.4%，但是与西方法治发达国家的羁押率不超过20%相比，我国的羁押率依然过高。对于犯罪嫌疑人、被告人来说，无论是否被关押在看守所，由于自身能力和法律知识的欠缺，在面对强大的司法机关时都会有一种孤立感，其自身合法权益可能被侵害。因此，此时律师的帮助就显得尤为重要。律师的会见权是犯罪嫌疑人、被告人获得律师帮助的重要权利之一。

律师的会见权是刑事辩护的出发点和基础，这不但是律师的权利，也是犯罪嫌疑人、被告人的权利。然而，在我国司法实践中，律师会见犯罪嫌疑人、被告人并非易事。对于此，2012年修改的《刑事诉讼法》明确规定，除了“法定特殊案件”以外的案件，律师持三证即可会见，部分解决了律师会见难的问题。但是近两年来，伴随着非法集资、传销活动等涉众型案件的增多，为期三年的扫黑除恶专项斗争的开展及推进刑事案件律师辩护全覆盖之后律师会见的实际需求的增加，律师会见难的问题再次“卷土重来”。当前律师会见难，不但有办案机关限制或剥夺律师会见权、看守所会见室不足等老问题，也有律师辩护覆盖率提高、律师会见形势严峻及风险增大等新问题。

三、调查取证权，申请取证、核实证据权★★★

非律师与律师的调查取证权，申请取证、核实证据权，见表6-5。

表6-5　非律师与律师的调查取证权，申请取证、核实证据权

非律师	没有亲自调查取证权	
律师	辩方证人	经证人或有关单位和个人同意，可以向他们收集与本案有关的材料
	控方证人	经检察院或者法院许可，并且经被害人或者其近亲属、被害人提供的证人同意，可以向他们收集与本案有关的材料（双重许可）
	申请代为取证	辩护律师可以申请人民检察院、人民法院代为调查取证

关于调查取证，在实践中，由于我国律师大部分的辩护策略为消极辩护，即通过寻找案件证据材料中的矛盾或者冲突点、对当事人有利的点等来为当事人作无罪、罪轻或从轻、减轻、免除刑事处罚的律师意见，加之《刑法》第306条规定的辩护人、诉讼代理人毁灭、伪造证据、妨碍作证罪（在刑事诉讼中，辩护人、诉讼代理人毁灭、伪造证据，帮助当事人毁灭、伪造证据，威胁、引诱证人违背事实改变证言或者作伪证的，处三年以下有期徒刑或者拘役；情节严重的，处三年以上七年以下有期徒刑。辩护人、诉讼代理人提供、出示、引用的证人证言或者其他证据失实，不是有意伪造的，不属于伪造证据）成为律师作积极辩护的“绊脚石”，律师调查取证的风险较大，所以大部分律师往往都不会积极进行调查取证，即使有必要，一般也会通过向办案单位申请的方式进行。实践中真正能发挥辩护作用的大多是会见和阅卷。

四、侦查阶段提供法律帮助权★★★

根据《刑事诉讼法》第38条的规定，辩护律师在侦查期间可以为犯罪嫌疑人提供法律帮助，代理申诉、控告，申请变更强制措施，向侦查机关了解犯罪嫌疑人涉嫌的罪名和案件有关情况，提出意见。

注意：侦查阶段辩护律师的权利有：① 为犯罪嫌疑人提供法律帮助；② 代理申诉、控告；③ 申请变更强制措施；④ 向侦查机关了解犯罪嫌疑人涉嫌的罪名和案件有关情况，提出意见；⑤ 与在押或监视居住的犯罪嫌疑人会见、通信。

五、申请解除超期的强制措施的权利★★

根据《刑事诉讼法》第97条的规定，犯罪嫌疑人、被告人及其法定代理人、近亲属或者辩护人有权申请变更强制措施。人民法院、人民检察院和公安机关收到申请后，应当在3日以内作出决定。辩护律师的申请符合法律规定的，办案机关应当及时变更或者解除强制措施；经审查认为不应当变更或者解除强制措施的，应当告知申请人，并书面说明理由。

注意：所有辩护人不管是律师还是非律师，都有权为犯罪嫌疑人、被告人申请取保候审及申请变更强制措施。

六、知情权★★

根据《刑事诉讼法》第162条第1款的规定，公安机关侦查终结的案件，应当做到犯罪事实清楚，证据确实、充分，并且写出起诉意见书，连同案卷材料、证据一并移送同级人民检察院审查决定；同时将案件移送情况告知犯罪嫌疑人及其辩护律师。

根据《刑事诉讼法》第187条第1款和第3款的规定，人民法院决定开庭审判后，应当确定合议庭的组成人员，将人民检察院的起诉书副本至迟在开庭10日以前送达被告人及其辩护人；人民法院应当在开庭3日以前将开庭的时间、地点通知辩护人。

根据《刑事诉讼法》第202条第2款的规定，人民法院应当将判决书送达当事人和提起诉讼的人民检察院，同时送达辩护人和诉讼代理人。

七、参加法庭调查和辩论权★★

在法庭调查阶段，辩护人在公诉人讯问被告人后经审判长许可，可以向被告人发问；经审判长许可，可以对证人、鉴定人发问。法庭审理中，辩护人有权申请通知新的证人到庭，调取新的物证，重新鉴定或者勘验。在法庭辩论阶段，辩护人可以对证据和案件情况发表意见并且可以和控方展开辩论。律师可以根据需要，向人民法院申请带律师助理参加庭审。律师助理参加庭审仅能从事相关辅助工作，不得发表辩护、代理意见。

八、听取意见权★★

分为主动听取与被动听取两种。

主动听取包括：（1）人民检察院审查批准逮捕和人民法院决定逮捕，应当讯问犯罪嫌疑人、被告人，应当听取辩护律师的意见。（2）人民检察院审查案件，应当讯问犯罪嫌疑人，听取辩护人、被害人及其诉讼代理人的意见，并记录在案。辩护人、被害人及其诉讼代理人提出书面意见的，应当附卷。（3）第二审法院决定不开庭审理的，应当讯问被告人，听取其他当事人、辩护人、诉讼代理人的意见。（4）根据《高检规则》第450条的规定，死刑上诉、抗诉案件，应当讯问原审被告人，应当听取辩护人意见。

被动听取包括：（1）人民检察院审查批准逮捕，可以询问证人等诉讼参与人，听取辩护律师的意见；辩护律师提出要求的，应当听取辩护律师的意见。（2）在案件侦查终结前，辩护律师提出要求的，应当听取辩护律师的意见，并记录在案。辩护律师提出书面意见的，应当附卷。（3）最高人民法院复核死刑案件，应当讯问被告人，辩护律师提出要求的，应当听取辩护律师的意见。

九、申诉、控告权★

《刑事诉讼法》第49条规定，辩护人、诉讼代理人认为公安机关、人民检察院、人民法院及其工作人员阻碍其依法行使诉讼权利的，有权向同级或者上一级人民检察院申诉或者控告。人民检察院对申诉或者控告应当及时进行审查，情况属实的，通知有关机关予以纠正。

十、人身保障权★★

《刑事诉讼法》第 44 条第 2 款规定，违反前款规定的，应当依法追究法律责任，辩护人涉嫌犯罪的，应当由办理辩护人所承办案件的侦查机关以外的侦查机关办理。辩护人是律师的，应当及时通知其所在的律师事务所或者所属的律师协会。

《六机关规定》第 9 条规定，公安机关、人民检察院发现辩护人涉嫌犯罪，或者接受报案、控告、举报、有关机关的移送，依照侦查管辖分工进行审查后认为符合立案条件的，应当按照规定报请办理辩护人所承办案件的侦查机关的上一级侦查机关指定其他侦查机关立案侦查，或者由上一级侦查机关立案侦查。不得指定办理辩护人所承办案件的侦查机关的下级侦查机关立案侦查。

最高人民法院、最高人民检察院、公安部、国家安全部、司法部《关于依法保障律师执业权利的规定》第 40 条规定，侦查机关依法对在诉讼活动中涉嫌犯罪的律师采取强制措施后，应当在 48 小时以内通知其所在的律师事务所或者所属的律师协会。

十一、保密权★

《刑事诉讼法》第 48 条规定，辩护律师对在执业活动中知悉的委托人的有关情况和信息，有权予以保密。

注意：辩护律师在执业活动中知悉委托人或者其他人，准备或者正在实施危害国家安全、公共安全及严重危害他人人身安全的犯罪的，应当及时告知司法机关。

十二、拒绝辩护权★

如果遇到当事人委托事项违法，或者委托人利用律师提供的服务从事违法活动，或者委托人隐瞒事实的情形，律师有权拒绝辩护。

6.1.6 辩护人的义务

一、不得干扰司法机关诉讼活动★

辩护律师和其他辩护人不得帮助犯罪嫌疑人、被告人隐匿、毁灭、伪造证据或者串供，不得威胁、引诱证人作伪证及进行其他干扰司法机关诉讼活动的行为，否则应当依法追究法律责任。

案例阅读

2020 年 6 月 16 日，在海口市中级人民法院一起涉黑案的庭审现场，审判长疑似爆粗口并驱赶两位辩护律师事件引发关注。“被驱赶”的律师李长青称其对法庭的质证方式有疑问而提出异议，并要求依据规定对关键证据单独举证，申请审判长回避。这遭到涉事审判长拒绝，审判长还以涉事律师干扰法庭为由，让法警将其带离法庭，中间还疑似爆粗口。相关画面也被直播了出来。6 月 17 日下午，海口市中级人民法院工作人员称已经关注到这个事情，需要研究，并向相关领导汇报。这也引出了一个问题：法官该如何面对“提出异议”的律师？

二、及时告知接受委托的情况★

辩护人接受委托后，应当及时告知办理案件的机关其接受委托的情况。

《刑诉解释》第 52 条规定，审判期间，辩护人接受被告人委托的，应当在接受委托之日起 3 日以内，将委托手续提交人民法院。接受法律援助机构指派为被告人提供辩护的，适用前款规定。

三、证据开示的义务★

辩护人收集的有关犯罪嫌疑人不在犯罪现场、未达到刑事责任年龄、属于不负刑事责任的精神病人的证据，应当及时告知公安机关、人民检察院，以避免对不必要的案件进行侦查和审查起诉，节约司法资源。

四、揭发告知违法行为的义务★

辩护律师对在执业活动中知悉的委托人或者其他人准备或正在实施危害国家安全、公共安全及严重危害他人人身安全的犯罪的，应当及时告知公安司法机关，公安司法机关应当为辩护律师保密。

辩护律师对过去曾经犯罪的事实要保密，仅对准备或正在实施的上述犯罪才能揭发。不是所有事项都应当揭发，仅包括：① 危害国家安全的；② 危害公共安全的；③ 严重危害他人人身安全的。

五、会见在押犯罪嫌疑人、被告人时应当遵守看管场所的规定★

六、参加法庭审判时要遵守法庭秩序★

七、依法取证★★

未经人民检察院或者人民法院许可，辩护人不得向被害人或被害人提供的证人收集与本案有关的材料。

案例阅读

2009 年 6 月，重庆市黑社会性质团伙主要嫌疑人龚刚模被逮捕，原辩护律师为李庄。当地检察院怀疑李庄唆使嫌疑人及证人伪造证据，教唆嫌疑人谎称被警方刑讯逼供。检察院随后以诉讼代理人毁灭证据、伪造证据、妨害作证等罪名对其提起公诉。这一刑事案件被称为李庄伪证案，亦称李庄案。该案被诸多媒体报道，其关于法治、司法独立和程序正义、律师职业道德和人身权利、金钱利益和腐败、媒体“通稿”及更多内幕的争议，在社会上特别是中国法律界引起了诸多讨论。该案于2009年末、2010年初进行了一审和二审，李庄二审被判处有期徒刑一年六个月。2011年4月进行了李庄遗漏罪行的审理，但最后因证据存疑，检方撤诉。李庄于2011年6月11日刑满出狱。李庄案引发的刑辩律师职业状态、司法程序问题等话题，不断进入媒体和公众视野。李庄案引发的连锁反应已超出了案件本身。

八、不得违规会见、贿赂司法人员★

辩护人不得违反规定会见法官、检察官及其他有关工作人员，不得向法官、检察官及其他有关工作人员行贿，不得介绍贿赂或者指使、诱导当事人行贿，不得以其他不正当方式影响法官、检察官及其他有关工作人员依法办理案件。

6.1.7 拒绝辩护

刑事诉讼中的拒绝辩护分为两种：

第一，被告人拒绝辩护人为其辩护。在审判过程中，被告人可以拒绝辩护人继续为其辩护，也可以另行委托辩护人辩护。具体又分为强制辩护的被告人与非强制辩护的被告人两种情形。

（1）强制辩护的被告人。

① 拒绝法律援助的辩护人为其辩护，如果有正当理由，人民法院应当准许；如果没有正当理由，人民法院不予准许。② 人民法院准许的，被告人应当在5日以内另行委托辩护人；被告人未另行委托辩护人的，人民法院应当通知法律援助机构另行指派律师为其提供辩护。③ 重新开庭后再次拒绝的，无论有无理由，都不予准许。

（2）非强制辩护的被告人。

被告人拒绝辩护的，人民法院应当准许；应当准许被告人另行委托；再次拒绝的，可以准许，但是最终只能自行辩护。

第二，辩护人拒绝继续为犯罪嫌疑人、被告人辩护。我国《律师法》第32条第2款规定，律师接受委托后，无正当理由的，不得拒绝辩护或者代理。但是，委托事项违法、委托人利用律师提供的服务从事违法活动或者委托人故意隐瞒与案件有关的重要事实的，律师有权拒绝辩护或者代理。可见，与犯罪嫌疑人、被告人拒绝辩护不同，律师拒绝继续为犯罪嫌疑人、被告人辩护具有严格的法定条件。

6.1.8 辩护的内容和分类

一、辩护的内容★

一般而言，辩护的内容涉及以下方面：

第一，指控的犯罪事实能否成立。

第二，被追诉人是否已经达到刑事责任年龄，有无不负刑事责任等其他不应当追究其刑事责任的情形。

第三，案件定性和认定罪名是否准确，适用法律条文是否恰当。

第四，被追诉人有无法律规定的从轻、减轻或免除处罚的情节，有无酌情考虑的从轻或减轻判处的情节。

第五，证据与证据之间，证据与被追诉人的口供之间是否存在矛盾。

第六，被追诉人主观上是故意还是过失，是否属于意外事件，是否属于正当防卫或紧急避险。

第七，共同犯罪案件中，对主犯、从犯、胁从犯的划分是否准确。

第八，诉讼程序是否合法。

二、辩护的分类★★★

按照理论和实践的情况，可以对辩护进行如下分类：

第一，无罪辩护。

无罪辩护是指辩护人针对有关犯罪嫌疑人、被告人构成犯罪、应受刑事处罚的指控，依据事实和法律进行反驳和辩解，说明其相关行为不构成犯罪的一种辩护。

第二，罪名辩护。

罪名辩护是指控方指控被告人一个较重的罪名，而辩护人依据事实和法律进行反驳和辩解，认为犯罪嫌疑人、被告人的相关行为只构成一个较轻的罪名，而不构成指控的较重的罪名的一种辩护，也称为轻罪辩护。

第三，罪数辩护。

罪数辩护是指当案件涉及一罪与数罪的关系时，辩护人从有利于犯罪嫌疑人、被告人的角度出发，指出控方指控的罪数不正确的一种辩护。

第四，量刑辩护。

量刑辩护是指在犯罪嫌疑人、被告人确实已实施犯罪行为且控方指控的罪名无误的情况下，辩护人从最大限度降低最终可能判处的刑罚角度出发，针对如何量刑展开论辩的一种辩护。量刑辩护意义重大，也是辩护实践中运用最多的一种辩护方案。例如，量刑辩护既可以从适用哪一个法定量刑幅度角度进行辩护，也可以通过指出各种法定的从轻、减轻或者免除刑罚的量刑情节进行辩护。

第五，程序辩护。

程序辩护是指辩护人针对公、检、法办案机关办案行为中存在的违反法律规定的诉讼程序而开展辩护的一种辩护。

延伸阅读

辩审冲突在我国的典型表现是“死磕”，这曾经引起极大争议，赞誉者期许其“磕出法治”，质疑者称其破坏法治，其虽已呈衰败之势，但得失仍值得反思。“死磕型”程序性辩护具有多样化、冲突化、极端化和诉诸舆论化等特点，一些“死磕”方式违反了现行法律，引入舆论会对司法权威造成损害。

6.2 代理

一、刑事代理的概念★

刑事代理是指代理人接受公诉案件的被害人及其法定代理人或者近亲属，自诉案件的自诉人及其法定代理人、附带民事诉讼的当事人及其法定代理人的委托，以被代理人的名义参加诉讼，由被代理人承担代理行为的法律后果的一项诉讼活动。

二、刑事代理的种类★★

从刑事代理产生的方式看，刑事代理可分为两种：① 法定代理，即基于法律规定而产生的代理；② 委托代理，即基于被代理人的委托、授权而产生的代理。

从刑事代理的委托主体看，刑事诉讼中的代理主要有以下几种，见表 6-6。

表 6-6　刑事诉讼中的代理

公诉案件被害人的代理	公诉案件的被害人及其法定代理人或者近亲属，自案件移送审查起诉之日起，有权委托诉讼代理人
自诉案件自诉人的代理	自诉案件的自诉人及其法定代理人，有权随时委托诉讼代理人
附带民事诉讼当事人的代理	律师在附带民事诉讼中的代理，实质上是民事诉讼代理。但附带民事诉讼代理人也有特殊之处，附带民事诉讼的代理人可能身兼数职，既担任刑事被告人的辩护人，又担任附带民诉被告人的代理人
没收程序中的代理	犯罪嫌疑人、被告人逃匿、死亡案件违法所得没收程序中也有代理人
精神病人的强制医疗程序中的代理	“依法不负刑事责任的精神病人的强制医疗程序”也涉及代理问题

三、诉讼代理人的范围和权利★

第一，范围。

在刑事诉讼中，委托诉讼代理人的范围与辩护人的范围相同。

第二，权利。

诉讼代理人除享有代理授权范围内的被代理人的权利外，还享有以下权利：

（1）阅卷权。

（2）调查取证权。律师担任代理人的，可以进行调查取证，也可以申请人民检察院、人民法院调查取证。具体程序参照辩护人申请人民检察院、人民法院调查取证的程序。非律师担任代理人的，不享有调查取证权。

（3）申诉、控告权。诉讼代理人认为公安机关、人民检察院、人民法院及其工作人员阻碍其依法行使诉讼权利的，有权向同级或者上一级人民检察院申诉或者控告。具体申诉、控告程序与辩护人相同。

四、辩护人和代理人的差异★★

辩护人和代理人的差异具体见表 6-7。

表 6-7　辩护人和代理人的差异

	辩护人	代理人
地位不同	具有独立的诉讼地位，以自己名义进行辩护	不具有独立的诉讼地位，是附属于被代理人的，依被代理人意志从事活动
职能不同	承担的是辩护职能	维护被代理人的合法权益 注意：代理人并非都承担控诉职能，比如附带民诉当事人的代理人就不承担控辩职能
委托主体不同	犯罪嫌疑人、被告人及他们的监护人或近亲属	（1）公诉案件的被害人及其法定代理人或近亲属 （2）自诉人及其法定代理人 （3）附带民事诉讼当事人及其法定代理人
委托时间不同	公诉案件第一次讯问或采取强制措施之日起，自诉案件随时委托	公诉案件移送审查起诉之日起，自诉案件随时委托
个别权利不同	可以会见在押的犯罪嫌疑人、被告人；可以为在押的犯罪嫌疑人、被告人申请取保候审	无

【课后阅读】

［1］陈光中，褚晓囡：《刑事辩护法律援助制度再探讨——以〈中华人

民共和国法律援助法（草案）〉为背景》，《中国政法大学学报》，2021 年第 4 期。

［2］闫召华：《辩护冲突中的意见独立原则：以认罪认罚案件为中心》，《法学家》，2020 年第 5 期。

［3］熊秋红：《审判中心视野下的律师有效辩护》，《当代法学》，2017 年第 5 期。

［4］陈瑞华：《论刑事辩护的理论分类》，《法学》，2016 年第 7 期。

［5］陈瑞华：《程序性辩护的理论反思》，《法学家》，2017 年第 1 期。

［6］田文昌，陈瑞华：《刑事辩护的中国经验：田文昌、陈瑞华对话录》，北京：北京大学出版社，2013 年。

［7］［英］亚历克斯·麦克布赖德：《律师为什么替“坏人”辩护？刑事审判中的真相与谎言》，汪雪译，北京：北京大学出版社，2017 年。

［8］陈瑞华：《刑事辩护的艺术》，北京：北京大学出版社，2018 年。

第 7 章　刑事证据制度

本章思维导图 <<<

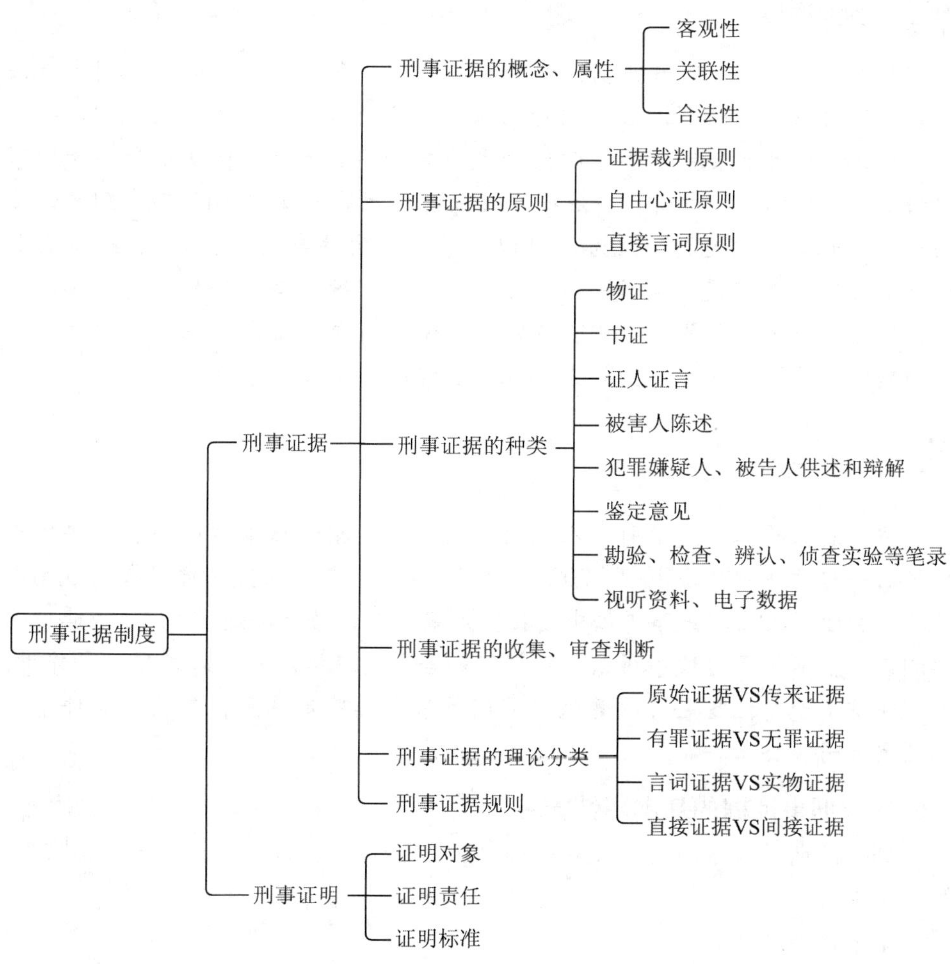

7.1 刑事证据概述

一、刑事证据的概念★

我国刑事诉讼中的证据是指可以用于证明案件事实的材料。对于刑事证据的概念，可以从以下三个方面理解：① 刑事证据本身是一种客观存在的材料；② 刑事证据是证明案件真实情况的根据和认定案件事实的手段；③ 刑事证据必须符合法律规定的 8 种表现形式，包括：物证；书证；证人证言；被害人陈述；犯罪嫌疑人、被告人供述和辩解；鉴定意见；勘验、检查、辨认、侦查实验等笔录；视听资料、电子数据。

延伸阅读

长期以来，关于证据的属性学术界一直存在争议。其背后涉及刑事诉讼的认识论问题。就刑事诉讼认识论而言，“客观真实论”与“法律真实论”争议很久。晚近十余年，尽管理论争鸣的热度逐渐消退，但认识论之于刑事司法实践的影响未曾中断，在法律修改中也有显著呈现。2012 年《刑事诉讼法》将“证据”之定义修改为“可以用于证明案件事实的材料”，这标志着证据定义从“事实说”转向“材料说”，并将“综合全案证据，对所认定事实已排除合理怀疑”作为“证据确实、充分”所应当符合的三个条件之一加以明确。这是“法律真实论”或“相对真实论”所曾倡导的。

案例阅读

举国震惊的杜培武案引发人们的广泛关注，测谎技术被运用在刑事侦查中的第一起案件即杜培武案。2020 年 8 月 14 日，最高人民法院发布《最高人民法院关于人民法院民事诉讼中委托鉴定审查工作若干问题的规定》。其中明确测谎结果不属于《民事诉讼法》规定的合法的证据形式，只能起参考作用，人民法院不予委托鉴定，以避免将测谎结果当作鉴定意见，影响对案件事实的认定和司法公正。

二、刑事证据的基本属性★★

刑事证据具有客观性、关联性和合法性三个基本属性。三者是互相联系、缺一不可的。

第一，客观性。

客观性是指证据是客观存在的，不以人的主观意志为转移。任何主观想象、虚构、猜测、假设、臆断、梦境及来源不清的道听途说等并非客观存在的材料，都不能成为刑事诉讼中的证据。

第二，关联性。

关联性是指证据必须与案件事实有客观联系，对证明刑事案件事实具有某种实际意义。证据对案件事实有无证明力及证明力的大小，取决于证据本身与案件事实有无联系及联系的紧密、强弱程度。一般来说，如果证据与案件事实之间的联系紧密，则该证据的证明力较强，在诉讼中所起的作用也较大。类似事件、品格事实、表情、被害人过去的行为都不具有关联性。

第三，合法性。

合法性是指对证据必须依法加以收集和运用。证据的合法性主要包括：证据的收集和运用主体要合法；证据的形式应当合法；证据的提供、收集和审查必须符合法定的程序要求。无论是公安司法人员收集证据，还是当事人或其他诉讼参与人提供证据，都应当合法。证据必须经法定程序出示和查证。

案例阅读

无罪案件证据不足的认定标准——黄某某故意杀人、奸淫幼女案［广西壮族自治区高级人民法院（2018）桂刑再1号刑事判决书］。黄某某案历经一审、二审、第一次再审、第二次再审，历时23年，最终由最高人民法院指令广西高院再审依法改判无罪。黄某某案再审判决的法治意义无疑是多方面的，尤为重要的是证据裁判规则与方法的确立及细化，防止冤假错案的产生。证据关联性是证据进入诉讼的第一道“门槛”，是证据的首要属性，故在刑事诉讼中运用每一项证据时，应首先关注其有无关联性，证据与待证事实之间有无关联。本案被害人被发现于一处山岭上，生前遭性侵，身上20处刀伤，奸杀可能性大。案发次日晚，警方在该村召开村民大会，对14岁至60岁之间男性村民进行身体检查，在检查中，警方发现黄某某神情紧张，左膝有两处新鲜划痕，因此将其确定为重大嫌疑人。黄某某膝盖上的两处伤痕，如果是被害人反抗抓伤，可对被害人指甲中的皮屑进行鉴定，但警方并未对此进行鉴定，伤痕成因不清，黄某某关于该伤痕系因工作期间被木箱刮擦所致的辩解无法否定，因此伤痕与本案关联的证据不足，不能作为定案的依据。

三、证据制度的基本原则★★★

证据制度的基本原则包括证据裁判原则、自由心证原则、直接言词原则。

第一，证据裁判原则。

证据裁判原则又称证据裁判主义，其基本含义是指对于诉讼中事实的认定，应依据有关的证据作出；没有证据，不得认定事实。在现代诉讼制度下，证据裁判原则至少包含以下四个方面的含义：① 对事实问题的裁判必须依靠证据，没有证据不得认定事实；② 认定案件事实的证据必须具有证据能力，即具有证据资格；③ 裁判所依据的证据必须是经过法庭调查的证据，除非法律另有规定；④ 综合全案证据必须达到法定的证明标准才能认定案件事实。

第二，自由心证原则。

自由心证原则是指证据的取舍、证据的证明力大小及对案件事实的认定规则等，法律不预先加以明确规定，而由裁判主体按照自己的良心、理性形成内心确信，以此作为对案件事实认定的一项证据原则。通常认为，自由心证包含两个方面的内容：① 自由判断。自由判断是指除法律另有规定以外，证据及其证明力由法官自由判断，法律不做预先规定。法官判断证据证明力时，不受外部的任何影响或法律上关于证据证明力的约束。② 内心确信。内心确信是指法官通过对证据的判断形成内心信念，并且应达到深信不疑的程度，由此判定事实。内心确信禁止法官根据似是而非、尚有疑虑的主观感受判定事实。

第三，直接言词原则。

直接言词原则也称口证原则，是指法官亲自听取双方当事人、证人及其他诉讼参与人的当庭口头陈述和法庭辩论，从而形成对案件事实真实性的内心确认，并据以对案件作出裁判。

7.2 刑事证据的种类

证据种类实际上是证据在法律上的分类，是证据的法定形式。根据《刑事诉讼法》第 50 条的规定，可以用于证明案件事实的材料，都是证据。证据包括以下 8 种：① 物证；② 书证；③ 证人证言；④ 被害人陈述；⑤ 犯罪嫌疑人、被告人供述和辩解；⑥ 鉴定意见；⑦ 勘验、检查、辨认、侦查实验等笔录；⑧ 视听资料、电子数据。

除 8 种法定证据形式外，其他手段（如警犬辨认、测谎仪）得出的意见或结论，只能协助确定侦查方向，或者帮助收集、审查、判断证据，而不能作为认定案件事实的证据使用。

一、物证★

物证是指证明案件真实情况的一切物品和痕迹。对某些难以移动或易于消失的物品、痕迹加以复制的模型或拍摄的照片，是对物证的固定和保全。在运用时，作为物证发挥证明作用的，不是这些照片和模型本身，而是它们所反映的原物和痕迹。

案例阅读

2017 年 7 月 18 日，被称为“世纪悬案”的白银市连环杀人案在白银市中级人民法院开庭审理。1988 年至 2002 年，高承勇在甘肃省白银市及内蒙古包头市连续强奸并残杀女性 11 人，作案跨度 14 年，侦破跨度 28 年，被称为“世纪悬案”。经过调查取证、再调查再取证等大量艰难烦琐漫长的工作，新科技 DNA 的比对结果为案件侦破打开了突破口。2016 年 8 月 26 日，52 岁的犯罪嫌疑人高承勇落网。至此，历时 28 年的系列强奸杀人案件成功告破。从首案案发至案件告破的 28 年间，围绕案件，公安机关仅采集指纹就达 23 万枚之多，投入的警力和物力无法统计。2021 年迷雾剧场《谁是凶手》的原型即为白银杀人案，见图 7-1。

图 7-1　警方提取现场足迹

2015 年开始，公安部门调整侦破思路，跳出以往侦办模式，利用新的技术手段，紧紧围绕现场遗留的 DNA 和指纹两个突破口开展破案攻坚。与此同时，甘肃省公安厅加强刑事侦查 DNA 库建设，对所有违法犯罪人员采集的血样在化验分析后录入 DNA 库。高承勇一名亲属因违法犯罪被采集到血样，警方通过染色体 Y-DNA 检验，发现城河村高氏家族有重大作案嫌疑，在警方提取比对高承勇的指纹和 DNA 后，很快发现他的指纹和命案现场指纹高度吻合。经过进一步指纹和 DNA 鉴定，高承勇的指纹和系列强奸杀人案件中犯罪嫌疑人遗留现场的指纹、DNA 全部比中同一。

二、书证★

书证是指以文字、符号、图画等记载的内容和反映的思想来证明案件真实情况的书面材料或其他物质材料。

书证有三个特征：首先，书证强调用记载的内容或者所表达的思想来证明案件事实，比如，在盗窃案中，盗窃的图书、录像带等所记载的内容与盗窃案件无关，那么它们便只是物证而不是书证。但如果在制作、贩卖、传播淫秽物品案件中，缴获的图书所记载的内容（系淫秽内容）就与该案有关，那么这些图书就属于书证。其次，书证必须以一定的物质材料为载体，属于实物证据范围，客观性较强。事实上，作为书证载体的材料是十分广泛的，不限于“书写的文字材料”，它既可以是纸张，也可以是布匹、绸缎及竹片、木板，甚至可能直接写在地上或者墙壁上；书写的方法，既可以用手写，也可用刀刻、印刷、剪贴、拼接、复印等方法；至于书证内容的表达，多数情况下是用文字表述，但不限于文字，也可用图形和符号来表示。但是，像手机中的短信内容并非通过物质材料承载，因此不属于书证，而是电子数据。最后，书证的内容往往形成于案件发生过程中，而非诉讼过程中。诉讼过程中形成的证人证言笔录，犯罪嫌疑人、被告人口供笔录，被害人陈述笔录，勘验、检查笔录等，虽然也是以笔录内容证明案件事实，但是笔录内容皆形成于诉讼过程中，所以不能称之为书证。

延伸阅读

根据《刑诉解释》第83条的规定，据以定案的物证应当是原物。原物不便搬运、不易保存、依法应当返还或者依法应当由有关部门保管、处理的，可以拍摄、制作足以反映原物外形和特征的照片、录像、复制品。必要时，审判人员可以前往保管场所查看原物。物证的照片、录像、复制品，不能反映原物的外形和特征的，不得作为定案的根据。物证的照片、录像、复制品，经与原物核对无误、经鉴定或者以其他方式确认真实的，可以作为定案的根据。

三、证人证言★★

第一，证人证言的概念。

证人证言是指证人就其所了解的案件情况向公安司法机关所作的陈述。证人证言的保存形式并不改变证据的性质，比如证人将证言书写在纸上，这份笔录还是证人证言；公安司法人员对证人陈述进行录音录像，录音带和录像带依然属于证人证言。

第二，证人作证义务与拒绝作证的特权。

证人作证义务是指当事人以外了解案件事实的人承担的提供自己所了解的有关案件情况的义务。除了法律规定的以外，了解案件情况的人都负有作证义务。作证义务包括三个方面：① 提供证言；② 出庭作证；③ 如实作证。

证人作证义务的例外是拒绝作证的特权，也称为作证豁免，即对于负有作证义务的证人，在特殊情形下，法律免除其作证义务。证人作证豁免权的内容，主要表现为以下几个方面：① 公务特权；② 反对强迫自证其罪特权；③ 近亲属的免证特权；④ 职务上的特权。

第三，证人保护与经济补偿。

在刑事案件中，如果证人出庭对犯罪事实进行作证，就有可能受到犯罪分子的报复。人民法院、人民检察院和公安机关应当保障证人及其近亲属的安全。其一，对证人及其近亲属进行威胁、侮辱、殴打或者打击报复，构成犯罪的，依法追究刑事责任；尚不够刑事处罚的，依法给予治安管理处罚。其二，对于危害国家安全犯罪、恐怖活动犯罪、黑社会性质的组织犯罪、毒品犯罪等案件则需要给予更严格的保护措施。证人、鉴定人、被害人因在此类诉讼中作证，本人或者其近亲属的人身安全面临危险的，人民法院、人民检察院和公安机关应当采取以下一项或者多项保护措施：① 不公开真实姓名、住址和工作单位等个人信息；② 采取不暴露外貌、真实声音等出庭作证措施；③ 禁止特定的人员接触证人、鉴定人、被害人及其近亲属；④ 对人身和住宅采取专门性保护措施；⑤ 其他必要的保护措施。其三，如果证人、鉴定人、被害人认为因在诉讼中作证，本人或者其近亲属的人身安全面临危险的，也可以主动向人民法院、人民检察院、公安机关请求予以保护。

出庭作证是证人的法定义务，但证人出庭往往要承担不小的时间和经济成本，例如证人前往庭审地点所支付的交通费、因出庭承担的误工费、长途跋涉前往作证的证人还可能需要支付住宿费。这些损失由国家进行补偿是较为合理的做法。《刑事诉讼法》第 65 条规定，证人因履行作证义务而支出的交通、住宿、就餐等费用，应当给予补助。证人作证的补助列入司法机关业务经费，由同级政府财政予以保障。《最高法解释》也规定了证人出庭补助：证人出庭作证所支出的交通、住宿、就餐等费用，人民法院应当给予补助。

延伸阅读

证人出庭率低、证人作证难已成为困扰我国刑事诉讼正常运行乃至影响司法公正的一大顽症，学界对促进证人出庭作了很多深入的探索，也提出了不少切中时弊的建议，立法及相关司法解释对此也是多有涉及，但在实践中收效甚微。在我国刑事司法实践中，证人出庭率长期处于较低水平，多数法院的证人出庭率不足10%，甚至有些法院全年审理的刑事案件中没有一个证人出庭的。

在以审判为中心的司法改革大背景下，司法机关要坚决杜绝刑讯逼供等非法取证行为，从每一个环节审慎防范目击证人指认引发的错案风险。近年来，因目击证人指认而启动侦查程序的案件频频发生，特别是在卖淫嫖娼案件中多次发生卖淫女指认的情况。如2009年安徽发生的余某被指卖淫女案。余某出门倒垃圾，却被一个“嫖客”指认为卖淫女，接着被两个警察扭住。虽然闻声赶来的房东和周围的邻居都证明她不是那样的人，但警察还是坚持将人抓走。在弄清楚余某的真实身份后，警方承认抓错了人，将人放回。无独有偶，2013年6月3日晚，在河南郑州有卖淫女向民警指认某女士当晚居住的房间有卖淫同伙，导致刚好来郑州看女儿的商丘女民警被警方误以为是卖淫女同伙被抓走。从上述案件看，目击证人的指认会直接增强侦查人员的内心确信，在没有其他客观性证据支持的情况下，警方为了寻求口供，容易促发刑讯逼供等非法取证行为，从而为冤假错案的发生留下隐患。从社会普通人的心理角度分析，一般而言，社会危害越轻微，指认者的指认就越轻率随意；社会危害越严重，指认者的指认就越谨慎严肃。在办案人员施压的情况下，指认者为急切摆脱办案人员的控制而轻率指认的现象比较普遍。据相关资料显示，在美国大概90%乃至更多的刑事案件由于没有生物证据而无法使用DNA技术，此类案件在陪审团的心目中，目击证人的指证是最为可信的证据，这也使得目击证人的错误证言成为导致刑事冤案发生的重要原因。美国“昭雪计划”团体主管称，目击证人的错误指认是造成误判的主要原因之一。

四、被害人陈述★

被害人陈述是指刑事被害人就其受害情况和其他与案件有关的情况向公安司法机关所作的陈述。

被害人既可以是自然人，也可以是单位。自诉人和附带民事诉讼的原告人如果是被害人，他们的陈述也是被害人陈述。由于被害人与案件具有直接的利害关系，因此被害人陈述相比于证人证言有以下特点：① 内容具体真切；② 陈述内容容易夸大其词；③ 被害人陈述往往包含三部分内容，一是对案件事实的陈述，二是对案件事实的分析判断，三是诉讼请求。其中，并非所有内容都有证据价值。

五、犯罪嫌疑人、被告人供述和辩解★

犯罪嫌疑人、被告人供述和辩解是指犯罪嫌疑人、被告人就有关案件的情况向侦查、检察和审判人员所作的陈述，通常称之为口供。它的内容主要包括犯罪嫌疑人、被告人承认自己有罪的供述和说明自己无罪、罪轻的辩解。犯罪嫌疑人、被告人供述和辩解有以下特点。

（1）可以全面直接地反映案件事实。不论犯罪嫌疑人、被告人所作的是有罪供述还是罪轻辩解，都会提供与案件相关的大量事实信息，包括犯罪动机、犯罪过程、犯罪结果等。而对于无罪辩解，尽管犯罪嫌疑人、被告人否认了犯罪行为的实施，但是仍然会提供与案件相关的事实，这些都属于刑事诉讼中的重要证据，对于案件侦查与审判有着关键性作用。

（2）存在虚假的可能性。犯罪嫌疑人、被告人为了减轻罪责，很可能会作出虚假陈述，编造谎言，掩盖事实真相。也有一些犯罪嫌疑人、被告人因公安司法机关的刑讯逼供而被迫做出与事实相左的陈述。

（3）具有不稳定性。在侦查起诉中，犯罪嫌疑人、被告人往往处于十分激动的状态，这导致其陈述可能并不稳定。在有些阶段，为了减轻罪责，逃避法律的惩处，犯罪嫌疑人、被告人会千方百计编造谎言，掩盖事实，做出无罪辩解。然而基于正义观念、道德观念或者坦白后法律从轻处理的心理预期，他们又可能翻供坦白，或者欲供又止，供述后又翻供。

（4）犯罪嫌疑人、被告人供述和辩解一般包含两方面的内容：一是对案件事实所作的陈述；二是对自己是否构成犯罪、承担何种刑事责任或者应受到何种量刑所作的陈述。其中并非所有内容都有证据价值。

六、鉴定意见★★

鉴定意见是指公安司法机关为了解决案件中某些专门性问题，指派或聘请有这方面专门知识和技能的人进行鉴定后所作的书面意见。

注意：鉴定意见是鉴定人对专门性问题从科学、技术等角度提出的分析意见，仅解决案件所涉及的科学技术问题，而不是法律问题。鉴定意见必须是由公安司法机关指派或者聘请的具有这方面专业知识和技能的人作出的。仅仅具有相关方面的专业知识和技能，而非公安司法机关指派或者聘请的人，不能作为鉴定人。鉴定意见必须当庭宣读，鉴定人一般应当出庭，对鉴定过程、内容和结论作出说明，并接受质证，鉴定意见通知书见图 7-2。

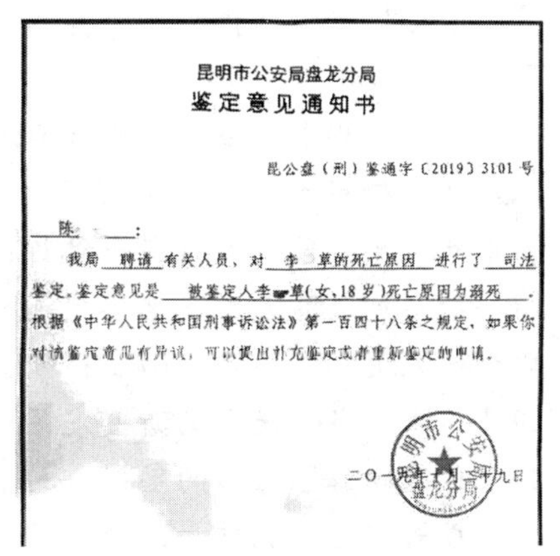

昆明市公安局盘龙分局
鉴定意见通知书

昆公盘（刑）鉴通字〔2019〕3101 号

陈　　：

我局 聘请 有关人员，对 李　草的死亡原因 进行了 司法鉴定。鉴定意见是 被鉴定人李　草（女，18 岁）死亡原因为溺死 。根据《中华人民共和国刑事诉讼法》第一百四十八条之规定，如果你对该鉴定意见有异议，可以提出补充鉴定或者重新鉴定的申请。

昆明市公安局盘龙分局

二〇一九年　月　十九日

图 7-2　鉴定意见通知书

《刑事诉讼法》第 192 条规定，公诉

人、当事人或者辩护人、诉讼代理人对鉴定意见有异议，人民法院认为鉴定人有必要出庭的，鉴定人应当出庭作证。经人民法院通知，鉴定人拒不出庭作证的，鉴定意见不得作为定案的根据。

2012 年修订的《刑事诉讼法》确立了新的专家辅助人制度，即《刑事诉讼法》第 197 条第 2 款规定，公诉人、当事人和辩护人、诉讼代理人可以申请法庭通知有专门知识的人出庭，就鉴定人作出的鉴定意见提出意见。学理上将这种“有专门知识的人”称为“专家辅助人”。从立法意图来看，我国引入专家辅助人是为鉴定人出庭与鉴定意见的审查判断服务的，专家辅助人意见的性质是代表申请其出庭的一方就鉴定意见发表的专业质证意见，是申请方的控诉意见或者辩护意见的组成部分。没有相应专业知识的当事人、诉讼代理人和辩护人很难对鉴定意见进行有效质询，因而，专家辅助人对于保障被告方的对质权具有重要意义。

案例阅读

2002 年 6 月 24 日晚，秦皇岛市卢龙县潘庄镇某村民家突发大火，闻讯赶来的村民在救火时发现东屋地面上有一具烧焦的女尸，便急忙向县公安局报案。经公安机关现场勘查，认定该案系杀人焚尸案。虽然被害人尸体面目全非，但经男主人辨认发现死者系其妻滕某。卢龙县公安局办案民警经过调查，确定该村村民马某为犯罪嫌疑人，先后三次传讯马某，但马某均否认自己有犯罪行为。

2002 年 10 月 20 日，马某被警方拘留后，供述了自己杀害滕某的犯罪经过。但在随后的两次提审及检察机关审查起诉乃至法院开庭审理过程中，马某均予翻供，辩称滕某之死并非自己所为，自己唯一的一次有罪供述系受外界压力所致。

庭审过程中，公诉机关出示了从现场炕席上提取的平面鞋印、立体鞋印，以及马某脚穿多双鞋行走形成的立体鞋印和平面鞋印，认为位置、形状、相互搭配关系一致，因而得出结论：滕某被杀焚尸案现场提取的鞋印是马某所留。但参加该鉴定的 3 名鉴定人均无亲笔签名。后经侦查机关补正，有两名助理研究员补了签名，而主检研究员仍未签名。马某的辩护人以该鉴定程序违法为由，当庭提出重新鉴定足迹的申请。后来公安部门的物证鉴定中心维持了上次物证鉴定书的鉴定结论。马某的辩护人则认为，该函件没有遵从有关程序规定，不能作为证据使用。

法院认为，公安部门首次出具的物证鉴定结论，在程序上具有明显瑕疵。第二次出具的函件也不是规范的鉴定结论，现场勘查笔录、尸检鉴定等，只能证实滕家曾经起火、滕某被焚尸的事实。证人证言也只证实了马某对滕某有过动手动脚的行为，马某具有作案嫌疑。此外，尸体被烧焦，面目全非，确认是滕某的只有其丈夫，没有相关的刑事科学技术鉴定支持。故根据《刑事诉讼法》“疑罪从无”的规定，法院认定公诉机关指控马某故意杀人的罪名不成立，当庭无罪释放。2005 年秦皇岛中级人民法院重审两次，并对马某作出无罪释放的判决，后检察机关提起抗诉。河北省高级人民法院审理后，维持了秦皇岛中级人民法院的无罪判决。

七、勘验、检查、辨认、侦查实验等笔录★

勘验笔录是指办案人员对与犯罪有关的场所、物品、尸体等进行勘查、检验后所作的记录。检查笔录是指办案人员为确定被害人、犯罪嫌疑人、被告人的某些特征、伤害情况和生理状态，而对他们的人身进行检验和观察后所作的客观记载。勘验、检查笔录包括三类：勘验、检查过程中的文字记录，现场绘图，现场照片。

对勘验、检查笔录应当着重审查以下内容：（1）勘验、检查是否依法进行，笔录的制作是否符合法律、有关规定，勘验、检查人员和见证人是否签名或者盖章。（2）勘验、检查笔录是否记录了提起勘验、检查的事由，勘验、检查的时间、地点，在场人员、现场方位、周围环境等，现场的物品、人身、尸体等的位置、特征等情况，以及勘验、检查、搜查的过程；文字记录与实物或者绘图、照片、录像是否相符；现场、物品、痕迹等是否伪造、有无破坏；人身特征、伤害情况、生理状态有无伪装或者变化等。（3）补充进行勘验、检查的，是否说明了再次勘验、检查的缘由，前后勘验、检查的情况是否矛盾。

辨认笔录是指犯罪嫌疑人、被害人、证人按照法定程序对可能与案件相关的人、物或者场所进行辨认时，由办案人员所作的记录。

对辨认笔录应当着重审查辨认的过程、方法，以及辨认笔录的制作是否符合有关规定。辨认笔录具有下列情形之一的，不得作为定案的根据：（1）辨认不是在侦查人员主持下进行的。（2）辨认前使辨认人见到辨认对象的。（3）辨认活动没有个别进行的。（4）辨认对象没有混杂在具有类似特征的其他对象中，或者供辨认的对象数量不符合规定的。（5）辨认中给辨认人明显暗示或者明显有指认嫌疑的。（6）违反有关规定、不能确定辨认笔录真实性的其他情形。

侦查实验是指侦查机关为了确定对案件侦查有意义的某一事实或现象是否存在，或者某种条件下能否发生，参照案件原有条件将该事实或现象加以再现的一种侦查活动。侦查实验笔录是指侦查人员按照法定格式制作的，用于描述和证明侦查实验过程中发生的具有法律意义的事实状况的书面记录。

对侦查实验笔录应当着重审查实验的过程、方法，以及笔录的制作是否符合有关规定。侦查实验的条件与事件发生时的条件有明显差异，或者存在影响实验结论科学性的其他情形的，侦查实验笔录不得作为定案的根据。进行侦查实验的，禁止一切足以造成危险、侮辱人格或者有伤风化的行为。

八、视听资料与电子数据★★

第一，视听资料。

视听资料是指以录音、录像、计算机磁盘所记载的音像信息来证明案件真实情况的资料。

第二，电子数据。

电子数据是指案件发生过程中形成的，以数字形式存储、处理、传输的，能够证明案件事实的数据。

7.3　刑事证据的收集和移送

收集证据是指公安司法机关及律师为了证明特定案件事实，依据法律规定的范围和程序收集证据的法律活动。证据收集的主体主要包括以下几个。

第一，公、检、法机关。

《刑事诉讼法》第54条第1款规定，人民法院、人民检察院和公安机关有权向有关单位和个人收集、调取证据。有关单位和个人应当如实提供证据。

第二，辩护律师。

《刑事诉讼法》第43条规定，辩护律师经证人或者其他有关单位和个人同意，可以向他们收集与本案有关的材料，也可以申请人民检察院、人民法院收集、调取证据，或者申请人民法院通知证人出庭作证。辩护律师经人民检察院或者人民法院许可，并且经被害人或者其近亲属、被害人提供的证人同意，可以向他们收集与本案有关的材料。非律师辩护人没有取证权。

第三，行政机关。

《高检规则》第64条规定，行政机关在行政执法和查办案件过程中收集的物证、书证、视听资料、电子数据等证据材料，经人民检察院审查符合法定要求的，可以作为证据使用。行政机关在行政执法和查办案件过程中收集的鉴定意见、勘验、检查笔录，经人民检察院审查符合法定要求的，可以作为证据使用。由于行政机关收集证据的标准低于刑事侦查机关，因此行政机关在行政执法过程中收集的证据不能全部直接作为刑事证据使用，如证人证言、被害人陈述、犯罪嫌疑人供述等言词证据需要重新收集。

第四，监察机关。

《监察法》第33条规定，监察机关依照《监察法》规定收集的物证、书证、证人证言、被调查人供述和辩解、视听资料、电子数据等证据材料，在刑事诉讼中可以作为证据使用。监察机关在收集、固定、审查、运用证据时，应当与刑事审判关于证据的要求和标准相一致。以非法方法收集的证据应当依法予以排除，不得作为案件处置的依据。

第五，境外证据。

《刑诉解释》第77条规定，对来自境外的证据材料，人民检察院应当随案移送有关材料来源、提供人、提取人、提取时间等情况的说明。经人民法院审查，相关证据材料能够证明案件事实且符合刑事诉讼法规定的，可以作为证据使用，但提供人或者我国与有关国家签订的双边条约对材料的使用范围有明确限制的除外；材料来源不明或者真实性无法确认的，不得作为定案的根据。

当事人及其辩护人、诉讼代理人提供来自境外的证据材料的，该证据材料应当经所在国公证机关证明，所在国中央外交主管机关或者其授权机关认证，并经中华人民共和国驻该国使领馆认证，或者履行中华人民共和国与该所在国订立的有关条约中规定的证明手续，我国与该国之间有互免认证协定的除外。

7.4　刑事证据的审查判断

在刑事诉讼中，并非所有证据都会当然被法院采纳作为定案依据，有些证据因为不满足真实性或者合法性等原因不能被采纳作为定案依据。

一、物证、书证的审查判断规则★★

第一，坚决排除的。

①《刑诉解释》第83条第2款规定，物证的照片、录像、复制品，不能反映原物的外形和特征的不得作为定案的根据；②第84条第2款规定，对书证的更改或者更改迹象不能作出合理解释，或者书证的副本、复制件不能反映原件及其内容的，不得作为定案的根据；③第86条第1款规定，在勘验、检查、搜查过程中提取、扣押的物证、书证，未附笔录或者清单，不能证明物证、书证来源的，不得作为定案的根据；④第86条第3款规定，物证、书证的来源、收集程序有疑问，不能作出合理解释的，不得作为定案的根据。

第二，可以补正的。

《刑诉解释》第 86 条第 2 款规定，物证、书证的收集程序、方式有下列瑕疵，经补正或者作出合理解释的，可以采用：① 勘验、检查、搜查、提取笔录或者扣押清单上没有调查人员或者侦查人员、物品持有人、见证人签名，或者对物品的名称、特征、数量、质量等注明不详的；② 物证的照片、录像、复制品，书证的副本、复制件未注明与原件核对无异，无复制时间，或者无被收集、调取人签名的；③ 物证的照片、录像、复制品，书证的副本、复制件没有制作人关于制作过程和原物、原件存放地点的说明，或者说明中无签名的；④ 有其他瑕疵的。

二、证人证言（被害人陈述）的审查判断★★

第一，坚决排除的。

①《刑诉解释》第 88 条第 1 款规定，处于明显醉酒、中毒或者麻醉等状态，不能正常感知或者正确表达的证人所提供的证言，不得作为证据使用；②《刑诉解释》第 88 条第 2 款规定，证人的猜测性、评论性、推断性的证言，不得作为证据使用，但根据一般生活经验判断符合事实的除外；③《刑诉解释》第 89 条第 1 项规定，询问证人没有个别进行的，该证人证言不得作为定案的根据；④《刑诉解释》第 89 条第 2 项规定，书面证言没有经证人核对确认的，该证人证言不得作为定案的根据；⑤《刑诉解释》第 89 条第 3 项规定，询问聋、哑人，应当提供通晓聋、哑手势的人员而未提供的，该证人证言不得作为定案的根据；⑥《刑诉解释》第 89 条第 4 项规定，询问不通晓当地通用语言、文字的证人，应当提供翻译人员而未提供的，该证人证言不得作为定案的根据；⑦《刑诉解释》第 125 条规定，采用暴力、威胁及非法限制人身自由等非法方法收集的证人证言、被害人陈述，应当予以排除；⑧《刑诉解释》第 91 条第 3 款规定，经人民法院通知，证人没有正当理由拒绝出庭或者出庭后拒绝作证，法庭对其证言的真实性无法确认，该证人证言不得作为定案的根据。

第二，可以补正的。

《刑诉解释》第 90 条规定，证人证言的收集程序、方式有下列瑕疵，经补正或者作出合理解释的，可以采用；不能补正或者作出合理解释的，不得作为定案的根据：① 询问笔录没有填写询问人、记录人、法定代理人姓名及询问的起止时间、地点的；② 询问地点不符合规定的；③ 询问笔录没有记录告知证人有关权利义务和法律责任的；④ 询问笔录反映出在同一时段，同一询问人员询问不同证人的；⑤ 询问未成年人，其法定代理人或者合适成年人不在场的。

三、犯罪嫌疑人、被告人供述的审查判断★★

第一，坚决排除的。

《刑诉解释》第 94 条规定，被告人供述具有下列情形之一的，不得作为定案的根据：① 讯问笔录没有经被告人核对确认的；② 讯问聋、哑人，应当提供通晓聋、哑手势的人员而未提供的；③ 讯问不通晓当地通用语言、文字的被告人，应当提供翻译人员而未提供的；④ 讯问未成年人，其法定代理人或者合适成年人不在场的。

第二，可以补正的。

（1）《刑诉解释》第 95 条规定，讯问笔录有下列瑕疵，经补正或者作出合理解释的，可以采用；不能补正或者作出合理解释的，不得作为定案的根据：① 讯问笔录填写的讯问时间、讯问地点、讯问人、记录人、法定代理人等有误或者存在矛盾的；② 讯问人没有签名的；③ 首次讯问笔录没有记录告知被讯问人有关权利和法律规定的。

（2）《刑诉解释》第 96 条第 2、3 款规定，被告人庭审中翻供，但不能合理说明翻供原因或者其辩解与全案证据矛盾，而其庭前供述与其他证据相互印证的，可以采信其庭前供述。被告人庭前供述和辩解存在反复，但庭审中供认，且与其他证据相互印证的，可以采信其庭审供述；被告人庭前供述和辩解存在反复，庭审中不供认，且无其他证据与庭前供述印证的，不得采信其庭前供述。

四、鉴定意见的审查判断★

第一，坚决排除的。

（1）《刑诉解释》第 98 条规定，鉴定意见具有下列情形之一的，不得作为定案的根据：① 鉴定机构不具备法定资质，或者鉴定事项超出该鉴定机构业务范围、技术条件的；② 鉴定人不具备法定资质，不具有相关专业技术或者职称，或者违反回避规定的；③ 送检材料、样本来源不明，或者因污染不具备鉴定条件的；④ 鉴定对象与送检材料、样本不一致的；⑤ 鉴定程序违反规定的；⑥ 鉴定过程和方法不符合相关专业的规范要求的；⑦ 鉴定文书缺少签名、盖章的；⑧ 鉴定意见与案件事实没有关联的；⑨ 违反有关规定的其他情形。

（2）《刑诉解释》第 99 条第 1 款规定，经人民法院通知，鉴定人拒不出庭作证的，鉴定意见不得作为定案的根据。

第二，鉴定意见不予以补正。

五、勘验、检查、侦查实验笔录的审查判断★★

第一，勘验、检查笔录。

《刑诉解释》第103条规定，勘验、检查笔录存在明显不符合法律、有关规定的情形，不能作出合理解释的，不得作为定案的根据。

第二，侦查实验笔录。

《刑诉解释》第107条规定，侦查实验的条件与事件发生时的条件有明显差异，或者存在影响实验结论科学性的其他情形的，侦查实验笔录不得作为定案的根据。

侦查实验笔录不能作为定案依据的情形可概括为：条件差异。

六、辨认笔录的审查判断★★

第一，坚决排除的。

《刑诉解释》第105条规定，辨认笔录具有下列情形之一的，不得作为定案的根据：① 辨认不是在调查人员、侦查人员主持下进行的；② 辨认前使辨认人见到辨认对象的；③ 辨认活动没有个别进行的；④ 辨认对象没有混杂在具有类似特征的其他对象中，或者供辨认的对象数量不符合规定的；⑤ 辨认中给辨认人明显暗示或者明显有指认嫌疑的；⑥ 违反有关规定，不能确定辨认笔录真实性的其他情形。

第二，可以补正的。

最高人民法院、最高人民检察院、公安部、国家安全部、司法部《关于办理死刑案件审查判断证据若干问题的规定》第30条第2款规定，有下列情形之一的，通过有关办案人员的补正或者作出合理解释的，辨认结果可以作为证据使用：① 主持辨认的侦查人员少于2人的；② 没有向辨认人详细询问辨认对象的具体特征的；③ 对辨认经过和结果没有制作专门的规范的辨认笔录，或者辨认笔录没有侦查人员，辨认人、见证人的签名或者盖章的；④ 辨认记录过于简单，只有结果没有过程的；⑤ 案卷中只有辨认笔录，没有被辨认对象的照片、录像等资料，无法获悉辨认的真实情况的。

七、视听资料、电子数据的审查判断★★

第一，视听资料。

《刑诉解释》第109条规定，视听资料具有下列情形之一的，不得作为定案的根据：① 系篡改、伪造或者无法确定真伪的；② 制作、取得的时间、地点、方式等有疑问，不能作出合理解释的。

视听资料不能作为定案依据的情形可概括为：真伪不明、无法解释。

第二，电子数据。

《刑诉解释》第114条规定，电子数据具有下列情形之一的，不得作为定案的根据：① 系篡改、伪造或者无法确定真伪的；② 有增加、删除、修改等情形，影响电子数据真实性的；③ 其他无法保证电子数据真实性的情形。

《刑诉解释》第 113 条规定，电子数据的收集，提取程序有下列瑕疵，经补正或者作出合理解释的，可以采用；不能补正或者作出合理解释的，不得作为定案的根据：① 未以封存状态移送的；② 笔录或者清单上没有调查人员或者侦查人员、电子数据持有人、提供人、见证人签名或者盖章的；③ 对电子数据的名称、类别、格式等注明不清的；④ 有其他瑕疵的。

八、技术调查、侦查证据的审查判断★★

《刑诉解释》第 116 条规定，依法采取技术调查、侦查措施收集的材料在刑事诉讼中可以作为证据使用。采取技术调查、侦查措施收集的材料，作为证据使用的，应当随案移送。

采取技术调查、侦查措施收集的材料在刑事诉讼中可以作为证据使用，但依然要经过法庭的查证，确认属实后方可成为最终的定案依据。

7.5 刑事证据的理论分类

刑事证据的分类是指对证据进行理论研究时，按照证据本身的不同特点，从不同角度在理论上将证据划分为不同的类别。

证据的理论分类不同于证据的法定种类。证据种类的划分依据是证据的存在及其表现形式，这种划分由法律明确规定，具有法定的约束力，不具有法定形式的证据不得作为定案的根据。而证据的分类则是在理论上从不同角度对证据种类所作的划分，某一具体的证据，依一种标准分类，属于这一类别，而按另一种标准分类，则属于其他类别。例如，被害人陈述这一法定种类，在分类上不仅可以是直接证据或间接证据，也可以是原始证据或传来证据。

一、原始证据与传来证据★★

原始证据：凡是直接来源于案件事实，未经过复制、转述的证据，是原始证据，也就是通常所说的第一手材料。

传来证据：凡不是直接来源于案件事实，而是间接来源于案件事实，经过复制或者转述原始证据而派生出来的证据，是传来证据，即通常所说的第二手材料。

判断某个证据是原始证据还是传来证据的一个简单方法就是看其在侦查人员收集该证据之前有没有经过中转环节，如转述、复制、拷贝等。通常情况下，① 原始证据的证明价值大于传来证据；② 当原始证据灭失或者无法获得时，只要传来证据查证属实，也可以作为定案依据；③ 如果案件只有传来证据，没有任何原始证据，不得认定有罪；④ 运用传来证据时，来源不明的材料不能作为证据使用。

二、有罪证据与无罪证据★★

根据是否能够证明犯罪事实的存在或者犯罪行为系犯罪嫌疑人、被告人所为，可以将证据分为有罪证据和无罪证据。

有罪证据：凡是能够证明犯罪事实存在和犯罪行为系犯罪嫌疑人、被告人所为的证据，是有罪证据。凡是证明犯罪事实存在，不论是犯罪情节重还是犯罪情节轻的证据，都是有罪证据。

无罪证据：凡是能够否定犯罪事实存在，或者能够证明犯罪嫌疑人、被告人未实施犯罪行为的证据，是无罪证据。

三、言词证据与实物证据★★

根据证据的表现形式不同，可以将证据分为言词证据和实物证据。

言词证据：凡是表现为人的陈述，即以言词作为表现形式的证据，是言词证据。证人证言，被害人陈述，犯罪嫌疑人、被告人供述和辩解都是言词证据。辨认笔录和侦查实验笔录，一般认为也属于言词证据。鉴定意见也是言词证据。

实物证据：凡是表现为物品、痕迹和内容具有证据价值的书面文件，即以实物作为表现形式的证据，是实物证据。物证，书证，勘验、检查笔录属于实物证据。视听资料、电子数据，一般认为属于实物证据。

四、直接证据与间接证据★★

根据证据与案件主要事实的证明关系的不同，可以将证据划分为直接证据与间接证据。所谓刑事案件的主要事实，是指犯罪行为是否系犯罪嫌疑人、被告人所实施；所谓证明关系的不同，是指某一证据是否可以单独、直接地证明案件的主要事实。

直接证据是能够单独、直接证明案件主要事实的证据。也就是说，某一项证据的内容无须经过推理过程即可以直观地说明犯罪行为是不是犯罪嫌疑人、被告人所实施。比如，犯罪嫌疑人供认其实施了某项犯罪行为，某目击证人陈述的何人实施了何种犯罪行为的证言，被害人指控何人实施了某项犯罪行为的陈述，犯罪嫌疑人、被告人的书信或日记中关于自己实施犯罪行为的记载，都属于直接证据。

间接证据是不能单独、直接证明案件主要事实，需要与其他证据相结合才能证明的证据。没有直接证据，只有间接证据可否定案？也有可能，但是要注意间接证据定案的规则。根据《刑诉解释》第 140 条的规定，没有直接证据，但间接证据同时符合下列条件的，可以认定被告人有罪：① 证据已经查证属实；② 证据之间相互印证，不存在无法排除的矛盾和无法解释的疑问；③ 全案证据形成完整的证据链；④ 根据证据认定案件事实足以排除合理怀疑，结论具有唯一性；⑤ 运用证据进行的推理符合逻辑和经验。

7.6 刑事证据规则

刑事证据规则是指在刑事证据制度中，控辩双方收集和出示证据，以及法庭采纳、运用证据认定案件事实都必须遵循的重要准则。无论是取证、举证、质证还是认证，都要在既定规则框架下进行。

从内容上看，证据规则大体包括两类：① 调整证据能力的规则，例如传闻证据规则、非法证据排除规则、意见证据规则、最佳证据规则等；② 调整证明力的证据规则，例如关联性证据规则、补强证据规则等。

在我国，立法虽然没有对“刑事证据规则”作出明确规定，但《刑事诉讼法》及司法解释的相关规定实际上已经对一些刑事证据规则有所涉及。这些规定有的较为笼统，只是体现了某一刑事证据规则的精神，有的则作了较为细化的规定。

7.6.1 非法证据排除规则

非法证据是指违反法定程序，以非法方法获取的证据。非法证据原则上不具有证据能力，不能为法庭采纳。

非法证据排除规则在刑事诉讼中的确立是价值权衡的结果：如果允许将非法取得的证据作为定案根据，对查明案情、实现国家的刑罚权是有帮助的，但这样做又是以侵犯宪法保障的公民基本权利、违反程序公正为代价的；反之，如果将非法取得的证据一律排除，又可能影响到对犯罪的查明和惩治。为了实现犯罪控制与人权保护之间的平衡，应赋予法官一定的对于非法获得的实物证据是否采用的裁量权。对非法证据的态度，体现了立法者的价值判断与选择，以及处理程序公正与实体公正二者关系的态度。从近现代刑事诉讼制度的发展趋势来看，人权保障的价值日标愈来愈受到重视，日渐成为一种优先的价值理念，当惩罚犯罪与保障人权发生冲突时，各国越来越倾向于优先保障人权。

2010 年，“两高三部”联合发布了《关于办理刑事案件排除非法证据若干问题的规定》。2017 年，“两高三部”联合发布了《严格排除非法证据规定》，对我国非法证据的排除范围作了进一步细化和完善。2021 年《刑诉解释》修改，对前述规定进行了吸收，并进一步丰富细化了相关内容。

案例阅读

2002年4月17日，刘涌、宋健飞被辽宁省铁岭市中级人民法院以组织、领导黑社会性质组织罪、故意伤害罪、非法经营罪、故意毁坏财物罪、行贿罪、妨碍公务罪、非法持有枪支罪等多项罪名一审判处死刑。在辽宁省铁岭市中级人民法院庭审过程中，刘涌等被告人当庭推翻其在侦查阶段向公安机关所作的有罪供述，并称在侦查过程中遭到侦查人员的刑讯逼供。刘涌等被告人的辩护律师也将侦查阶段存在刑讯逼供的问题作为重要的辩护理由，但铁岭市中级人民法院在一审判决书中指出：经公诉机关调查，认定公安机关具有刑讯逼供行为的证据不充分，对此辩护意见不予采纳。据此，辽宁省铁岭市中级人民法院以故意伤害（致人死亡）罪判处刘涌死刑立即执行。一审宣判后，被告人刘涌以公安机关在侦查过程中存在刑讯逼供、口供取得方式违法为由，提出上诉。

在二审过程中，辩护人提出被告人在侦查期间的口供不能作为证据使用，并提交了能够证实刑讯逼供的相关证据。辽宁省高级人民法院就刑讯逼供问题作出如下裁判：经查，此节在一审审理期间，部分辩护人已向法庭提交相关证据，该证据亦经庭审举证、质证，公诉机关经调查认为，此节不应影响本案的正常审理和判决。二审审理期间，部分辩护人向本院又提供相关证据，二审亦就相关证据进行了复核，复核期间，本院询问了涉案被告人、询问了部分看押过本案被告人的武警战士和负责侦查工作的公安民警。本院经复核后认为，不能从根本上排除公安机关在侦查过程中存在刑讯逼供情况。据此，辽宁省高级人民法院于2003年8月11日作出以下判决：上诉人刘涌论罪应当判处死刑，但鉴于其犯罪的事实、犯罪的性质、情节和对于社会的危害程度以及本案的具体情况，对其可不立即执行。因而，二审改判死缓。2003年8月16日二审判决公布并经媒体披露以后，二审改判结果受到普遍质疑。因为在二审改判以前，刘涌案被称为是中国涉黑第一案，改判结果出乎公众预料。除个别学者以外，绝大部分民众均认为二审改判不当。在这种情况下，最高人民法院于2003年10月8日以“原二审判决对刘涌的判决不当”为由，依照审判监督程序提审该案。2003年12月20日，最高人民法院对刘涌案作出终审判决，对刘涌的辩护人在庭审中出示的证明公安机关存在刑讯逼供的证人证言，以取证形式不符合有关法规，且证言之间相互矛盾，同一证人的证言前后矛盾为由，不予采取。据此，不能认定公安机关在侦查阶段存在刑讯逼供。因此，最高人民法院认为原二审判决对刘涌所犯故意伤害罪的量刑予以改判的理由不能成立，应予纠正，最终判处刘涌死刑立即执行，剥夺政治权利终身。在最高人民法院宣告判决之后，刘涌在当天被立即执行了死刑。

一、排除的范围★★

第一，言词证据。

根据《刑事诉讼法》第56条第1款的规定，采用刑讯逼供等非法方法收集的犯罪嫌疑人、被告人供述和采用暴力、威胁等非法方法收集的证人证言、被害人陈述，应当予以排除。

第二，实物证据。

根据《刑事诉讼法》第56条第1款后半段的规定，收集物证、书证不符合法定程序，可能严重影响司法公正的，应当予以补正或者作出合理解释；不能补正或者作出合理解释的，对该证据应当予以排除。

根据上述条文可知，对非法言词证据采用严格排除规则，因为非法收集言词证据，严重侵犯当事人的人身权利，破坏了司法公正，极易造成冤假错案。而对于物证、书证采取相对排除规则，因为物证、书证的违法一般并不会影响证据的可信度，而且许多物证、书证具有唯一性，一旦排除就难以再次取得。

二、排除的阶段★★★

在侦查、审查起诉、审判时发现有应当排除的证据的，应当依法予以排除，不得将其作为起诉意见、起诉决定和判决的依据。

第一，侦查阶段。

根据《严格排除非法证据规定》第14条的规定，犯罪嫌疑人及其辩护人在侦查期间可以向人民检察院申请排除非法证据。对犯罪嫌疑人及其辩护人提供相关线索或者材料的，人民检察院应当调查核实。调查结论应当书面告知犯罪嫌疑人及其辩护人。对确有以非法方法收集证据情形的，人民检察院应当向侦查机关提出纠正意见。

侦查机关对审查认定的非法证据，应当予以排除，不得作为提请批准逮捕、移送审查起诉的根据。

对重大案件，人民检察院驻看守所检察人员应当在侦查终结前询问犯罪嫌疑人，核查是否存在刑讯逼供、非法取证情形，并同步录音录像。经核查，确有刑讯逼供、非法取证情形的，侦查机关应当及时排除非法证据，不得作为提请批准逮捕、移送审查起诉的根据。

第二，审查起诉。

根据《严格排除非法证据规定》第17条的规定，审查逮捕、审查起诉期间，犯罪嫌疑人及其辩护人申请排除非法证据，并提供相关线索或者材料的，人民检察院应当调查核实。调查结论应当书面告知犯罪嫌疑人及其辩护人。

人民检察院在审查起诉期间发现侦查人员以刑讯逼供等非法方法收集证据的，应当依法排除相关证据并提出纠正意见，必要时人民检察院可以自行调查取证。

人民检察院对审查认定的非法证据，应当予以排除，不得作为批准或者决定逮捕、提起公诉的根据。被排除的非法证据应当随案移送，并写明为依法排除的非法证据。

第三，审判阶段。

根据《严格排除非法证据规定》第 23 条的规定，人民法院向被告人及其辩护人送达起诉书副本时，应当告知其有权申请排除非法证据。

被告人及其辩护人申请排除非法证据，应当在开庭审理前提出，但在庭审期间发现相关线索或者材料等情形除外。人民法院应当在开庭审理前将申请书和相关线索或者材料的复制件送交人民检察院。

三、程序的启动★★

第一，依职权。

法庭审理过程中，审判人员认为可能存在《刑事诉讼法》第 56 条规定的以非法方法收集证据情形的，应当对证据收集的合法性进行法庭调查。

第二，依申请。

当事人及其辩护人、诉讼代理人有权申请人民法院对以非法方法收集的证据依法予以排除。

四、证明责任和证明标准★★★

第一，初步证明。

当事人及其辩护人、诉讼代理人申请人民法院排除以非法方法收集的证据的，应当提供涉嫌非法取证的人员、时间、地点、方式、内容等相关线索或者材料。这种证明标准达到“合法性有疑问”的程度即可。

第二，证明责任。

人民检察院应当对证据收集的合法性加以证明。

这种证明应当达到确实、充分的标准，否则法院将认定该证据不合法从而予以排除。

五、法庭处理结果★★★

第一，决定时间。

《严格排除非法证据规定》第 33 条规定，法庭对证据收集的合法性进行调查后，应当当庭作出是否排除有关证据的决定。必要时，可以宣布休庭，由合议庭评议或者提交审判委员会讨论，再次开庭时宣布决定。

在法庭作出是否排除有关证据的决定前，不得对有关证据宣读、质证。

第二，排除情形。

确认存在或者不能排除存在以非法方法收集证据情形的，对有关证据应当予以排除。

第三，排除效果。

对依法予以排除的证据，不得宣读、质证，不得作为判决的根据。

第四，裁判结果。

《严格排除非法证据规定》第 35 条规定，人民法院排除非法证据后，案件事实清楚，证据确实、充分，依据法律认定被告人有罪的，应当作出有罪判决；证据不足，不能认定被告人有罪的，应当作出证据不足、指控的犯罪不能成立的无罪判决；案件部分事实清楚，证据确实、充分的，依法认定该部分事实。

第五，裁判文书。

《严格排除非法证据规定》第 36 条规定，人民法院对证据收集合法性的审查、调查结论，应当在裁判文书中写明，并说明理由。

六、二审法院对证据合法性审查★★

第一，审查情形。

《刑诉解释》第 138 条规定，具有下列情形之一的，第二审人民法院应当对证据收集的合法性进行审查，并根据刑事诉讼法和本解释的有关规定作出处理：① 第一审人民法院对当事人及其辩护人、诉讼代理人排除非法证据的申请没有审查，且以该证据作为定案依据的；② 人民检察院或者被告人、自诉人及其法定代理人不服第一审人民法院作出的有关证据收集合法性的调查结论，提出抗诉、上诉的；③ 当事人及其辩护人、诉讼代理人在第一审结束后才发现相关线索或者材料，申请人民法院排除非法证据的。

第二，审查程序。

《严格排除非法证据规定》第 39 条规定，第二审人民法院对证据收集合法性的调查，参照上述第一审程序的规定。

第三，审查结果。

《严格排除非法证据规定》第 40 条规定，第一审人民法院对被告人及其辩护人排除非法证据的申请未予审查，并以有关证据作为定案根据，可能影响公正审判的，第二审人民法院可以裁定撤销原判，发回原审人民法院重新审判。

第一审人民法院对依法应当排除的非法证据未予排除的，第二审人民法院可以依法排除非法证据。排除非法证据后，原判决认定事实和适用法律正确、量刑适当的，应当裁定驳回上诉或者抗诉，维持原判；原判决认定事实没有错误，但适用法律有错误，或者量刑不当的，应当改判；原判决事实不清楚或者证据不足的，可以裁定撤销原判，发回原审人民法院重新审判。

案例阅读

2011年9月，被告人章国锡被宁波市鄞州区检察院指控受贿7.6万元，一审时，宁波鄞州区人民法院援引最高人民法院、最高人民检察院、公安部、国家安全部、司法部《关于办理刑事案件排除非法证据若干问题的规定》（以下简称《排除非法证据规定》），认为检察机关提交的证据不足以证明其在审判前获取被告人有罪供述的合法性，将其中7万元的指控予以排除，最终只认定6 000元，判被告犯受贿罪，免予刑事处罚。这是2010年7月1日《排除非法证据规定》出台后，全国首例适用《排除非法证据规定》，将侦查机关对被告人的指控证据依法予以合理排除的刑事案件。此前，全国各地法院在审理中启动非法证据排除程序的案例不在少数，包括轰动一时的李庄案，都曾启动非法证据排除程序，但在这些案件中，法院均最终认定检察机关取证程序合法。章国锡案一审后，检察机关当即提起抗诉，被告也提起无罪上诉。章国锡案的一审判决，首次使得非法证据排除这一“写在纸面上的法律”走上司法实践，即便是宁波中院的二审结果，也对这一“原审因公诉机关提供的证据不足以证明被告人审判前有罪供述取得的合法性，作出被告人章国锡审判前有罪供述不能作为定案根据”的结论进行了合法性认定。尽管最终判决出现大逆转（经过刑期折抵，章国锡所面临的仍将是一年多的刑期），在实体正义层面并未延续一审结果，但本案一审中对非法证据排除规则的适用，依然值得重视。

7.6.2 自白任意规则

自白任意规则又称非任意自白排除规则，是指在刑事诉讼中，只有基于被追诉人自由意志而作出的自白（即承认有罪的供述）才具有可采性的规则。违背当事人意愿或违反法定程序而强制作出的供述不是自白，而是逼供，不具有可采性，必须予以排除。

《刑事诉讼法》第52条规定，严禁以刑讯逼供和以威胁、引诱、欺骗以及其他非法方法收集证据，不得强迫任何人证实自己有罪。从法律规定来看，我国已经基本确立了自白任意规则。

延伸阅读

2012 年修正的《刑事诉讼法》第 50 条就规定，严禁刑讯逼供和以威胁、引诱、欺骗以及其他非法方法收集证据，不得强迫任何人证实自己有罪。当时有人乐观地认为，这一条款已接近国际上的沉默权制度。不过，从这几年我国刑事司法实践来看，“不得强迫自证其罪”推行起来并不顺畅，更不可等同于国际上的沉默权制度。在理论上，沉默权与不得强迫自证其罪两者的权利蕴含也有所不同。沉默权是以否定一切陈述义务为前提的，它意味着犯罪嫌疑人、被告人有权拒绝回答一切提问，还可以决定不为自己作证或者辩解，而且无须说明任何理由；而不得强迫自证其罪的权利是以有部分陈述或作证义务为前提的，如有些国家就规定被告人对自己的姓名、地址不能沉默不言。在某种意义上可以说，不得强迫自证其罪是一个总体的司法原则，而沉默权是实现这个原则的一种具体路径和方法。

7.6.3 传闻证据规则

传闻证据规则也称传闻证据排除规则，即法律排除传闻证据作为认定犯罪事实的根据的规则。

所谓传闻证据，主要包括两种形式：（1）书面传闻证据，即亲身感受案件事实的证人在庭审期日之外所作的书面证人证言，即警察、检察人员所作的（证人）询问笔录；（2）言词传闻证据，即证人并非就自己亲身感知的事实作证，而是向法庭转述他从别人那里听到的情况。

《刑事诉讼法》第 61 条规定，证人证言必须在法庭上经过公诉人、被害人和被告人、辩护人双方质证并且查实以后，才能作为定案的根据。这从原则上确认了证人应该出庭作证的规则，如果证人不出庭而只提交书面陈述的，该书面陈述应视为不具有证据能力。

同时，根据《刑事诉讼法》第 195 条的规定，对未到庭的证人的证言笔录、鉴定人的鉴定意见、勘验笔录和其他作为证据的文书，应当当庭宣读。该规定表明，立法上允许一部分证人可以不出庭作证。由此可见，我国现行立法并没有明确规定传闻证据排除规则，只是部分体现了该规则的精神。

7.6.4 意见证据规则

意见证据规则是指证人只能陈述自己亲身感受和经历的事实，而不得陈述对该事实的意见或者结论的规则。

《刑诉解释》第 88 条第 2 款规定，证人的猜测性、评论性、推断性的证言，不得作为证据使用，但根据一般生活经验判断符合事实的除外。

意见证据规则只约束证人，不适用于鉴定人。鉴定意见是一种独立的证据种类，作为某一方面专家的鉴定人的意见可以作为诉讼中的证据。

注意：证人不能发表猜测性、评论性、推断性的证言，但是鉴定人可以发表自己的专业意见。

7.6.5 补强证据规则

补强证据规则是指为了防止误认事实或发生其他危险性，在运用某些证明力明显薄弱的证据认定案情时，必须有其他证据补强其证明力，才能被法庭采信为定案根据的规则。

所谓补强证据，是指用以增强另一证据证明力的证据。一开始收集到的对证实案情有重要意义的证据，称之为“主证据”；用以印证该证据真实性的其他证据，就称之为“补强证据”。补强证据必须满足以下条件：

（1）补强证据必须具有证据能力。

（2）补强证据本身必须具有担保补强对象真实的能力。

（3）补强证据必须具有独立的来源。

7.6.6 最佳证据规则

最佳证据规则又称原始证据规则，是指以文字、符号、图形等方式记载的内容来证明案情时，原件才是最佳证据。该规则要求书证的提供者应尽量提供原件；如果提供副本、抄本、影印本等非原始材料，则必须提供充足理由加以说明，否则，该书证不具有可采性。

《刑诉解释》第 84 条规定，据以定案的书证应当是原件。取得原件确有困难的，可以使用副本、复制件。对书证的更改或者更改迹象不能作出合理解释，或者书证的副本、复制件不能反映原件及其内容的，不得作为定案的根据。书证的副本、复制件，经与原件核对无误、经鉴定为真实或者以其他方式确认为真实的，可以作为定案的根据。该规定体现了最佳证据规则的精神。

7.6.7 关联性规则

关联性规则是指只有与案件事实有关的材料才能作为证据使用。关联性是证据被采纳的首要条件。没有关联性的证据不具有可采性，但具有关联性的证据未必都具有可采性。

不具有关联性的证据如下：

（1）品格证据。

一个人的品格或者品格特征的证据，在证明这个人于特定环境下实施了与此品格相一致的行为问题上不具有关联性。

（2）类似行为。

被告人在其他场合的某一行为与他在当前场合的类似行为通常没有关联性。

（3）特定的诉讼行为。

例如，曾作有罪答辩后来又撤回等，不得作为不利于被告人的证据采纳。

（4）特定的事实行为。

例如，出租车司机将受害人送医的事实，一般情况下不得作为行为人对该事实负有责任的证据加以采用。

（5）被害人过去的行为。

例如，在性犯罪案件中，有关受害人过去性行为方面的名声或评价的证据，一律不予采纳。

7.7　刑事诉讼证明

刑事诉讼证明是指国家公诉机关和诉讼当事人在法庭审理中依照法律规定的程序和要求向审判机关提出证据，运用证据阐明系争事实，论证诉讼主张成立的活动。

7.7.1　刑事诉讼证明对象

刑事诉讼的证明对象也称证明客体、待证事实或者要证事实，是指证明主体运用一定的证明方法所要证明的一切法律要件事实。证明对象在诉讼证明活动中居于极其重要的地位，它是诉讼证明活动的起点与归宿。正是因为在观念上首先设定了证明对象的概念，之后才产生了证明主体、证明责任、证明程序等概念。

一、需要证明的对象★★

需要证明的对象是指必须运用证据予以证明的案件事实，主要是指实体法所规定的行为人的行为是否构成犯罪及应当处以何种刑罚的事实。此外，在诉讼中对解决诉讼程序具有法律意义的事实，由于与正确处理案件密切相关，因此也是应当予以证明的事实。

《刑诉解释》第 72 条第 1 款规定，应当运用证据证明的案件事实包括：① 被告人、被害人的身份；② 被指控的犯罪是否存在；③ 被指控的犯罪是否为被告人所实施；④ 被告人有无刑事责任能力，有无罪过，实施犯罪的动机、目的；⑤ 实施犯罪的时间、地点、手段、后果及案件起因等；⑥ 是否系共同犯罪或者犯罪事实存在关联，以及被告人在犯罪中的地位、作用；⑦ 被告人有无从重、从轻、减轻、免除处罚情节；⑧ 有关涉案财物处理的事实；⑨ 有关附带民事诉讼的事实；⑩ 有关管辖、回避、延期审理等的程序事实；⑪ 与定罪量刑有关的其他事实。

从上述规定可知，证明对象主要包括两大类，其中第 1—9、11 项是实体事实，第 10 项为程序事实。

二、免证事实★★

免证事实是指免除控辩双方举证、由法院直接确认的事实。

《高检规则》第 401 条规定了有关免证事实的内容，即在法庭审理中下列事实不必提出证据进行证明：① 为一般人共同知晓的常识性事实；② 人民法院生效裁判所确认的并且未依审判监督程序重新审理的事实；③ 法律、法规的内容及适用等属于审判人员履行职务所应当知晓的事实；④ 在法庭审理中不存在异议的程序事实；⑤ 法律规定的推定事实；⑥ 自然规律或者定律。

7.7.2　刑事诉讼证明责任

一、刑事诉讼证明责任的概念★★

刑事诉讼证明责任是指人民检察院或某些当事人应当承担的收集或提供证据证明应予认定的案件事实或有利于自己的主张的责任，否则，将承担其主张不能成立的后果。

二、刑事诉讼证明责任的特点★★

（1）刑事诉讼证明责任总是与一定的诉讼主张相联系。

（2）刑事诉讼证明责任是提供证据责任和说服责任的统一。

（3）刑事诉讼证明责任总是和一定的不利的诉讼后果相联系的。

三、刑事诉讼证明责任的分配★★★

《刑事诉讼法》第 51 条规定，公诉案件中被告人有罪的举证责任由人民检察院承担，自诉案件中被告人有罪的举证责任由自诉人承担。

第一，控方。

（1）公诉案件：检察院承担证明犯罪嫌疑人、被告人有罪的证明责任。

（2）自诉案件：自诉人应对其控诉承担证明责任。

第二，辩方。

一般情况下，被告人不承担证明责任，既不证明自己有罪，也不证明自己无罪。在例外情况下，被告人应当承担提出证据的责任。例如，对于巨额财产来源不明罪，被告人负有说明明显超过合法收入的那部分财产、支出的来源的责任，如果不能说明来源，则以巨额财产来源不明罪论处。但是，证明财产、支出明显超过合法收入、差额巨大这一事实存在的责任，仍然由公诉机关承担。

第三，公安机关与人民法院。

公安机关和人民法院不是证明的主体。公安机关虽然承担主要的侦查任务，协助检察机关行使控诉职能，但是其侦查行为只是为公诉机关的刑事诉讼证明活动做准备，公安机关本身并不是刑事诉讼证明的主体。法院的职责是居中裁断，对诉讼双方当事人的证明活动作出评价，因此法院不是证明主体，在法定情况下依照职权调查证据，是为了审查证据，而不是证明自己的主张。

7.7.3 刑事诉讼的证明标准

刑事诉讼的证明标准是指法律规定的检察机关和当事人运用证据证明案件事实要求所达到的程度。在刑事诉讼的各个诉讼阶段中，由于诉讼行为的不同，以及实体法事实和程序法事实的不同，证明的标准也有所不同。

一、立案时的证明标准★

立案阶段的证明标准相对较低：如果怀疑有犯罪事实存在，且需要追究刑事责任就应立案；反之，如果无犯罪事实存在或者犯罪事实显著轻微，不需要追究刑事责任，就不应立案。

二、逮捕时的证明标准★

逮捕时诉讼证明的要求是有证据证明有犯罪事实。根据《高检规则》第128条第2款的规定，有证据证明有犯罪事实是指同时具备下列情形：

第一，有证据证明发生了犯罪事实。

第二，有证据证明该犯罪事实是犯罪嫌疑人实施的。

第三，证明犯罪嫌疑人实施犯罪行为的证据已经查证属实。

三、侦查终结、提起公诉、作出有罪判决时的证明标准★★

这三个阶段诉讼证明的要求都是犯罪事实清楚、证据确实、证据充分。

第一，事实清楚。

事实清楚即构成犯罪的各种事实情节，或者定罪量刑所依据的各种事实情节，都必须是清楚的、真实的。

第二，证据确实。

证据确实即所有证据都必须经过查证属实，具有真实性和证明力。证据确实是指对定案的证据在质量上的要求：① 据以定案的单个证据，必须经查证属实；② 单个证据与案件事实之间，必须存在客观联系。

第三，证据充分。

证据充分即案件的证明对象都有相应的证据证明其真实可靠，排除其他一切可能性。证据充分是指对定案的证据在数量上的要求：① 证据的数量必须充足，能够组成一个完整的证明体系，所有属于犯罪构成要件及量刑情节的事实均有相应证据加以证明，不存在任何一环的脱漏；② 证据在总体上已足以对所要证明的案件事实得出确定无疑的结论，即排除其他一切可能性的、唯一的结论。

四、事实不清、证据不足的处理★★★

第一，疑罪从无。

所谓疑罪，是指虽有相当的证据说明犯罪嫌疑人、被告人有犯罪嫌疑，但全案证据尚未达到确实、充分的要求，不能确定无疑地作出犯罪嫌疑人、被告人犯罪的结论。疑罪从无具体体现在以下方面：（1）根据《刑事诉讼法》第 175 条第 4 款的规定，人民检察院在审查起诉阶段，经过 2 次补充侦查，仍然认为证据不足，不符合起诉条件的，应当作出不起诉决定。（2）根据《刑事诉讼法》第 200 条第 3 项的规定，人民法院在审判阶段，合议庭对证据不足、不能认定被告有罪的，应当作出证据不足、指控的犯罪不能成立的无罪判决。

第二，疑案从轻。

疑案从轻指定罪证据确实、充分，但影响量刑的证据存疑的，应当在量刑时作出有利于被告人的处理。

最高人民法院《关于建立健全防范刑事冤假错案工作机制的意见》第 6 条规定，定罪证据不足的案件，应当坚持疑罪从无原则，依法宣告被告人无罪，不得降格作出“留有余地”的判决。定罪证据确实、充分，但影响量刑的证据存疑的，应当在量刑时作出有利于被告人的处理。

案例阅读

2006 年 7 月 27 日夜，福建省平潭县澳前村 17 号两户居民家中多人出现中毒症状，其中两人经抢救无效死亡。警方经过侦查，很快确定是人为投入氟乙酸盐鼠药所致，认为其邻居念斌有重大作案嫌疑，于是逮捕并提起公诉。后该案历时 8 年，10 次开庭审判，4 次被判处死刑立即执行。2010 年 10 月最高人民法院以“事实不清、证据不足”发出不核准死刑的裁定书，并撤销原判发回福建省高院重审。2011年5月5日，福建省高院也撤销了福州市中级人民法院对念斌的死刑判决，该案件发回福州中院重新审判。2011年9月7日，该案在福州市中级人民法院再次开庭审理，福州市中级人民法院再次对念斌判处死刑，剥夺政治权利终身。2014年8月22日，福建省高级人民法院作出终审判决：一、撤销福州市中级人民法院（2011）榕刑初字第104号刑事附带民事判决。二、上诉人念斌无罪。三、上诉人念斌不承担民事赔偿责任。

2014年9月，平潭县公安局对念斌重新立案侦查。11月，念斌曾两次因“犯罪嫌疑人”的身份办理护照遭拒。他向福州市人民政府申请行政复议遭官方拒绝。2014年12月26日上午，念斌向福建省检察院提交控告书。2015年2月15日，福州市中级人民法院决定先支付赔偿请求人念斌人身自由损害赔偿金58.9万元，精神损害抚慰金55万元。2017年5月，念斌向公安申请412万国家赔偿。2017年5月26日，福建省高院赔偿委员会就该案进行开庭质证，质疑了念斌此前所做的司法鉴定报告，认为念斌没有伤残。此后，念斌申请再次开庭并请求鉴定人出庭，福建省高院未对念斌提出的再次开庭的申请作出回应。

【课后阅读】

［1］［美］麦考密克：《麦考密克论证据》，汤维建，等译，北京：中国政法大学出版社，2003年。

［2］陈瑞华：《刑事证据法（第三版）》，北京：北京大学出版社，2018年。

［3］张保生：《证据科学论纲》，北京：经济科学出版社，2019年。

［4］吴洪淇：《证据法体系化的法理阐释》，《法学研究》，2019年第5期。

［5］胡铭：《电子数据在刑事证据体系中的定位与审查判断规则——基于网络假货犯罪案件裁判文书的分析》，《法学研究》，2019年第2期。

［6］冯俊伟：《刑事证据分布理论及其运用》，《法学研究》，2019年第4期。

［7］王超：《中国刑事证据法学研究的回顾与转型升级》，《法学评论》，2019年第3期。

［8］施鹏鹏：《刑事裁判中的自由心证——论中国刑事证明体系的变革》，《政法论坛》，2018年第4期。

[9] 张栋：《中国刑事证据制度体系的优化》，《中国社会科学》，2015 年第 7 期。

[10] 何家弘，马丽莎：《证据“属性”的学理重述——兼与张保生教授商榷》，《清华法学》，2020 年第 4 期。

第 8 章　强制措施

本章思维导图 <<<

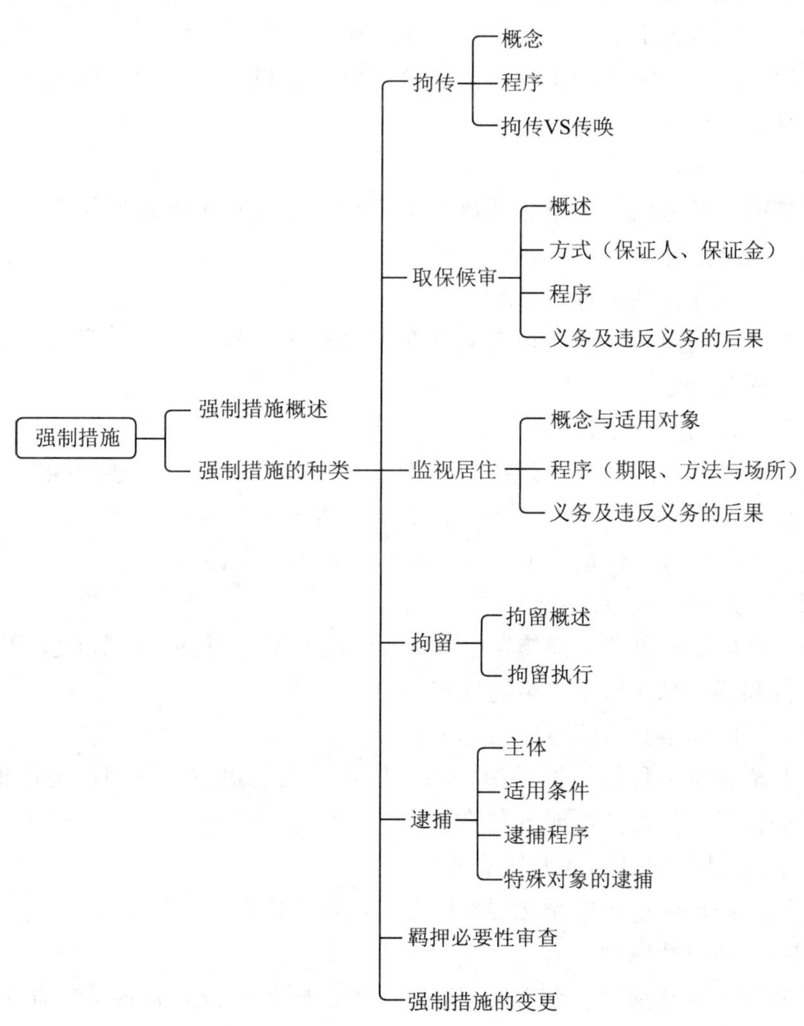

8.1　强制措施概述

一、强制措施的概念★

刑事诉讼的强制措施是指公安机关、人民检察院和人民法院为了保证刑事诉讼的顺利进行，依法对刑事案件的犯罪嫌疑人、被告人的人身自由进行限制或者剥夺的各种强制性方法。

《刑事诉讼法》规定了5种强制措施，按照强制程度的轻重顺序排列依次为拘传、取保候审、监视居住、拘留、逮捕。其中前三项是限制人身自由的强制措施，后两项是剥夺人身自由的强制措施。

二、强制措施的特点★★

第一，主体特定。

有权适用强制措施的主体只能是公、检、法机关，其他任何机关、团体或个人都无权采取。

第二，对象唯一。

强制措施的适用对象是犯罪嫌疑人、被告人，对于诉讼参与人和案外人不得采用强制措施。

第三，剥夺权利具有人身性。

强制措施的内容是限制或者剥夺犯罪嫌疑人、被告人的人身自由，不包括对物的强制处分。

第四，目的具有预防性。

强制措施的性质是预防性措施，而不是惩戒性措施，即适用强制措施的目的是保证刑事诉讼的顺利进行，防止犯罪嫌疑人、被告人逃避侦查、起诉和审判，进行毁灭、伪造证据，继续犯罪等妨害刑事诉讼的行为。

第五，适用上具有法定性。

强制措施是一种法定措施，《刑事诉讼法》对各种强制措施的适用机关、适用条件和程序都进行了严格的规定。

第六，时间上具有临时性。

强制措施是一种临时性措施，随着刑事诉讼的进程，强制措施可根据案件的进展情况而予以变更或者解除。

三、适用强制措施的原则★★

适用强制措施应当遵循必要性原则、比例原则和变更性原则。

第一，必要性原则。

必要性原则是指只有在为保证刑事诉讼的顺利进行而有必要时方能采取，

若无必要，不得随意适用强制措施。

第二，比例原则。

比例原则是指适用何种强制措施，应当与犯罪嫌疑人、被告人的人身危险性程度和涉嫌犯罪的轻重程度相适应。

第三，变更性原则。

变更性原则是指强制措施的适用，需要随着诉讼的进展，犯罪嫌疑人、被告人及案件情况的变化而及时变更或解除。

四、适用强制措施应当考虑的因素★

由于强制措施涉及宪法所保障的公民的人身自由权，因此其适用必须慎重。适用强制措施应当遵循必要性原则、比例原则和变更性原则。除遵循上述3项原则外，适用强制措施还要全面考虑一系列的因素：

第一，犯罪嫌疑人、被告人所实施的行为性质和社会危害性大小。

第二，犯罪嫌疑人、被告人是否有逃避侦查、起诉、审判的可能性及可能性大小。

第三，公安司法机关对案件事实的调查情况和对案件证据的掌握情况。

第四，犯罪嫌疑人、被告人的个人情况。

五、扭送与强制措施★

扭送是指公民将具有法定情形的人立即送交公、检、法机关处理的行为。根据《刑事诉讼法》第84条的规定，对于有下列情形的人，任何公民都可以立即扭送公安机关、人民检察院或者人民法院处理：① 正在实行犯罪或者在犯罪后即时被发觉的；② 通缉在案的；③ 越狱逃跑的；④ 正在被追捕的。公民扭送并不是《刑事诉讼法》规定的一种强制措施，而只是配合公安司法机关采取强制措施的一种辅助手段，因为其实施主体是任何公民，而不是专门机关。

8.2　拘传

一、拘传的概念★

拘传是指公安机关、人民检察院和人民法院对未被羁押的犯罪嫌疑人、被告人，依法强制其到案接受讯问的一种强制措施。拘传是我国刑事诉讼强制措施体系中最轻的一种。

二、拘传的程序★★

第一，拘传的对象。

拘传的对象只能适用于未被羁押的犯罪嫌疑人、被告人，对于已经被拘留、逮捕的犯罪嫌疑人，可以直接进行讯问，不需要经过拘传程序。

第二，拘传的主体。

（1）决定机关：有权决定适用拘传的机关包括公安机关、人民检察院和人民法院。

其他行使侦查权的机关也有权决定适用拘传的强制措施，如国家安全机关、军队保卫部门等。

（2）执行机关：人民法院、人民检察院和公安机关都有执行拘传的权力。

所有强制措施中，能由公、检、法三机关执行的只有拘传。其他都只能由公安机关执行。

第三，拘传程序。

（1）时间：传唤、拘传持续的时间不得超过 12 小时；案情特别重大、复杂，需要采取拘留、逮捕措施的，传唤、拘传持续的时间不得超过 24 小时。

（2）地点：拘传犯罪嫌疑人，应当在犯罪嫌疑人所在市、县内的地点进行。

（3）人数：执行拘传时，执行人员不得少于 2 人。

（4）手续：执行拘传时，应当出示拘传证。拘传必须出示拘传证，没有例外情况。

（5）讯问：根据《高检规则》第 83 条第 1 款的规定，拘传的时间从犯罪嫌疑人到案时开始计算。犯罪嫌疑人到案后，应当责令其在拘传证上填写到案时间，签名或者盖章，并捺指印，然后立即讯问。拘传结束后，应当责令犯罪嫌疑人在拘传证上填写拘传结束时间。犯罪嫌疑人拒绝填写的，应当在拘传证上注明。

三、拘传与传唤的区别★★

在刑事诉讼中，拘传和传唤虽然都要求犯罪嫌疑人、被告人到案接受讯问，但二者是性质不同的诉讼行为。

第一，对象不同。

拘传的对象是未被羁押的犯罪嫌疑人、被告人。传唤适用的是所有当事人。

第二，强度不同。

拘传具有强制性，是强制措施。传唤不具有强制性。

第三，文书不同。

拘传时必须出示拘传证，传唤出示传唤通知书。

《刑事诉讼法》第 119 条第 1 款规定，对在现场发现的犯罪嫌疑人，经出示工作证件，可以口头传唤，但应当在讯问笔录中注明。

注意：传唤并非拘传的必经程序，可以不经传唤，直接拘传犯罪嫌疑人、被告人（与民事诉讼有所区别）。

8.3 取保候审

8.3.1 取保候审概述

一、取保候审的概念★

取保候审是指在刑事诉讼过程中，公安机关、人民检察院、人民法院责令犯罪嫌疑人、被告人提出保证人或者交纳保证金，保证犯罪嫌疑人、被告人不逃避或妨碍侦查、起诉和审判，并随传随到的一种强制措施。

二、适用主体★★

第一，决定机关：公安机关、人民检察院、人民法院。

第二，执行机关：公安机关。

如果涉及危害国家安全的犯罪，由国家安全机关来执行取保候审。

三、适用条件★★

第一，积极条件。

《刑事诉讼法》第67条第1款规定，人民法院、人民检察院和公安机关对有下列情形之一的犯罪嫌疑人、被告人，可以取保候审：① 可能判处管制、拘役或者独立适用附加刑的；② 可能判处有期徒刑以上的刑罚，采取取保候审不致发生社会危险性的；③ 患有严重疾病、生活不能自理，怀孕或者正在哺乳自己婴儿的妇女，采取取保候审不致发生社会危险性的；④ 羁押期限届满，案件尚未办结，需要采取取保候审的。

第二，消极条件。

《公安部规定》第82条规定，对累犯，犯罪集团的主犯，以自伤、自残办法逃避侦查的犯罪嫌疑人，严重暴力犯罪及其他严重犯罪的犯罪嫌疑人不得取保候审，但犯罪嫌疑人具有本规定第81条第1款第3项、第4项规定情形的除外。《公安部规定》第81条第1款内容：公安机关对具有下列情形之一的犯罪嫌疑人，可以取保候审：（一）可能判处管制、拘役或者独立适用附加刑的；（二）可能判处有期徒刑以上的刑罚，采取取保候审不致发生社会危险性的；（三）患有严重疾病、生活不能自理，怀孕或者正在哺乳自己婴儿的妇女，采取取保候审不致发生社会危险性的；（四）羁押期限届满，案件尚未办结，需要继续侦查的。

8.3.2 取保候审的方式

取保候审有两种保证方式：保证人保证方式与保证金保证方式。

对同一犯罪嫌疑人、被告人决定取保候审的，不能同时适用保证人保证和保证金保证。

一、保证人★★

第一，适用情形。

根据《刑诉解释》第 151 条的规定，有下列情形之一的，可以责令其提出 1~2 名保证人：① 无力交纳保证金的；② 未成年或者已满 75 周岁的；③ 不宜收取保证金的其他被告人。

第二，资格条件。

根据《刑事诉讼法》第 69 条的规定，保证人的条件包括：① 与本案无牵连；② 有能力履行保证义务；③ 享有政治权利，人身自由未受到限制；④ 有固定的住处和收入。

第三，义务与责任。

① 监督被保证人遵守《刑事诉讼法》规定的义务；② 发现被保证人可能发生或者已经发生违反《刑事诉讼法》第 71 条规定的行为的，应当及时向执行机关报告。③ 保证人未履行保证义务的，经查证属实后，由县级以上执行机关对保证人处 1 000 元以上 2 万元以下罚款；④ 根据案件事实，认为已经构成犯罪的被告人在取保候审期间逃匿的，如果保证人与该被告人串通，协助其逃匿及明知藏匿地点而拒绝向司法机关提供的，对保证人应当依照《刑法》有关规定追究刑事责任。

二、保证金★★

保证金保证又称财产保，是指公安机关、人民检察院、人民法院责令犯罪嫌疑人、被告人交纳保证金并出具保证书，保证被保证人在取保候审期间履行法定义务和酌定义务，不逃避和妨碍侦查、起诉和审判，并随传随到的保证方式。

第一，收取数额。

保证金应当以人民币交纳，起点额为 1 000 元（未成年人 500 元以上）。保证金的收取数额由取保候审的决定机关来决定。

第二，收取管理。

取保候审保证金由县级以上执行机关统一收取和管理。提供保证金的人应当将保证金存入执行机关指定银行的专门账户。保证金的没收、退还决定，应当由执行机关作出。

第三，考虑因素。

《刑事诉讼法》第72条第1款规定，取保候审的决定机关应当综合考虑保证诉讼活动正常进行的需要，被取保候审人的社会危险性，案件的性质、情节，可能判处刑罚的轻重，被取保候审人的经济状况等情况，确定保证金的数额。

第四，退还程序。

《刑事诉讼法》第73条规定，犯罪嫌疑人、被告人在取保候审期间未违反《刑事诉讼法》第71条规定的，取保候审结束的时候，凭解除取保候审的通知或者有关法律文书到银行领取退还的保证金。

第五，没收程序。

人民法院发现使用保证金保证的被取保候审人违反规定的，应当提出没收部分或者全部保证金的书面意见，连同有关材料一并送交负责执行的公安机关处理。决定没收5万元以上保证金的，应当经设区的市一级以上公安机关负责人批准。

取保候审期间涉嫌重新犯罪被公安司法机关立案侦查的，执行机关应当暂扣其保证金，待人民法院判决生效后，决定是否没收。对故意重新犯罪的，应当没收保证金；对过失重新犯罪或者不构成犯罪的，应当退还保证金。

案例阅读

陕西省白河县一男子张某某曾因涉嫌危险驾驶罪被取保候审。在被取保候审期间，张某明知故犯，再次驾驶机动车，违反取保候审相关规定，1万元保证金被没收。2019年1月5日，根据“百日安全行动”安排部署，白河县公安局交警大队民警在城关镇清风路开展专项整治行动，张某某驾驶一辆无牌二轮摩托车途经此处，被民警拦停进行例行检查。执勤民警发现驾驶人张某某曾于2018年9月醉酒后驾驶机动车被查获，通过询问和网上查询证实，2018年10月19日驾驶人张某某因涉嫌危险驾驶罪被白河县公安局刑事拘留后，缴纳1万元保证金取保候审，现取保候审在居住地。根据《中华人民共和国刑事诉讼法》第71条的规定，被取保候审人张某某违反取保候审规定，从事驾驶机动车活动，对张某某被取保候审期间缴纳的保证金1万元予以没收。

8.3.3 取保候审的程序

一、取保候审的启动★

第一，依职权：公、检、法机关根据案件具体情况，可以直接主动地决定取保候审。

第二，依申请：被羁押的犯罪嫌疑人、被告人及其法定代理人、近亲属、辩护人、值班律师有权申请取保候审。

二、取保候审的期限★

第一，取保候审的期限最长不超过 12 个月。

第二，被取保候审人违反《刑事诉讼法》第 71 条的规定，被依法没收保证金后，人民检察院或者人民法院仍决定对其取保候审的，取保候审的期限应当连续计算。

第三，公安机关已经对犯罪嫌疑人采取取保候审的，案件移交到人民检察院后，以及人民检察院、公安机关已对犯罪嫌疑人取保候审，案件起诉到人民法院后，办案机关对于符合取保候审条件的，应当依法对被告人重新办理取保候审，取保候审的期限重新计算。

8.3.4　被取保候审人的义务与违反义务的后果

一、被取保候审人的义务★★

《刑事诉讼法》第 71 条规定了被取保候审的犯罪嫌疑人、被告人应当遵守的义务，进一步细分为法定义务与酌定义务。

第一，法定义务。

被取保候审的犯罪嫌疑人、被告人应当遵守以下规定：① 未经执行机关批准不得离开所居住的市、县；② 住址、工作单位和联系方式发生变动的，在 24 小时以内向执行机关报告；③ 在传讯的时候及时到案；④ 不得以任何形式干扰证人作证；⑤ 不得毁灭、伪造证据或者串供。

第二，酌定义务。

人民法院、人民检察院和公安机关根据案件情况，责令被取保候审的犯罪嫌疑人、被告人遵守以下一项或者多项规定：① 不得进入特定的场所；② 不得与特定人员会见或者通信；③ 不得从事特定的活动；④ 将护照等出入境证件、驾驶证件交执行机关保存。

二、违反取保候审义务的后果★★

被取保候审的犯罪嫌疑人、被告人违反上述义务，已交纳保证金的，没收部分或者全部保证金，并且区别情形，责令犯罪嫌疑人、被告人具结悔过，重新交纳保证金、提出保证人，或者监视居住、予以逮捕。对违反取保候审规定，需要予以逮捕的，可以对犯罪嫌疑人、被告人先行拘留。

对于人民法院和人民检察院决定的取保候审，如果发现犯罪嫌疑人、被告人在取保候审期间有违反上述法定义务和酌定义务的行为，执行取保候审的县级公安机关应当及时通知作出取保候审决定的人民法院和人民检察院。

8.4 监视居住

8.4.1 监视居住概述

一、监视居住的概念★

监视居住是指公安机关、人民检察院、人民法院在刑事诉讼过程中责令犯罪嫌疑人、被告人在一定期限内不得离开指定的区域，并对其活动予以监视和控制的一种强制措施。

二、监视居住的适用主体★

第一，决定机关。公安机关（国家安全机关）、人民检察院、人民法院。

第二，执行机关。公安机关（国家安全机关）。

如涉及危害国家安全的犯罪，由国家安全机关来执行监视居住。

三、监视居住的适用情形★★

第一，替代逮捕。

《刑事诉讼法》第 74 条第 1 款规定，人民法院、人民检察院和公安机关对符合逮捕条件，有下列情形之一的犯罪嫌疑人、被告人，可以监视居住：

（1）患有严重疾病、生活不能自理的。

（2）怀孕或者正在哺乳自己婴儿的妇女。

（3）系生活不能自理的人的唯一抚养人。

（4）因为案件的特殊情况或者办理案件的需要，采取监视居住措施更为适宜的。

（5）羁押期限届满，案件尚未办结，需要采取监视居住措施的。

第二，替代取保候审。

《刑事诉讼法》第 74 条第 2 款规定，对符合取保候审条件，但犯罪嫌疑人、被告人不能提出保证人，也不交纳保证金的，可以监视居住。

8.4.2 监视居住的适用程序

一、监视居住的期限★★

监视居住的期限最长不超过 6 个月，在此期限内不得中断对案件的侦查、起诉和审理。

公安机关已经对犯罪嫌疑人采取监视居住的，案件移交到人民检察院后，以及人民检察院、公安机关已对犯罪嫌疑人监视居住，案件起诉到人民法院后，办案机关对于符合监视居住条件的，应当依法对被告人重新办理监视居住手续。监视居住的期限重新计算。

二、监视居住的方法★★

《刑事诉讼法》第 78 条规定，执行机关对被监视居住的犯罪嫌疑人、被告人，可以采取电子监控、不定期检查等监视方法对其遵守监视居住规定的情况进行监督；在侦查期间，可以对被监视居住的犯罪嫌疑人的通信进行监控。

三、监视居住的场所★★

根据《刑事诉讼法》第 75 条第 1 款的规定，监视居住应当在犯罪嫌疑人、被告人的住处执行；无固定住处的，可以在指定的居所执行。对于涉嫌危害国家安全犯罪、恐怖活动犯罪，在住处执行可能有碍侦查的，经上一级公安机关批准，也可以在指定的居所执行。但是，不得在羁押场所、专门的办案场所执行。

根据上述条文可知，监视居住分为下列两种情形：

第一，住处监视。

一般都在住处。

第二，指定居所。

（1）犯罪嫌疑人、被告人无固定住处的，可以在指定的居所执行。

（2）对于涉嫌危害国家安全犯罪、恐怖活动犯罪，在住处执行可能有碍侦查的，经上一级公安机关批准，也可以在指定的居所执行。

注意："危害国家安全犯罪、恐怖活动犯罪"，只有当在其住处执行可能有碍侦查的时候，才"可以"（非必须）在指定的居所执行。

四、监视居住的解除★★

第一，依职权。

监视居住期限届满或者发现不应追究犯罪嫌疑人、被告人刑事责任的，应当及时解除监视居住。解除监视居住的，应当由办案人员提出意见，报部门负责人审核，最后由公安机关负责人、人民检察院检察长或者人民法院院长决定。解除监视居住的决定，应当及时通知执行机关，并将解除或撤销监视居住的决定书送达犯罪嫌疑人、被告人。

第二，依申请。

犯罪嫌疑人、被告人及其法定代理人、近亲属或者辩护人认为监视居住期限届满或不应继续监视居住的，有权向人民法院、人民检察院、公安机关提出申请，要求解除监视居住。人民法院、人民检察院和公安机关收到申请后，应当在 3 日以内作出决定。不同意解除或变更的，应当告知申请人，并说明不同意的理由。

8.4.3 被监视居住人的义务及违反义务的后果

一、被监视居住人的义务★★

根据《刑事诉讼法》第 77 条第 1 款的规定，被监视居住的犯罪嫌疑人、被告人应当遵守以下规定：

第一，未经执行机关批准不得离开执行监视居住的处所（区别取保候审）。

第二，未经执行机关批准不得会见他人或者通信（区别取保候审）。

第三，在传讯的时候及时到案（同取保候审）。

第四，不得以任何形式干扰证人作证（同取保候审）。

第五，不得毁灭、伪造证据或者串供（同取保候审）。

第六，将护照等出入境证件、身份证件、驾驶证件交执行机关保存（区别取保候审）。

二、违反监视居住义务的后果★★

被监视居住的犯罪嫌疑人、被告人违反监视居住规定，情节严重的，可以予以逮捕；需要予以逮捕的，可以对犯罪嫌疑人、被告人先行拘留。

8.5 拘留

8.5.1 拘留概述

一、拘留的概念★

拘留是指公安机关、人民检察院等侦查机关对直接受理的案件，在侦查过程中，遇到紧急情况，依法临时剥夺某些现行犯或者重大嫌疑分子的人身自由的一种强制措施。拘留证见图 8-1。

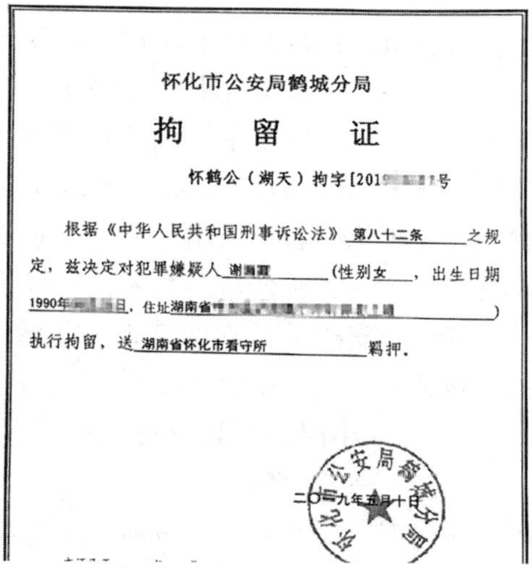

二、拘留的情形★★

第一，公安机关。

《刑事诉讼法》第 82 条规定，公安机关对于现行犯或者重大嫌疑分子，如果有下列情形之一的，可以先行拘留：① 正在预备犯罪、实行犯罪或者在犯罪后即时被发觉的；② 被害人或者在场亲眼看见的人指认他犯罪的；③ 在身边或者住处发现有犯罪证

怀化市公安局鹤城分局

拘 留 证

怀鹤公（湖天）拘字[201 号

根据《中华人民共和国刑事诉讼法》第八十二条 之规定，兹决定对犯罪嫌疑人谢 （性别女，出生日期1990年 日，住址湖南省 ）执行拘留，送湖南省怀化市看守所羁押。

二〇一九年五月十日

怀化市公安局鹤城分局

图 8-1 拘留证

据的；④ 犯罪后企图自杀、逃跑或者在逃的；⑤ 有毁灭、伪造证据或者串供可能的；⑥ 不讲真实姓名、住址，身份不明的（指其本人拒不说明其姓名、住址、职业等基本情况的）；⑦ 有流窜作案、多次作案、结伙作案重大嫌疑的。

第二，检察院。

根据《高检规则》第121条规定，人民检察院对于具有下列情形之一的犯罪嫌疑人，可以决定拘留：① 犯罪后企图自杀、逃跑或者在逃的；② 有毁灭、伪造证据或者串供可能的。

三、拘留的主体★★

第一，决定机关。

公安机关和人民检察院都有权对符合法定情形的现行犯或重大嫌疑分子作出拘留的决定。

注意：人民法院不能决定刑事拘留，但人民法院可以决定司法拘留。

第二，执行机关。

拘留只能由公安机关（国家安全机关）执行。人民检察院有拘留的决定权，但是没有拘留的执行权。

8.5.2 拘留的程序

一、文书要求★

公安机关执行拘留的时候，必须出示拘留证。拘留证由县级以上公安机关负责人签发；检察院不签发拘留证。《公安部规定》第125条规定，拘留犯罪嫌疑人，应当填写呈请拘留报告书，经县级以上公安机关负责人批准，制作拘留证。执行拘留时，必须出示拘留证，并责令被拘留人在拘留证上签名、捺指印，拒绝签名、捺指印的，侦查人员应当注明。紧急情况下，对于符合本规定第124条所列情形之一的，经出示人民警察证，可以将犯罪嫌疑人口头传唤至公安机关后立即审查，办理法律手续。可见，特殊情形下也可能先拘留再补办手续。

二、24小时必经程序★★★

第一，送看守所。

拘留后，应当立即将被拘留人送看守所羁押，至迟不得超过24小时。

第二，通知家属。

除无法通知或者涉嫌危害国家安全犯罪、恐怖活动犯罪通知可能有碍侦查的情形以外，应当在拘留后24小时以内通知被拘留人的家属。

第三，开始讯问。

公安机关或者人民检察院对于各自立案侦查的案件中被拘留的人，应当在拘留后的24小时以内进行讯问。在发现不应当拘留的时候，必须立即释放，并发给释放证明。

三、异地拘留★

公安机关在异地执行拘留、逮捕的时候，应当通知被拘留、逮捕人所在地的公安机关，被拘留、逮捕人所在地的公安机关应当予以配合。

四、拘留的期限★★★

第一，公安机关立案侦查的案件。

（1）一般案件，应当在拘留后的3日以内提请人民检察院审查批捕。在特殊情况下，可以延长1~4日。人民检察院应当自接到公安机关提请批准逮捕书后的7日以内作出批准逮捕或者不批准逮捕的决定。在这种情况下，拘留后的最长羁押期限是14日。此情形可概括为：一般为3天加上7天等于10天；特殊为7天加上7天等于14天。

（2）对于流窜作案、多次作案、结伙作案的重大嫌疑分子，提请审查批捕的时间可以延长至30日。人民检察院应当自接到公安机关提请批准逮捕书后的7日以内作出批准逮捕或者不批准逮捕的决定。在这种情况下，拘留后的最长羁押期限是37日。此情形可概括为30天加上7天等于37天。

第二，检察院直接受理的案件。

根据《高检规则》第126条的规定，人民检察院直接受理侦查的案件，拘留犯罪嫌疑人的羁押期限为14日，特殊情况下可以延长1日至3日（即最多17天）。此情形可概括为：一般为7天加上7天等于14天；特殊为7天加上10天等于17天。

第三，监委移送的案件。

根据《刑事诉讼法》第170条第2款的规定，对于监察机关移送起诉的已采取留置措施的案件，人民检察院应当对犯罪嫌疑人先行拘留，留置措施自动解除。人民检察院应当在拘留后的10日以内作出是否逮捕、取保候审或者监视居住的决定。在特殊情况下，决定的时间可以延长1日至4日。人民检察院决定采取强制措施的期间不计入审查起诉期限（即最多14天）。

五、拘留的后续程序★★★

第一，逮捕。

需要逮捕的，在拘留期限内，依法办理提请批准逮捕手续。

第二，变更。

（1）应当追究刑事责任，但不需要逮捕的，依法直接向人民检察院移送审查起诉，或者依法办理取保候审或者监视居住手续后，向人民检察院移送审查起诉。

（2）拘留期限届满，案件尚未办结，需要继续侦查的，依法办理取保候审或者监视居住手续。

第三，释放。

具有不需要追究刑事责任的情形之一的，释放被拘留人，发给释放证明书；需要行政处理的，依法予以处理或者移送有关部门。

案例阅读

距离2021年7月31日“平安北京朝阳”发布通报称吴某凡（男，30岁，加拿大籍）因涉嫌强奸罪被刑事拘留的消息才过去16天，北京朝阳检方就对犯罪嫌疑人吴某凡以涉嫌强奸罪批准逮捕。（早前报道《北京朝阳检方：吴某凡以涉嫌强奸罪被批准逮捕》）。刑事拘留最长期限是37天，司法实践中拘留一段时间后如果发现其确有犯罪就提请检察院批准逮捕，这37天也被称为刑事辩护的黄金时间，按照法律规定吴某凡已经有权委托辩护律师为其进行辩护，无论其是否有罪，对于律师和警方而言，这段时间都是非常宝贵的时间。刑事拘留是个短期的强制措施，公安机关在侦查过程中，会把犯罪事实证据充分的，报请检察院逮捕。检察官在审查犯罪事实和证据后，认为嫌疑人确实构成犯罪，可能判处有期徒刑以上刑罚的，且社会危险性比较大，有逮捕的必要性，符合逮捕的条件，便会作出批准逮捕的决定。吴某凡虽然现在已被批捕，但到他被提起公诉乃至宣判还需要一段比较长的周期，一般来说，办案周期至少需要3个月到半年。现实中，这类案件如涉及被害人较多，办案时间会更长，可能需要半年到一年。

8.6 逮捕

8.6.1 逮捕概述

一、逮捕的概念★

逮捕是指公安机关、人民检察院和人民法院为了防止犯罪嫌疑人或者被告人实施妨碍刑事诉讼的行为，逃避侦查、起诉、审判或者发生有社会危险性的行为，而依法暂时剥夺其人身自由的一种强制措施。逮捕是刑事诉讼强制措施中最严厉的一种，见图8-2。

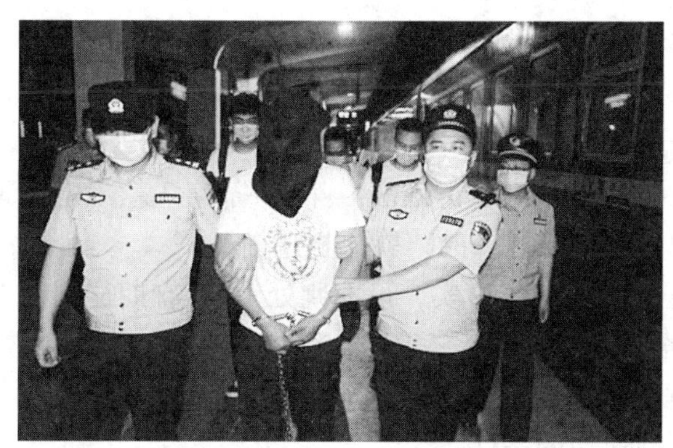

图 8-2　逮捕现场

二、逮捕的主体★★

逮捕犯罪嫌疑人、被告人，必须经过人民检察院批准或者人民法院决定，由公安机关执行。所以，逮捕的主体与权力涉及以下几个方面。

第一，人民检察院。

对于公安移送要求审查批准逮捕的案件，人民检察院有批准权。人民检察院在侦查及审查起诉中，认为应予逮捕的，有权自行决定。

第二，人民法院。

（1）对于直接受理的自诉案件，认为需要逮捕被告人时，由办案人员提交人民法院院长决定，对于重大、疑难、复杂案件的被告人的逮捕，提交审判委员会讨论决定；（2）对于检察机关提起公诉时未予逮捕的被告人，人民法院认为符合逮捕条件应予逮捕的，也可以决定逮捕。

第三，公安机关。

公安机关无权自行决定逮捕，但公安机关是执行机关。

三、逮捕的条件★★★

第一，逮捕的基本条件。

《刑事诉讼法》第 81 条第 1 款规定了逮捕的 3 个基本条件：

（1）证据因素。

有证据证明有犯罪事实的。

（2）刑罚因素。

可能判处徒刑以上刑罚的。

（3）危险因素。

采取取保候审尚不足以防止发生社会危险性的。

社会危险性包括以下五项的一个或多个：① 可能实施新的犯罪的；② 有危害国家安全、公共安全或者社会秩序的现实危险的；③ 可能毁灭、伪造证据，干扰证人作证或者串供的；④ 可能对被害人、举报人、控告人实施打击报复的；⑤ 企图自杀或者逃跑的。

第二，径行逮捕的条件。

径行逮捕是指根据《刑事诉讼法》第 81 条第 3 款规定的逮捕情形，即只要符合下列 3 种具体情形之一的，就应当逮捕：

（1）有证据证明有犯罪事实，可能判处 10 年有期徒刑以上刑罚的。

（2）有证据证明有犯罪事实，可能判处徒刑以上刑罚，曾经故意犯罪的。

（3）有证据证明有犯罪事实，可能判处徒刑以上刑罚，身份不明的。

第三，转化型逮捕的条件。

转化型逮捕是指根据《刑事诉讼法》第 81 条第 4 款规定的逮捕情形，被取保候审、监视居住的犯罪嫌疑人、被告人违反取保候审、监视居住规定，情节严重的，可以予以逮捕。

第四，不予逮捕的情形。

（1）应当不予逮捕。

根据《高检规则》第 139 条的规定，对具有下列情形之一的犯罪嫌疑人，人民检察院应当作出不批准逮捕或者不予逮捕的决定：① 不符合《高检规则》规定的逮捕条件的；② 具有《刑事诉讼法》第 16 条规定的情形之一的。

（2）可以不予逮捕。

根据《高检规则》第 140 条的规定，犯罪嫌疑人涉嫌的罪行较轻，且没有其他重大犯罪嫌疑，具有下列情形之一的，可以作出不批准逮捕或者不予逮捕的决定：① 属于预备犯、中止犯，或者防卫过当、避险过当的；② 主观恶性较小的初犯，共同犯罪中的从犯、胁从犯，犯罪后自首、有立功表现或者积极退赃、赔偿损失、确有悔罪表现的；③ 过失犯罪的犯罪嫌疑人，犯罪后有悔罪表现，有效控制损失或者积极赔偿损失的；④ 犯罪嫌疑人与被害人双方根据刑事诉讼法的有关规定达成和解协议，经审查，认为和解系自愿、合法且已经履行或者提供担保的；⑤ 犯罪嫌疑人认罪认罚的；⑥ 犯罪嫌疑人系已满 14 周岁未满 18 周岁的未成年人或者在校学生，本人有悔罪表现，其家庭、学校或者所在社区、居民委员会、村民委员会具备监护、帮教条件的；⑦ 犯罪嫌疑人系已满 75 周岁的人。

延伸阅读

《监察法》第 22 条规定，被调查人涉嫌贪污贿赂、失职渎职等严重职务违法或者职务犯罪，监察机关已经掌握其部分违法犯罪事实及证据，仍有重要问题需要进一步调查，并有下列情形之一的，经监察机关依法审批，可以将其留置在特定场所：（1）涉及案情重大、复杂的；（2）可能逃跑、自杀的；（3）可能串供或者伪造、隐匿、毁灭证据的；（4）可能有其他妨碍调查行为的。对涉嫌行贿犯罪或者共同职务犯罪的涉案人员，监察机关可以依照前款规定采取留置措施。留置场所的设置、管理和监督依照国家有关规定执行。

监察机关调查过程中不能使用刑事诉讼法中的强制措施。但是，符合条件的，可以使用留置措施，对被调查人进行控制。

四、逮捕的审查、批捕和决定程序★★★★

第一，人民检察院对公安机关提请逮捕的批准程序。

（1）准备程序。

公安机关请求逮捕犯罪嫌疑人时，应当经县级以上公安机关负责人批准，制作提请批准逮捕书，连同案卷材料、证据，一并移送同级人民检察院审查批准。

（2）批捕期限。

已拘留：人民检察院应当在 7 日内作出是否批准逮捕的决定。

未拘留：应当在接到提请批准逮捕书后的 15 日以内作出是否批准逮捕的决定，重大、复杂的案件不得超过 20 日。

（3）审查处理。

批捕：对符合逮捕条件的，作出批准逮捕的决定，制作批准逮捕决定书。

不批捕：对不符合逮捕条件的，作出不批准逮捕的决定，制作不批准逮捕决定书，说明不批准逮捕的理由，需要补充侦查的，应当同时通知公安机关。

（4）批捕前的讯问。

《高检规则》第 280 条第 1 款规定，人民检察院办理审查逮捕案件，可以讯问犯罪嫌疑人；具有下列情形之一的，应当讯问犯罪嫌疑人：① 对是否符合逮捕条件有疑问的；② 犯罪嫌疑人要求向检察人员当面陈述的；③ 侦查活动可能有重大违法行为的；④ 案情重大、疑难、复杂的；⑤ 犯罪嫌疑人认罪认罚的；⑥ 犯罪嫌疑人系未成年人的；⑦ 犯罪嫌疑人是盲、聋、哑人或者是尚未完全丧失辨认或者控制自己行为能力的精神病人的。

《高检规则》第 280 条第 2、3 款规定，讯问未被拘留的犯罪嫌疑人，讯问前应当听取公安机关的意见。办理审查逮捕案件，对被拘留的犯罪嫌疑人不予讯问的，应当送达听取犯罪嫌疑人意见书，由犯罪嫌疑人填写后及时收回审查并附卷。经审查认为应当讯问犯罪嫌疑人的，应当及时讯问。

（5）听取律师的意见。

人民检察院审查批准逮捕，可以听取辩护律师的意见。如果辩护律师提出表达意见的要求，人民检察院办案人员应当听取辩护律师的意见。对于犯罪嫌疑人、被告人是未成年人的，应当听取辩护律师的意见。

（6）公安机关的救济。

公安机关对人民检察院不批准逮捕的决定，认为有错误的时候，可以向原机关申请复议，但是必须将被拘留的人立即释放。如果意见不被接受，可以向上一级人民检察院提请复核。

第二，人民检察院自行决定逮捕的程序。

（1）公安移送。

人民检察院对于公安机关和监察机关移送审查起诉的案件认为需要逮捕的，人民检察院决定逮捕的，由检察长签发决定逮捕通知书，通知公安机关执行。

（2）自行侦查。

《高检规则》第296条规定，人民检察院办理直接受理侦查的案件，需要逮捕犯罪嫌疑人的，由负责侦查的部门制作逮捕犯罪嫌疑人意见书，连同案卷材料、讯问犯罪嫌疑人录音、录像一并移送本院负责捕诉的部门审查。犯罪嫌疑人已被拘留的，负责侦查的部门应当在拘留后7日以内将案件移送本院负责捕诉的部门审查。

第三，人民法院决定逮捕的程序。

（1）公诉案件。

对于检察机关提起公诉时未予逮捕的被告人，人民法院认为符合逮捕条件应予逮捕的，也可以决定逮捕。

（2）自诉案件。

对于直接受理的自诉案件，认为需要逮捕被告人时，由办案人员提交人民法院院长决定；对于重大、疑难、复杂案件的被告人的逮捕，提交审判委员会讨论决定。

延伸阅读

《监察法》第43条第1、3款规定，监察机关采取留置措施，应当由监察机关领导人员集体研究决定。设区的市级以下监察机关采取留置措施，应当报上一级监察机关批准。省级监察机关采取留置措施，应当报国家监察委员会备案。

监察机关采取留置措施，可以根据工作需要提请公安机关配合。公安机关应当依法予以协助。

五、逮捕的执行程序★★★★

第一，主体。

（1）对于人民检察院批准逮捕的决定，公安机关应当立即执行，并将执行回执及时送达批准逮捕的人民检察院。如果未能执行，也应当将回执送达人民检察院，并写明未能执行的原因。

（2）对于人民检察院决定不批准逮捕的，公安机关在收到不批准逮捕决定书后，应当立即释放在押的犯罪嫌疑人或者变更强制措施，并将执行回执在收到不批准逮捕决定书后的3日内送达作出不批准逮捕决定的人民检察院。

第二，人数。

公安机关逮捕犯罪嫌疑人的时候，执行逮捕的人员不得少于2人。

第三，手续。

逮捕时必须向被逮捕人出示逮捕证（县级以上公安机关负责人签发）。

第四，送看守所。

逮捕后，应当立即将被逮捕人送看守所羁押（区别拘留）。

第五，通知。

除无法通知的以外，应当在逮捕后24小时以内，将逮捕原因和羁押处所通知被逮捕人的家属。除无法通知的以外，无其他例外情形（区别拘留）。

第六，讯问。

逮捕后，应当在24小时以内进行讯问；如果发现不应当逮捕的，应当立即释放并发给释放证明。

讯问主体遵循“谁想捕，谁讯问，谁通知”原则。

第七，异地逮捕。

公安机关在异地执行拘留、逮捕的时候，应当通知被拘留、逮捕人所在地的公安机关，被拘留、逮捕人所在地的公安机关应当予以配合。

延伸阅读

《监察法》第44条规定，对被调查人采取留置措施后，应当在24小时以内，通知被留置人员所在单位和家属，但有可能毁灭、伪造证据，干扰证人作证或者串供等有碍调查情形的除外。有碍调查的情形消失后，应当立即通知被留置人员所在单位和家属。

监察机关应当保障被留置人员的饮食、休息和安全，提供医疗服务。讯问被留置人员应当合理安排讯问时间和时长，讯问笔录由被讯问人阅看后签名。

被留置人员涉嫌犯罪移送司法机关后，被依法判处管制、拘役和有期徒刑的，留置1日折抵管制2日，折抵拘役、有期徒刑1日。

8.7　对几种特殊对象采取强制措施的审批

一、人大代表★★

《高检规则》第 148 条第 1 款规定，人民检察院对担任县级以上各级人民代表大会代表的犯罪嫌疑人决定采取拘传、取保候审、监视居住、拘留、逮捕强制措施的，应当报请该代表所属的人民代表大会主席团或者常务委员会许可。

《高检规则》第 148 条第 8 款规定，担任县级以上人民代表大会代表的犯罪嫌疑人，经报请该代表所属人民代表大会主席团或者常务委员会许可后被刑事拘留的，适用逮捕措施时不需要再次报请许可。

《高检规则》第 149 条第 1 款规定，担任县级以上人民代表大会代表的犯罪嫌疑人因现行犯被人民检察院拘留的，人民检察院应当立即向该代表所属的人民代表大会主席团或者常务委员会报告。报告的程序参照本规则第 148 条报请许可的程序规定。

二、外国人★★

第一，特殊。危害国家安全犯罪，涉及国与国之间政治、外交关系及在适用法律上确有疑难的，检察院层报最高检审查，最高检征求外交部的意见后，作出是否批捕的批复，报送的检察院依据该批复作出是否逮捕的决定。下级检察院认为不需要逮捕的，可以直接依法作出不批准逮捕的决定，无需上报。

第二，一般。其他的涉外案件，应当在作出批准逮捕决定后 48 小时以内报上一级检察院备案，同时向同级政府外事部门通报。

三、危害国家安全案件★

危害国家安全的案件，应当报上一级人民检察院备案。

8.8　羁押必要性审查

羁押必要性审查是指人民检察院依法对被逮捕的犯罪嫌疑人、被告人有无继续羁押的必要性进行审查，对不需要继续羁押的，建议办案机关予以释放或者变更强制措施的监督活动。《刑事诉讼法》第 95 条确立了我国的羁押必要性审查制度：犯罪嫌疑人、被告人被逮捕后，人民检察院仍应当对羁押的必要性进行审查。对不需要继续羁押的，应当建议予以释放或者变更强制措施。有关机关应当在 10 日以内将处理情况通知人民检察院。这是为了强化人民检察院对羁押措施的监督，防止超期羁押和不必要的关押，对保障被羁押人员合法权益具有重要作用。

一、审查对象★★

人民检察院对被逮捕的犯罪嫌疑人、被告人有无继续羁押的必要性进行审查，对不需要继续羁押的，建议办案机关予以释放或者变更强制措施的监督活动。

二、审查主体★★

第一，侦查阶段、审判阶段。

《高检规则》第575条第1款规定，负责捕诉的部门依法对侦查和审判阶段的羁押必要性进行审查。经审查认为不需要继续羁押的，应当建议公安机关或者人民法院释放犯罪嫌疑人、被告人或者变更强制措施。

第二，审查起诉阶段。

《高检规则》第575条第2款规定，审查起诉阶段，负责捕诉的部门经审查认为不需要继续羁押的，应当直接释放犯罪嫌疑人或者变更强制措施。修订后的《高检规则》统一将羁押必要性审查的主体调整为捕诉部门，只是要注意在不同阶段监督方式不同。

三、启动方式★★

第一，依职权。

《高检规则》第574条第1、3款规定，人民检察院在办案过程中可以依职权主动进行羁押必要性审查。看守所根据在押人员身体状况，可以建议人民检察院进行羁押必要性审查。

第二，依申请。

《高检规则》第574条第2款规定，犯罪嫌疑人、被告人及其法定代理人、近亲属或者辩护人可以申请人民检察院进行羁押必要性审查。申请时应当说明不需要继续羁押的理由，有相关证据或者其他材料的应当提供。

四、审查方式★★

必要时，可以依照有关规定进行公开审查，但是涉及国家秘密、商业秘密、个人隐私的案件除外。

五、审查方法★★

《高检规则》第577条第1款规定，人民检察院可以采取以下方式进行羁押必要性审查：① 审查犯罪嫌疑人、被告人不需要继续羁押的理由和证明材料；② 听取犯罪嫌疑人、被告人及其法定代理人、辩护人的意见；③ 听取被害人及其法定代理人、诉讼代理人的意见，了解是否达成和解协议；④ 听取办案机关的意见；⑤ 调查核实犯罪嫌疑人、被告人的身体健康状况；⑥ 需要采取的其他方式。

六、审查结果★★

《高检规则》第579条规定，人民检察院发现犯罪嫌疑人、被告人具有下列情形之一的，应当向办案机关提出释放或者变更强制措施的建议：① 案件证据发生重大变化，没有证据证明有犯罪事实或者犯罪行为系犯罪嫌疑人、被告人所为的；② 案件事实或者情节发生变化，犯罪嫌疑人、被告人可能被判处拘役、管制、独立适用附加刑、免予刑事处罚或者判决无罪的；③ 继续羁押犯罪嫌疑人、被告人，羁押期限将超过依法可能判处的刑期的；④ 案件事实基本查清，证据已经收集固定，符合取保候审或者监视居住的。羁押必要性审查结果通知书见图8-3。

济南市槐荫区人民检察院

羁押必要性审查结果通知书

济槐荫检羁审通〔2021〕2号

李

你们申请对羁押于济南市第三看守所的犯罪嫌疑人张进行羁押必要性审查一案。经审查，本院认为张有继续羁押必要，理由是：强制猥亵罪是较为严重的刑事犯罪。结合本案的具体情况，犯罪嫌疑人张具有一定的社会危险性，且本案尚有证据需要收集、固定，故张不符合改变强制措施的条件。

特此通知。

12309

2021年9月13日

（院印）

图8-3 羁押必要性审查结果通知书

8.9 强制措施的变更

一、启动方式★★

第一，依职权启动。

人民法院、人民检察院和公安机关如果发现对犯罪嫌疑人、被告人采取强制措施不当的，应当及时撤销或者变更。变更强制措施建议书见图8-4。

（1）公安机关释放被逮捕的人或者变更逮捕措施的，应当通知原批准的人民检察院。（注意：此处无需报请检察院批准。）（2）下级人民检察院在发现不应当逮捕的时候，应当立即释放犯罪嫌疑人或者变更强制措施，并向上一级人民检察院报告。

桐乡市人民检察院
对犯罪嫌疑人变更强制措施
建议书
（副本）

桐检监羁审建〔2017〕16号

本院公诉科：

根据《中华人民共和国刑事诉讼法》第九十三条之规定，我院监所科依法对逮捕后羁押于桐乡市看守所的犯罪嫌疑人王██的羁押必要性审查进行了审查。经审查，我科认为，不需要继续羁押犯罪嫌疑人王██理由是：犯罪嫌疑人已经赔偿被害人家属，取得被害人家属谅解，变更强制措施不会影响案件顺利进行。

上述事实有以下证据予以证明：1、桐乡市看守所在押人员信息表；2、逮捕证；3、赔偿协议书等。

根据《中华人民共和国刑事诉讼法》第九十三条之规定，建议你科对犯罪嫌疑人王██变更强制措施。请你科收到本建议书后十日以内将处理情况通知我科。未采纳我科建议的，请说明理由和依据。

2017年8月29日

图 8-4　变更强制措施建议书

第二，依申请启动。

犯罪嫌疑人、被告人及其法定代理人、近亲属、辩护人、值班律师有权申请变更强制措施。人民法院、人民检察院和公安机关收到申请后，应当在3日以内作出决定。不同意变更强制措施的，应当告知申请人，并说明不同意的理由。

二、变更的情形★★

第一，可以变更。

《刑诉解释》第169条规定，被逮捕的被告人具有下列情形之一的，人民法院可以变更强制措施：① 患有严重疾病、生活不能自理的；② 怀孕或者正在哺乳自己婴儿的；③ 系生活不能自理的人的唯一抚养人。法院“可以”变更强制措施的情形可概括为：疾病；孕乳；唯一抚。

第二，应当变更。

《刑诉解释》第170条规定，被逮捕的被告人具有下列情形之一的，人民法院应当立即释放；必要时，可以依法变更强制措施：① 第一审人民法院判决被告人无罪、不负刑事责任或者免予刑事处罚的；② 第一审人民法院判处管制、宣告缓刑、单独适用附加刑，判决尚未发生法律效力的；③ 被告人被羁押的时间已到第一审人民法院对其判处的刑期期限的；④ 案件不能在法律规定的期限内审结的。法院“应当”变更强制措施的情形可概括为：无罪无责不处罚；量刑非羁押；刑期已折抵；办案已超期。

三、自动解除的时间★★

《刑诉解释》第172条规定，被采取强制措施的被告人，被判处管制、缓刑的，在社区矫正开始后，强制措施自动解除；被单处附加刑的，在判决、裁定发生法律效力后，强制措施自动解除；被判处监禁刑的，在刑罚开始执行后，强制措施自动解除。

在监禁刑判决尚未实际执行前，对被告人仍然存在监管的必要。而且，强制措施是为了保证刑事诉讼而非仅是刑事审判的顺利进行而设置的措施，刑罚执行也是刑事诉讼的一个重要环节。因此，应当明确强制措施的自动解除从交付执行刑罚而非判决、裁定生效之日起算。

【课后阅读】

［1］卞建林：《我国刑事强制措施的功能回归与制度完善》，《中国法学》，2011年第6期。

［2］陈卫东：《羁押必要性审查制度试点研究报告》，《法学研究》，2018年第2期。

［3］胡铭：《职务犯罪留置措施衔接刑事诉讼的基本逻辑》，《北方法学》，2019年第4期。

［4］易延友：《刑事强制措施体系及其完善》，《法学研究》，2012年第3期。

［5］刘计划：《我国逮捕制度改革检讨》，《中国法学》，2019年第5期。

［6］林喜芬：《论中国羁押审查制度改革的四重逻辑》，《法学家》，2016年第6期。

［7］郭烁：《新刑诉法背景下的强制措施体系》，《政法论坛》，2014年第3期。

第 9 章　刑事附带民事诉讼

本章思维导图 <<<

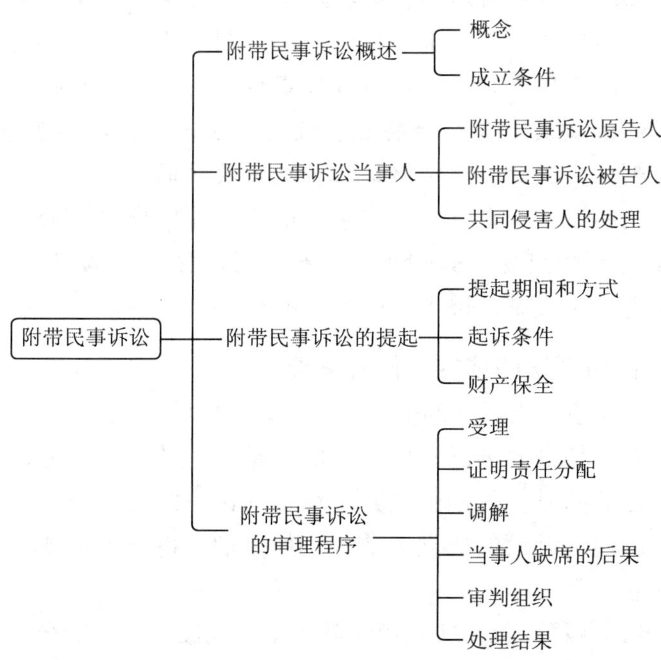

9.1　刑事附带民事诉讼概述

一、附带民事诉讼的概念★

附带民事诉讼是指司法机关在刑事诉讼过程中，在解决被告人刑事责任的问题的同时，附带解决因被告人的犯罪行为所造成的物质损失的赔偿问题而进行的诉讼活动。

延伸阅读

附带民事诉讼解决的是物质损失赔偿问题，与民事诉讼解决的损害赔偿性质相同。但是，附带民事诉讼又与通常的民事诉讼有所不同。从实体上说，这种赔偿是由犯罪行为所引起的；从程序上说，它是在刑事诉讼的过程中提起的，通常由审判刑事案件的审判组织一并审判。其成立和解决都与刑事诉讼密不可分，依附于刑事诉讼。由附带民事诉讼的这种特殊性所决定，附带民事诉讼适用的法律具有复合性特点。就实体法而言，对损害事实的认定，不仅要遵循《刑法》关于具体罪名的犯罪构成要件的规定，而且要受民事法律规范调整；就程序法而言，除《刑事诉讼法》有特殊规定的以外，应当适用《民事诉讼法》的规定，如证据、先行给付、保全、调解、和解、撤诉、反诉等，都要遵循《民事诉讼法》的有关规定。

二、附带民事诉讼的成立条件★★★

第一，附带民事诉讼成立的前提是刑事诉讼已经成立。

附带民事诉讼是由刑事诉讼所追究的涉嫌犯罪的行为引起的，是在追究被告人刑事责任的同时，附带解决其应承担的民事赔偿责任问题。因此附带民事诉讼必须以刑事诉讼的成立为前提，如果刑事诉讼不能成立，附带民事诉讼也不能成立。

注意：《刑诉解释》第 197 条第 1 款规定，人民法院认定公诉案件被告人的行为不构成犯罪，对已经提起的附带民事诉讼，经调解不能达成协议的，可以一并作出刑事附带民事判决，也可以告知附带民事原告人另行提起民事诉讼。这说明，附带民事诉讼的成立并不以被告人构成犯罪为前提，即使被告人不构成犯罪，对已经提起的附带民事诉讼，调解不成既可以一并作出刑事附带民事判决，也可以告知另诉。

《刑诉解释》第 197 条第 2 款规定，人民法院准许人民检察院撤回起诉的公诉案件，对已经提起的附带民事诉讼，可以进行调解；不宜调解或者经调解不能达成协议的，应当裁定驳回起诉，并告知附带民事诉讼原告人可以另行提起民事诉讼。这说明，附带民诉的成立以刑事诉讼成立为前提，如果检察院撤回了起诉，由于刑事诉讼这一前提条件不复存在，附带民事诉讼调解不成，法院应当裁定驳回起诉并告知另诉。

第二，被害人遭受的必须是因犯罪行为造成的物质损失。

（1）附带民事诉讼的赔偿范围仅限于因被告人的犯罪行为造成的实际的必然的物质损失。

延伸阅读

精神损害不予支持的原因在于：① 对该犯罪行为主要是通过刑事处罚来安抚被害人的精神创伤。② 若认为对精神损失可以另行提起民事诉讼，绝大部分被害人肯定会选择在刑事案件审结后，另行提起民事诉讼，要求同时赔偿物质损失和精神损失。这样，势必导致附带民事诉讼制度被架空、虚置，使附带民事诉讼制度有利于切实维护被害方合法权益、有利于化解社会矛盾、有利于贯彻宽严相济刑事政策、有利于节约司法资源等重要功能无法发挥。③刑事案件审结后，特别是被告人被送监服刑或者执行死刑后，往往连有关赔偿被害方物质损失的附带民事判决都难以得到实际执行。若赋予被害方对精神损失可以另行提起民事诉讼的权利，只会制造“空判”，引发新的社会矛盾。

案例阅读

2021 年 7 月，上海市第二中级人民法院判决维持了一起在刑事附带民事诉讼中支持精神损害赔偿请求的一审判决。该案中，牛某利用暴力手段对智力残障的未成年人多次实施奸淫。受害人提起刑事附带民事诉讼，要求精神损害赔偿，公诉机关依据法律规定支持起诉，最终牛某被判处有期徒刑 10 年，并向被害人一次性赔偿精神抚慰金 3 万元。此案被认为是 2021 年新《刑诉解释》实施后，人民法院依据新规定作出的首例支持刑事附带民事诉讼要求赔偿精神损失的案件。一审法院认为，除了给予受性侵害未成年人人身损害和心理康复治疗等直接物质损失的赔偿外，给予一定的精神损害赔偿更能体现对未成年人优先、特殊保护的原则。此次新的《刑诉解释》对刑事诉讼中的精神抚慰金的赔偿问题，并未规定一概不予受理。本案中，受害人提出精神损害的赔偿要求，公诉机关作为刑事附带民事诉讼的支持起诉人，完全有法律依据。

新刑诉法解释为精神损害赔偿开辟空间。2021 年 3 月 1 日，《最高人民法院关于适用〈中华人民共和国刑事诉讼法〉的解释》正式施行，规定因受到犯罪侵犯，提起附带民事诉讼或者单独提起民事诉讼要求赔偿精神损失的，人民法院一般不予受理。与 2012 年刑诉法解释规定的“不予受理”相比，新刑诉法解释增加了“一般”二字，为精神损害赔偿开辟了空间。在此类案件中，受害的未成年人是否可以得到精神抚慰金，一直是司法实践中很受困扰的问题。以往的案件中，受害未成年人提出精神损害赔偿后，往往是以和解的方式解决，而被告人就会要求被害人出具谅解书。这个和解的过程对受害人来说无疑是二次伤害。本案中，牛某的行为除导致被害人身体损害外，造成的更多是精神痛苦及名誉受损，且由于被害人防卫能力弱，自我修复和调节能力不足，多种因素使其所受的伤害较一般刑事案件更为强烈。近几年内，理论界与实务界一直呼吁被性侵未成年被害人应当获得精神损害赔偿。这类案件中精神损害客观存在，比成年人更为严重。

（2）非法占有、处置的财产犯罪不予支持。

案例阅读

2013 年 12 月，周某因涉嫌盗窃被公安机关执行逮捕。2014 年 2 月，周某的妻子郑某找到被告人黄某，郑某希望黄某能找人帮忙将周某保释出来。黄某承诺一定将周某保释出来，如果不能保释出来也一定可以判缓刑。之后，黄某以需要送礼、请客吃饭的名义先后三次骗取了周小某 3.1 万元。黄某将骗取的 3.1 万元予以挥霍。后周某因犯盗窃罪被法院判处有期徒刑 1 年零 2 个月，并处罚金 5 000 元。知晓法院判决后，郑某与周小某找到黄某进行理论，并要求黄某退还骗取的 3.1 万元。黄某谎称 3.1 万元已用于送礼及请客吃饭，周某被判实刑其也没有办法，并拒绝偿还该笔款项。郑某及周小某无奈之下只能报案。之后，公安机关进行立案侦查，检察院以被告人黄某涉嫌诈骗罪起诉至法院。现郑某与周小某欲提起附带民事诉讼，要求黄某赔偿其经济损失。诈骗犯罪的被害人不能提起附带民事诉讼，被害人因诈骗犯罪遭受物质损害的，人民法院在刑事判决中应依法予以追缴或者责令退赔。经过追缴或者退赔仍不能弥补所遭受的损失，被害人可另行提起民事诉讼。

（3）公权力侵权不予支持。

《刑诉解释》第 177 条规定，国家机关工作人员在行使职权时，侵犯他人人身、财产权利构成犯罪，被害人或者其法定代理人、近亲属提起附带民事诉讼的，人民法院不予受理，但应当告知其可以依法申请国家赔偿。

（4）非实际、必然的损失不予支持。

实际的损失比如犯罪分子作案时破坏的门窗、车辆、物品，被害人的医疗费、营养费等。必然的损失比如因伤残减少的劳动收入、今后继续医疗的费用、被毁坏的丰收在望的庄稼等。

（5）残疾赔偿金、死亡赔偿金不予支持。

《刑诉解释》第 192 条第 2 款规定，犯罪行为造成被害人人身损害的，应当赔偿医疗费、护理费、交通费等为治疗和康复支付的合理费用，以及因误工减少的收入。造成被害人残疾的，还应当赔偿残疾生活辅助具费等费用；造成被害人死亡的，还应当赔偿丧葬费等费用。

《刑诉解释》第 192 条第 3 款规定，驾驶机动车致人伤亡或者造成公私财产重大损失，构成犯罪的，依照《中华人民共和国道路交通安全法》第 76 条的规定确定赔偿责任。

《刑诉解释》第 192 条第 4 款规定，附带民事诉讼当事人就民事赔偿问题达成调解、和解协议的，赔偿范围、数额不受第 2 款、第 3 款规定的限制。

从上述规定可知，除驾驶机动车致人伤亡或者造成公私财产重大损失的案件外，“两金”不在附带民事诉讼的判赔范围，但调解、和解的，赔偿范围、数额不受限制。

9.2　附带民事诉讼的当事人

一、附带民事诉讼原告人★★

附带民事诉讼原告人是指以自己的名义向司法机关提起附带民事诉讼赔偿请求的人。根据《刑事诉讼法》和有关司法解释的规定，以下主体有权提起附带民事诉讼：

第一，因犯罪行为遭受物质损失的公民。

第二，因犯罪行为遭受物质损失的企业、事业单位、机关、团体等。

第三，被害人死亡或者丧失行为能力的，其法定代理人、近亲属有权提起附带民事诉讼。

注意：法定代理人是指被代理人的父母、养父母、监护人和负有保护责任的机关、团体的代表；近亲属是指夫、妻、父、母、子、女、同胞兄弟姊妹。

第四，当被害人是未成年人或限制行为能力人时，其法定代理人可以代为提起附带民事诉讼。

注意：在此情形中，被害人本人作为附带民事诉讼原告人，法定代理人只是代为提起附带民事诉讼。

第五，如果是国家财产、集体财产遭受损失的，且受损单位没有提起的，人民检察院在提起公诉的时候，可以提起附带民事诉讼。

二、附带民事诉讼被告人★★

附带民事诉讼被告人是指对被害人因犯罪行为所造成的物质损失负有赔偿责任的人。附带民事诉讼被告人通常是刑事诉讼的被告人，但是在特殊情况下，附带民事诉讼被告人可能不是承担刑事责任的被告人。《刑诉解释》第180条规定，附带民事诉讼中依法负有赔偿责任的人包括以下自然人或者单位：

第一，刑事被告人及未被追究刑事责任的其他共同侵害人。

第二，刑事被告人的监护人。

第三，死刑罪犯的遗产继承人。

注意：遗产继承人应当在所继承的遗产范围内承担赔偿责任。

第四，共同犯罪案件中，案件审结前死亡的被告人的遗产继承人。

注意：遗产继承人同样应当在所继承的遗产范围内承担赔偿责任。

第五，对被害人的物质损失依法应当承担赔偿责任的其他单位和个人。

附带民事诉讼被告人的亲友自愿代为赔偿的，应当准许。此情形下，被告人的亲友并不具有附带民事诉讼被告人的身份。

三、共同侵害人的处理★★

第一，《刑诉解释》第181条规定，被害人或者其法定代理人、近亲属仅对部分共同侵害人提起附带民事诉讼的，人民法院应当告知其可以对其他共同侵害人，包括没有被追究刑事责任的共同侵害人，一并提起附带民事诉讼，但共同犯罪案件中同案犯在逃的除外。

被害人或者其法定代理人、近亲属放弃对其他共同侵害人的诉讼权利的，人民法院应当告知其相应的法律后果，并在裁判文书中说明其放弃诉讼请求的情况。

第二，《刑诉解释》第183条规定，共同犯罪案件中，同案犯在逃的，不应列为附带民事诉讼被告人。逃跑的同案犯到案后，被害人或者其法定代理人、近亲属可以对其提起附带民事诉讼，但已经从其他共同犯罪人处获得足额赔偿的除外。

9.3 附带民事诉讼的提起

一、提起期间★

第一，附带民事诉讼应当在刑事案件立案后及时提起。

注意：《刑诉解释》第 198 条规定，第一审期间未提起附带民事诉讼，在第二审期间提起的，第二审人民法院可以依法进行调解；调解不成的，告知当事人可以在刑事判决、裁定生效后另行提起民事诉讼。

第二，侦查、审查起诉期间提起附带民事诉讼的处理。

《刑诉解释》第 185 条规定，侦查、审查起诉期间，有权提起附带民事诉讼的人提出赔偿要求，经公安机关、人民检察院调解，当事人双方已经达成协议并全部履行，被害人或者其法定代理人、近亲属又提起附带民事诉讼的，人民法院不予受理，但有证据证明调解违反自愿、合法原则的除外。

二、提起方式★

提起附带民事诉讼应当提交附带民事起诉状。

三、提起条件★

《刑诉解释》第 182 条规定，提起附带民事诉讼必须满足下列四个条件：① 起诉人符合法定条件；② 有明确的被告人；③ 有请求赔偿的具体要求、事实、理由；④ 属于人民法院受理附带民事诉讼的范围。

四、附带民事诉讼的财产保全★★

附带民事诉讼的财产保全是指在刑事诉讼过程中，在可能因被告人或其他人的行为导致将来发生法律效力的附带民事诉讼判决不能或难以得到执行时，司法机关对被告人的财产采取一定的保全措施。从而保证附带民事判决能够得到执行。人民法院可以采取的保全措施包括查封、扣押与冻结三种，附带民事诉讼的财产保全程序，见表 9-1。

表 9-1　附带民事诉讼的财产保全程序

<table>
<tr><td rowspan="4">诉前财产保全</td><td>启动方式</td><td colspan="2">在提起附带民事诉讼前，可以向被保全财产所在地、被申请人居住地或者对案件有管辖权的人民法院申请采取保全措施</td></tr>
<tr><td>担保要求</td><td colspan="2">诉前财产保全，申请人应当提供担保，不提供担保的，裁定驳回申请</td></tr>
<tr><td>裁定时间</td><td colspan="2">法院接受申请后，必须在 48 小时内作出裁定</td></tr>
<tr><td>起诉要求</td><td colspan="2">申请人在人民法院受理刑事案件后 15 日内未提起附带民事诉讼的，人民法院应当解除保全措施</td></tr>
<tr><td rowspan="4">诉讼中的财产保全</td><td rowspan="2">启动方式</td><td>依申请</td><td>根据附带民事诉讼原告人或检察院申请，可以裁定采取保全措施</td></tr>
<tr><td>依职权</td><td>未提出申请的，必要时，人民法院也可以采取保全措施</td></tr>
<tr><td>担保要求</td><td colspan="2">可以责令申请人提供担保，申请人不提供担保的，裁定驳回申请</td></tr>
<tr><td>裁定时间</td><td colspan="2">法院接受申请后，对情况紧急的，必须在 48 小时内作出裁定</td></tr>
</table>

9.4 附带民事诉讼的审理程序

一、受理★

《刑诉解释》第186条规定，被害人或者其法定代理人、近亲属提起附带民事诉讼的，人民法院应当在7日以内决定是否受理。符合刑事诉讼法第101条及本解释有关规定的，应当受理；不符合的，裁定不予受理。

二、证明责任分配★

《刑诉解释》第188条规定，附带民事诉讼当事人对自己提出的主张，有责任提供证据。

三、调解★★

（1）可以根据自愿、合法的原则进行调解。

（2）经调解达成协议的，应当制作调解书。调解书经双方当事人签收后即具有法律效力。

（3）调解达成协议并即时履行完毕的，可以不制作调解书，但应当制作笔录，经双方当事人、审判人员、书记员签名或者盖章后即发生法律效力。

（4）调解未达成协议或调解书签收前当事人反悔的，附带民事诉讼应当同刑事诉讼一并判决。

四、当事人缺席的后果★★

第一，原告人缺席。附带民事诉讼原告人经传唤，无正当理由拒不到庭，或者未经法庭许可中途退庭的，应当按撤诉处理。

第二，被告人缺席。刑事被告人以外的附带民事诉讼被告人经传唤，无正当理由拒不到庭，或者未经法庭许可中途退庭的，附带民事部分可以缺席判决。

五、审判组织★

《刑诉解释》第196条规定，附带民事诉讼应当同刑事案件一并审判，只有为了防止刑事案件审判的过分迟延，才可以在刑事案件审判后，由同一审判组织继续审理附带民事诉讼；同一审判组织的成员确实不能继续参与审判的，可以更换。

审判规则：（1）先审理刑事部分，后审理附带民事部分。（2）必须由审理刑事案件的同一审判组织继续审理附带民事部分，不得另行组成合议庭；如果同一审判组织的成员确实不能继续参加审判的，可以更换审判组织成员。（3）附带民事诉讼部分的判决对案件事实的认定不得同刑事判决相抵触。（4）附带民事诉讼部分的延期审理，一般不影响刑事判决的生效。

六、处理结果★

第一，《刑诉解释》第 197 条第 1 款规定，人民法院认定公诉案件被告人的行为不构成犯罪，对已经提起的附带民事诉讼，经调解不能达成协议的，可以一并作出刑事附带民事判决，也可以告知附带民事原告人另行提起民事诉讼。

第二，审理刑事附带民事诉讼案件，人民法院应当结合被告人赔偿被害人物质损失的情况认定其悔罪表现，并在量刑时予以考虑。

第三，人民法院审理刑事附带民事诉讼案件，不收取诉讼费。

案例阅读

被告人张某桥入赘赵家，与赵某结为夫妻。2010 年 11 月，赵某与被害人王某某相识后离家出走，后与王某某同居。同年 12 月 10 日晚，被告人张某桥在与带人上门挑衅滋事的王某某纠缠打斗中，用刀将王某某刺死。江苏省扬州市中级人民法院加大附带民事诉讼部分的调解工作力度，促成被告人张某桥认罪、悔罪，并动员其亲属积极筹款赔偿；对被害人亲属释法解疑，指出被害人王某某对本案的发生负有严重过错。耐心细致的工作促使双方当事人提出的调解方案更加理性，最终达成调解协议：被告人张某桥向被害人王某某亲属赔礼道歉，及时赔偿各项损失 12 万元，被害人王某某亲属谅解并请求对被告人张某桥从轻处罚。法院依法判决被告人张某桥犯故意杀人罪，判处其有期徒刑 14 年，剥夺政治权利 4 年。结案后，被告人张某桥亲属、被害人王某某亲属及各自住所地的周边群众分别给江苏省扬州市中级人民法院送来锦旗，案件审理实现了法律效果和社会效果的有机统一。

延伸阅读

2020 年 3 月，上海市第二中级人民法院（以下简称上海二中院）发布了《2016—2018 年普通类刑事案件附带民事诉讼审判白皮书》，其中指出，2016—2018 年该院受理的一审普通类刑事附带民事诉讼的诉讼请求全都集中于人身损害赔偿，而且涉案刑事案由集中在故意杀人、故意伤害等恶性案件中。

囿于人身损害诉讼请求，刑事附带民事诉讼案件的原告人均为刑事案件中的被害人及已死亡的被害人的近亲属。这些原告人因为刑事案件遭受了相当一部分的物质损失，有的甚至还会对其正常生活产生重大影响，从而急需通过刑事附带民事诉讼解决其经济上甚至是心理上遭受的损失，故在刑事附带民事诉讼中除正常产生的医疗急救费用外，多数还提出残疾赔偿金、死亡赔偿金和精神损害赔偿等请求。而残疾赔偿金、死亡赔偿金和精神损害赔偿则不属于刑事附带民事诉讼所支持的赔偿范围。

从2016—2018年的数据来看，刑事附带民事原告人提出的诉讼请求金额远远高于法律规定支持的金额。与附带民事诉讼原告人提出的高额诉讼请求相比，刑事附带民事诉讼的被告人往往是受教育程度低、工作无保障容易诱发犯罪的高危人群，赔偿能力较弱。此外，该院受理的一审刑事附带民事诉讼被告人还具有罪行严重、服刑时间较长的特点，履行刑事附带民事赔偿的可能性更小。刑事附带民事原告人强烈的赔偿需求和刑事附带民事被告人有限的赔偿能力就成为一组难以调和的矛盾。

在审理方式上，附带民事部分通常先于刑事部分结案，绝大多数刑事附带民事诉讼案件在刑事部分结案前均以调解撤诉的形式先行结案。根据《刑事诉讼法》及相关法律法规的规定，刑事附带民事诉讼的结案有三种方式：一是直接判决；二是申请国家司法救助，由被害人及其家属提出申请，经法院批准获得一定的国家司法救助款，并提出撤诉；三是进行调解，由被告人及家属自愿赔偿一定金额，被害人及其家属申请撤诉。目前该院绝大多数刑事附带民事诉讼均以调解方式结案，这与上述三种结案方式的优缺点有一定联系。一是直接判决具有较强既判力，但获支持的赔偿数额有限。二是若被害人及其家属符合国家司法救助条件，且同意撤回附带民事上诉，可以依规定获得国家司法救助，在短时间内可以拿到国家司法救助金。申请国家司法救助能够帮助被害人获得一定的经济补偿，但个别案件申请国家司法救助的周期较长。三是调解结案在促使被告人认罪悔罪、帮助被害人获得经济补偿、促进案件审理社会效果等多方面均有较大优势。

【课后阅读】

[1] 夏伟：《基于大数据样本的刑事附带民事诉讼司法重构经验与逻辑》，《法学论坛》，2021年第5期。

[2] 宋高初：《刑事附带民事诉讼中死亡赔偿金的性质界定及执行困境之破解》，《法学评论》，2014年第4期。

[3] 周新：《刑事附带民事公益诉讼研究》，《中国刑事法杂志》，2021年第3期。

第10章 期间与送达

本章思维导图 <<<

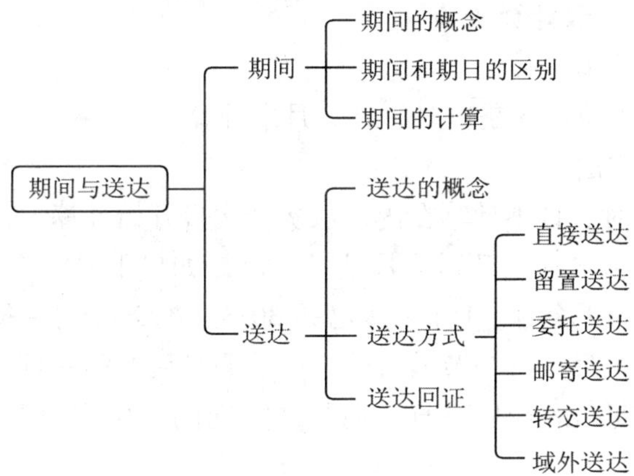

10.1 期间

一、期间的概念★

期间是指公安机关、人民检察院和人民法院，以及当事人和其他诉讼参与人分别进行一定的刑事诉讼活动所必须遵守的时间期限。刑事诉讼期间分为法定期间和指定期间两种。所谓法定期间，是指由法律明确规定的期间；所谓指定期间，是指由公安司法机关指定的期间。

二、期间与期日的区别★

期日是指公安司法机关和诉讼参与人共同进行刑事诉讼活动的特定时间。《刑事诉讼法》对期日未作具体规定。在诉讼实践中，由公安机关、人民检察院、人民法院根据法律规定的期间和案件的具体情况予以指定。

三、期间的一般计算★★

第一，期间的单位。

期间的计算单位一般是以时、日、月来计算。

第二，计算方法。

（1）开始的时、日不计算在内，从次时次日开始计算。

（2）月一般指本月某日到下月某日，但是如果下月没有这一天，则以下月的最后一个日为 1 个月。1 个月未必是 30 天，但半个月一律按 15 日计算。

（3）期间的最后一日为节假日的，以节假日后的第一日为期间届满日期。如果节假日不是期间的最后一日，而是在期间的开始或中间，则均应计算在期间之内。

（4）上诉状或者其他文件在期满前已经交邮的，不算过期。

注意：即使司法机关收到时已过法定期限，也不算过期。上诉状或其他文件是否在法定期限内交邮以当地邮局所盖邮戳为准。

（5）法定期间不包括路途上的时间。

四、期间的恢复与重新计算★★

第一，期间的恢复。

当事人由于不能抗拒的原因或者其他正当理由而耽误期限的，在障碍消除后 5 日以内，可以申请继续进行应当在期满以前完成的诉讼活动。上述申请是否准许，由人民法院裁定。

第二，期间的重新计算。

期间的重新计算是指由于发生了法定的情况，原来已进行的期间归于无效而自新发生情况之时起计算期间。期间的重新计算情形有以下几个。

（1）在侦查期间，发现另有重要罪行的，自发现之日起重新计算侦查羁押期限。

（2）公安机关或者人民检察院补充侦查完毕移送人民检察院或者人民法院后，人民检察院或者人民法院重新计算审查起诉或者审理期限。

（3）改变管辖的案件，从改变后的机关收到案件之日起重新计算审理期限。

（4）二审发回原审的案件，从收到发回的案件之日起重新计算审理期限。

（5）简易程序转换为普通程序，从决定转为普通程序之日起重新计算审理期限。

（6）重新办理取保候审、监视居住手续，取保候审、监视居住的期限重新计算。

第三，期间不计入的情形。

（1）犯罪嫌疑人不讲真实姓名、住址，身份不明的期间，不计入办案期限。侦查羁押期限自查清其身份之日起计算，但是不得停止对其犯罪行为的侦查取证。

（2）中止审理的期间，不计入办案期限。

（3）对犯罪嫌疑人作精神病鉴定的期间不计入办案期限，其他鉴定期间都应当计入办案期限。

（4）二审法院通知检察院阅卷，检察院应当在 1 个月内查阅完毕。检察院阅卷时间不计入审理期限。

（5）对于监察机关移送起诉的已采取留置措施的案件，人民检察院应当对犯罪嫌疑人先行拘留，留置措施自动解除。人民检察院应当在拘留后的 10 日以内作出是否逮捕、取保候审或者监视居住的决定。在特殊情况下，决定的时间可以延长 1 至 4 日。人民检察院决定采取强制措施的期间不计入审查起诉期限。

案例阅读

中国公检法机关超期羁押一直是引人关注、引人诟病的话题，“前清后超”“边清边超”“押而不决”是司法机关有法不依、执法不严的现象之一。比如，超期羁押 28 年的谢洪武案件。自 2002 年年底始，中国最高公检法机关开始联合协调行动，认真依法清理超期羁押。到 2003 年年底，有 14 个省份实现了各办案环节无超期羁押，其他省份超期羁押问题也基本得到纠正。为了巩固工作成果，最高人民检察院制定了《关于在检察工作中防止和纠正超期羁押的若干规定》，建立了羁押期限告知、期限届满提示、检查通报、超期投诉和责任追究等八项制度。这一文件明确规定，对滥用职权或者严重不负责任造成超期羁押的，要依法追究直接责任人员及其主管领导的责任。

10.2 送达

一、送达的概念★

刑事诉讼中的送达是指人民法院、人民检察院和公安机关依照法定程序和方式，将诉讼文件送交诉讼参与人、有关机关和单位的活动，其实质是司法机关的告知行为。

二、送达的方式★★

第一，直接送达。

直接送达又称交付送达，即公安司法机关指派专人将诉讼文书直接送交收件人的行为。收件人本人亲自签收及本人不在时，由其成年家属或者所在单位负责收件的人员代为签收，都属于直接送达。收件人或代收人在送达回执上签收的日期为送达的日期。

第二，留置送达。

适用条件：受送达人或有资格接受送达的人拒绝签收。

适用程序：送达人邀请见证人到场，说明情况，在送达回证上记明拒收的事由和日期，由送达人、见证人签名或者盖章；也可以把诉讼文书留在受送达人的住处，并采用拍照、录像等方式记录送达过程，即视为送达。

送达效力：诉讼文件的留置送达与交给收件人或代收人具有同样的法律效力。

注意：找不到收件人，同时也找不到代收人时，不能采用留置送达；调解书不适用留置送达。

第三，委托送达。

委托送达是指直接送达确有困难，而委托其他公安司法机关将需送达的文书送交受送达人的送达方式。委托送达的公安司法机关应当将委托函、送达的诉讼文件及送达回证，寄送受托的公安司法机关。受托的公安司法机关收到委托送达的诉讼文件应当登记，并在10日内送交收件人，然后将送达回证及时寄送委托送达的公安司法机关。

第四，邮寄送达。

邮寄送达的，应当将诉讼文书、送达回证寄送收件人。签收日期为送达日期。

第五，转交送达。

《刑诉解释》第208条规定，诉讼文书的收件人是军人的，可以通过其所在部队团级以上单位的政治部门转交。收件人正在服刑的，可以通过执行机关转交。收件人正在接受专门矫治教育等的，可以通过相关机构转交。由有关部门、单位代为转交诉讼文书的，应当请有关部门、单位收到后立即交收件人签收，并将送达回证及时寄送人民法院。

第六，域外送达。

2018年《刑事诉讼法》修改增设的缺席审判制度，由于该制度涉及向在境外的犯罪嫌疑人、被告人送达诉讼文书，所以立法规定了相对较为特殊的送达制度。

三、送达回证★

送达回证是公安司法机关依法送达诉讼文件的证明文件，是计算期间的根据。因此，在送达诉讼文件时必须使用送达回证，并且将送达回证入卷归档。在司法实践中，送达回证的内容包括送达诉讼文件的机关，收件人的姓名，送达诉讼文件的名称，送达的时间、地点、方式，送达人、收件人的签名、盖章，签收日期，等等。

【课后阅读】

［1］郭晶：《刑事诉讼时间应如何获得审查和规制?》，《清华法学》，2018年第3期。

［2］罗恬漩：《司法改革背景下送达困境与出路——以G省基层法院的送达实践为例》，《当代法学》，2017年第3期。

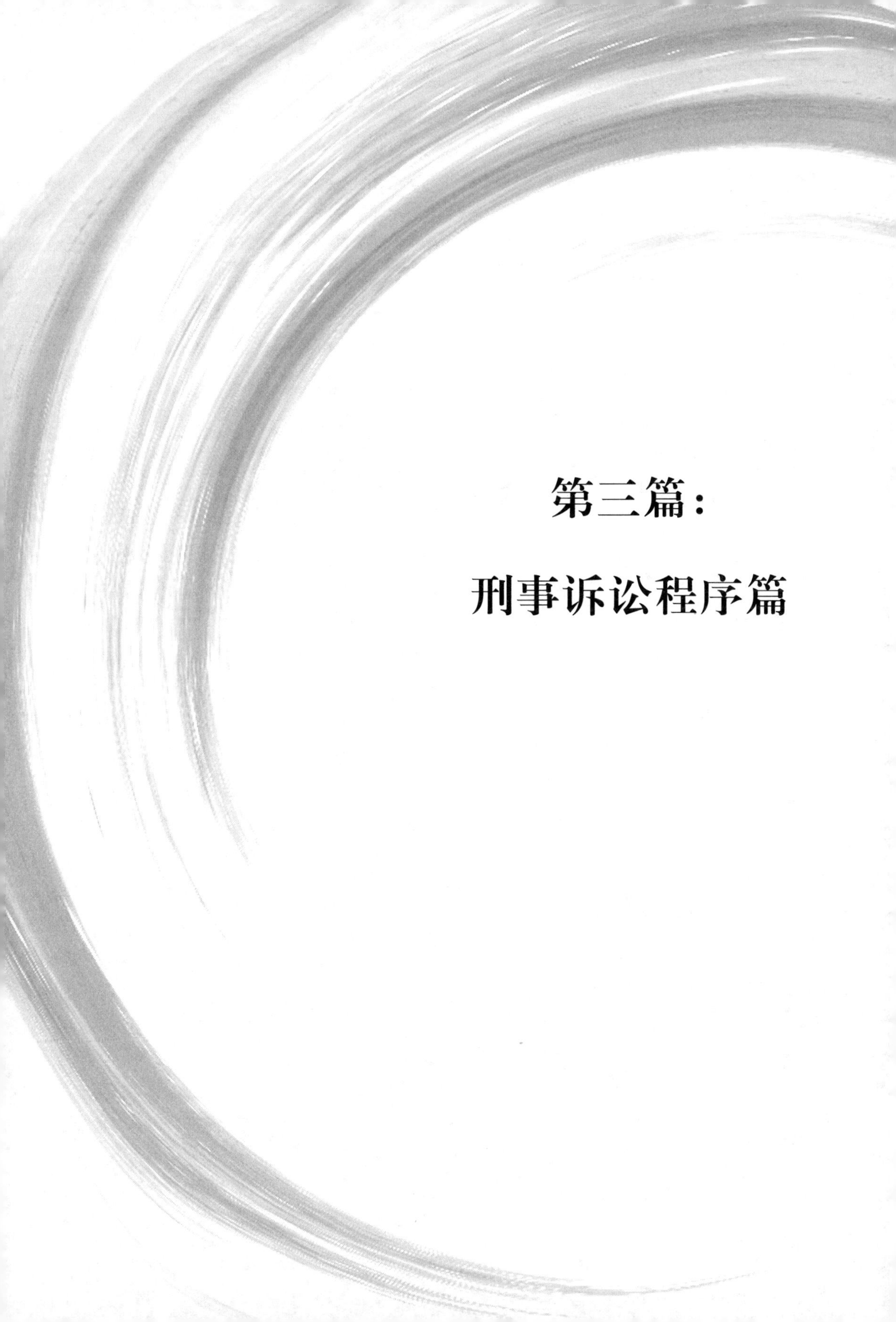

第三篇：

刑事诉讼程序篇

第 11 章　立案

本章思维导图 <<<

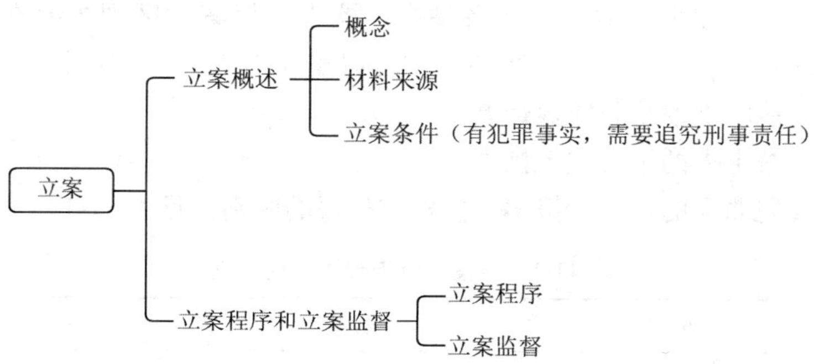

11.1　立案概述

一、立案的概念★

刑事诉讼中的立案是指公安司法机关对自己发现的案件材料和接受的控告、举报、报案、自首等材料及自诉人的起诉材料，依照各自的管辖范围进行审查，并决定是否作为刑事案件进行侦查或者审判的诉讼活动。

二、立案的材料来源★★

第一，公安机关、人民检察院自行发现的犯罪事实或者获得的犯罪线索。公安机关或者人民检察院发现犯罪事实或者犯罪嫌疑人，应当按照管辖范围立案侦查。国家安全机关、军队内部的保卫部门、监狱等机关执行职务过程中，发现犯罪事实或者犯罪线索，对于符合立案条件的，也应当立案。

第二，单位和个人的报案或者举报。控告和报案的区别主要在于主体。控告的主体只限于被害人，报案的主体可以是所有人。另外控告的内容要比报案详细，能明确谁是犯罪嫌疑人。

第三，被害人的报案或者控告。

第四，犯罪人的自首。报案、控告与举报的区别，见表 11-1。

表 11-1　报案、控告与举报的区别

	报案	控告	举报
主体	所有人	被害人	被害人以外的人
内容	不知犯罪嫌疑人	知道犯罪嫌疑人	知道犯罪嫌疑人

三、立案条件★★

立案条件是指立案必须具备的基本条件，也就是决定刑事案件成立、开始进行刑事追究所必须具备的法定条件。正确掌握立案条件是准确、及时地解决是否应当立案问题的关键。

第一，公诉案件的立案条件。

立案只需同时具备两个条件：① 有犯罪事实，称为事实条件；② 需要追究刑事责任，称为法律条件。

第二，自诉案件的立案条件。

自诉案件的立案条件除了应当具备公诉案件的两个立案条件以外，还应当具备下列条件：① 属于刑事自诉案件的范围；② 属于受诉人民法院管辖；③ 刑事案件的被害人告诉的；④ 有明确的被告人、具体的诉讼请求和能证明被告人犯罪事实的证据。

11.2 立案程序

一、对立案材料的接受★★

公安机关、人民检察院或者人民法院对于报案、控告、举报，都应当接受。公检法机关接收材料并不等于立案。对于不属于自己管辖的，应当移送主管机关处理，并且通知报案人、控告人、举报人。对于不属于自己管辖但又必须采取紧急措施的，应当先采取紧急措施，然后移送主管机关。报案、控告和举报可以用书面或口头形式提出。接受口头报案、控告和举报的工作人员，应当写成笔录，经宣读无误后，由报案人、控告人、举报人签名或者盖章。

公安机关接受控告、举报的工作人员，应当向控告人、举报人说明诬告应负的法律责任。但是，只要不是捏造事实、伪造证据，即使控告、举报的事实有出入，甚至是错告的，也要和诬告严格加以区别。

公安机关应当保障扭送人、报案人、控告人、举报人及其近亲属的安全。扭送人、报案人、控告人、举报人如果不愿意公开自己的身份，应当为其保守秘密，并在材料中注明。

二、对立案材料的调查核实★★

根据《公安部规定》第 174 条的规定，对接受的案件，或者发现的犯罪线索，公安机关应当迅速进行审查。发现案件事实或者线索不明的，必要时，经办案部门负责人批准，可以进行调查核实。调查核实过程中，公安机关可以依照有关法律和规定采取询问、查询、勘验、鉴定和调取证据材料等不限制被调查对象人身、财产权利的措施。但是，不得对被调查对象采取强制措施，不得查封、扣押、冻结被调查对象的财产，不得采取技术侦查措施。

调查核实不同于侦查，侦查是在立案之后，调查核实是在立案之前。调查核实不能采用强制措施和强制性侦查手段，只能使用任意性的措施。

三、对立案材料的处理★★

第一，立案。

人民法院、人民检察院、公安机关对立案材料进行审查后，认为有犯罪事实需要追究刑事责任的时候，应当立案。

第二，不立案。

公安司法机关认为没有犯罪事实，或者犯罪情节显著轻微，不需要追究刑事责任的时候，不予立案。不立案通知书见图 11-1。

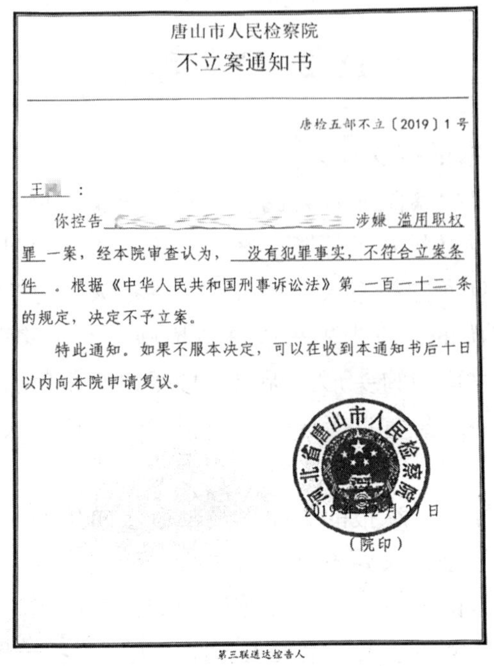
唐山市人民检察院
不立案通知书

唐检五部不立〔2019〕1号

王　：

你控告　　　　　　　　　涉嫌滥用职权罪一案，经本院审查认为，没有犯罪事实，不符合立案条件。根据《中华人民共和国刑事诉讼法》第一百一十二条的规定，决定不予立案。

特此通知。如果不服本决定，可以在收到本通知书后十日以内向本院申请复议。

2019年12月27日
（院印）

第三联送达控告人

图 11-1　不立案通知书

11.3　立案监督

立案监督是指有监督权的机关和公民依法对立案活动进行监视、督促或者审核的诉讼活动。

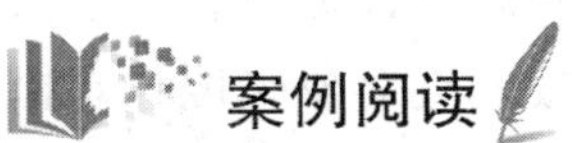

以罚代刑是指执法机关违背法律的规定，对应该追究刑事责任的违法犯罪分子代之以追究行政罚款责任的一种错误做法。比如，自 1995 年至 2003 年，海南省琼中县公安林业分局没有立案查处过一起涉林刑事案件。但仅自 1995 年以来，琼中县境内因盗伐、滥伐等毁坏林木就达数千立方米。令人奇怪的是，1995 年以来的 200 多起涉林案件，全部被行政处理，有些案件是明显的以罚代刑。琼中县检察院从 1995 年以来琼中县的 200 多起涉林案件中，筛选出 10 件触犯刑律的进行立案监督，破获了琼中县公安林业分局局长王成安的职务犯罪案件。此后，王成安被琼中县人民法院以徇私舞弊不移交刑事案件罪、贪污罪、受贿罪等数罪并罚，判处有期徒刑 5 年 6 个月。王成安任职的琼中县公安局林业分局设有小金库，明里将以罚代刑的款项存入小金库归单位使用，暗里却成了他贪占谋利的中转站。

一、控告人对公安机关不立案的救济★★

第一，复议、复核。

《公安部规定》第179条规定，控告人对不予立案决定不服的，可以在收到不予立案通知书后7日以内向作出决定的公安机关申请复议；公安机关应当在收到复议申请后30日以内作出决定，并将决定书送达控告人。

控告人对不予立案的复议决定不服的，可以在收到复议决定书后7日以内向上一级公安机关申请复核；上一级公安机关应当在收到复核申请后30日以内作出决定。对上级公安机关撤销不予立案决定的，下级公安机关应当执行。

案情重大、复杂的，公安机关可以延长复议、复核时限，但延长时限不得超过30日，并书面告知申请人。

第二，申诉。

被害人认为公安机关对应当立案侦查的案件不立案侦查，还可以向人民检察院提出申诉。人民检察院应当要求公安机关说明不立案的理由。

第三，自诉。

被害人对于公安机关不予立案的情形，还可以向法院提起自诉。

二、行政机关对其移送案件不立案的救济★★

第一，公安机关对行政机关移送案件的处理。

（1）《公安部规定》第180条第1款规定，对行政执法机关移送的案件，公安机关应当自接受案件之日起3日以内进行审查，认为有犯罪事实，需要追究刑事责任，依法决定立案的，应当书面通知移送案件的行政执法机关；认为没有犯罪事实，或者犯罪事实显著轻微，不需要追究刑事责任，依法不予立案的，应当说明理由，并将不予立案通知书送达移送案件的行政执法机关，相应退回案件材料。

（2）《公安部规定》第180条第2款规定，公安机关认为行政执法机关移送的案件材料不全的，应当在接受案件后24小时以内通知移送案件的行政执法机关在3日以内补正，但不得以材料不全为由不接受移送案件。

（3）《公安部规定》第180条第3款规定，公安机关认为行政执法机关移送的案件不属于公安机关职责范围的，应当书面通知移送案件的行政执法机关向其他主管机关移送案件，并说明理由。

第二，移送单位对公安机关不立案的救济。

《公安部规定》第181条规定，移送案件的行政执法机关对不予立案决定不服的，可以在收到不予立案通知书后 3 日以内向作出决定的公安机关申请复议；公安机关应当在收到行政执法机关的复议申请后 3 日以内作出决定，并书面通知移送案件的行政执法机关。所以，行政机关移送的案件，公安机关决定不立案的，行政机关只能复议，不能复核。此处与被害人的复核、复核救济途径有区别。

三、人民检察院对公安机关的立案监督★★

第一，检察院要求公安机关说明理由。

（1）公安机关应当立案而不立案的。

根据《高检规则》第 559 条第 1 款的规定，人民检察院经审查，认为需要公安机关说明不立案理由的，应当要求公安机关书面说明不立案的理由。

（2）公安机关不应当立案而立案的。

根据《高检规则》第 559 条第 2 款的规定，对于有证据证明公安机关可能存在违法动用刑事手段插手民事、经济纠纷，或者利用立案实施报复陷害、敲诈勒索及谋取其他非法利益等违法立案情形，尚未提请批准逮捕或者移送起诉的，人民检察院应当要求公安机关书面说明立案理由。

第二，公安机关说明理由。

根据《高检规则》第 560 条的规定，人民检察院要求公安机关说明不立案或者立案理由，应当书面通知公安机关，并且告知公安机关在收到通知后 7 日以内，书面说明不立案或者立案的情况、依据和理由，连同有关证据材料回复人民检察院。

第三，检察院通知公安机关立案或撤案。

根据《高检规则》第 561 条第 1 款的规定，公安机关说明不立案或者立案的理由后，人民检察院应当进行审查。认为公安机关不立案或者立案理由不能成立的，经检察长决定，应当通知公安机关立案或者撤销案件。

第四，公安机关立案或撤案。

根据《高检规则》第 563 条的规定，人民检察院通知公安机关立案或者撤销案件，应当制作通知立案书或者通知撤销案件书，说明依据和理由，连同证据材料送达公安机关，并且告知公安机关应当在收到通知立案书后 15 日以内立案，对通知撤销案件书没有异议的应当立即撤销案件，并将立案决定书或者撤销案件决定书及时送达人民检察院。

第五，后续跟踪监督。

根据《高检规则》第 564 条的规定，人民检察院通知公安机关立案或者撤销案件的，应当依法对执行情况进行监督。

第六，公安机关对检察院立案监督的救济。

（1）复议。

根据《高检规则》第565条第1款的规定，公安机关认为人民检察院撤销案件通知有错误，要求同级人民检察院复议的，人民检察院应当重新审查。在收到要求复议意见书和案卷材料后7日以内作出是否变更的决定，并通知公安机关。

（2）复核。

根据《高检规则》第565条第2款的规定，公安机关不接受人民检察院复议决定，提请上一级人民检察院复核的，上级人民检察院应当在收到提请复核意见书和案卷材料后15日以内作出是否变更的决定，通知下级人民检察院和公安机关执行。

第七，人民检察院对本院自侦案件的立案监督。

根据《高检规则》第566条的规定，人民检察院负责捕诉的部门发现本院负责侦查的部门对应当立案侦查的案件不立案侦查或者对不应当立案侦查的案件立案侦查的，应当建议负责侦查的部门立案侦查或者撤销案件。建议不被采纳的，应当报请检察长决定。

案例阅读

2020年10月，最高人民检察院发布4起检察机关服务保障打好污染防治攻坚战典型案例。其中一起案件为监督公安立案。赵某冬等4人共谋处置电子废物牟利，在河北省平泉市一堆料场进行焚烧时，被群众发现举报。经查，现场的电子废物及焚烧产生的电子废物灰达196.2吨。平泉市环保局拟对涉案人员作行政处罚。平泉市人民检察院通过“两法衔接”信息共享平台发现该信息后，联系环保局共赴现场再作核实，确认焚烧的物品为国家规定的危险废物。鉴于案件已涉嫌犯罪，平泉市检察院建议环保局将案件移送公安机关处理。公安机关未予立案。检察院发出《要求说明不立案理由通知书》，公安机关回复称，不立案的理由是现有证据尚不足以证明涉案电子废物系危险废物，涉案人员主观明知焚烧的电子废物系危险废物的证据亦欠缺。检察院经审查认为，公安机关不立案的理由不能成立，遂通知公安机关立案侦查。案件移送审查起诉后，检察院引导公安机关对全案证据作了进一步补充完善。最终，法院以污染环境罪分别判处赵某冬等4人有期徒刑3年6个月至4年不等，并处罚金。由于行政执法的取证要求低于刑事侦查，其在证据的规范性、完整性等方面往往达不到刑事证据的标准，公安机关往往以污染环境行为达不到立案标准为由不予立案。为此，检察机关要充分利用“两法衔接”信息平台，收集分析行政处罚案件信息，对处理存在疑问的案例进行追踪核实。发现涉嫌犯罪的，要督促生态环境部门及时移送公安机关立案侦查。

延伸阅读

2018年11月1日，习近平总书记在民营企业座谈会上的讲话中指出：对一些民营企业历史上曾有过的不规范行为，要以发展的眼光看问题，按照罪刑法定、疑罪从无的原则处理。总书记同时还强调，要纠正一批侵害企业产权的错案冤案。2018年11月17日，国务委员、公安部部长兼党委书记赵克志主持召开公安部党委（扩大）会议强调，准确认定经济纠纷和经济犯罪的性质，严格掌握入刑标准，坚决防止刑事执法介入经济纠纷，坚决防止把经济纠纷作为犯罪处理；事实上，一直以来，尤其是党的十八大以后，党中央、国务院、最高人民法院、最高人民检察院颁布了一系列保护民营企业经营权和财产权的政策及司法解释，各级法院也通过再审程序宣判了200多名被错误定罪的民营企业家无罪，如张文中、顾雏军、赵明利等系列案件。最高人民法院、最高人民检察院结合上述再审实践出台了一些指导性案例，以区分民营企业经济纠纷与刑事犯罪之间的界限，防止民营企业家被错误追诉。实践中，民营企业家被错误定罪的源头在于公安机关将经济纠纷予以刑事立案，只有摒弃“刑法优先”的错误认识，更好地落实中央政策等法律和制度的“谦抑性原则”，才能防止“太子奶”案件式悲剧——“赢了官司，输了企业”。

【课后阅读】

[1] 孙谦：《刑事立案与法律监督》，《中国刑事法杂志》，2019年第3期。

[2] 李奋飞：《“调查——公诉”模式研究”》，《法学杂志》，2018年第6期。

[3] 程雷：《刑事诉讼法与监察法的衔接难题与破解之道》，《中国法学》，2019年第2期。

第 12 章 侦查

本章思维导图 <<<

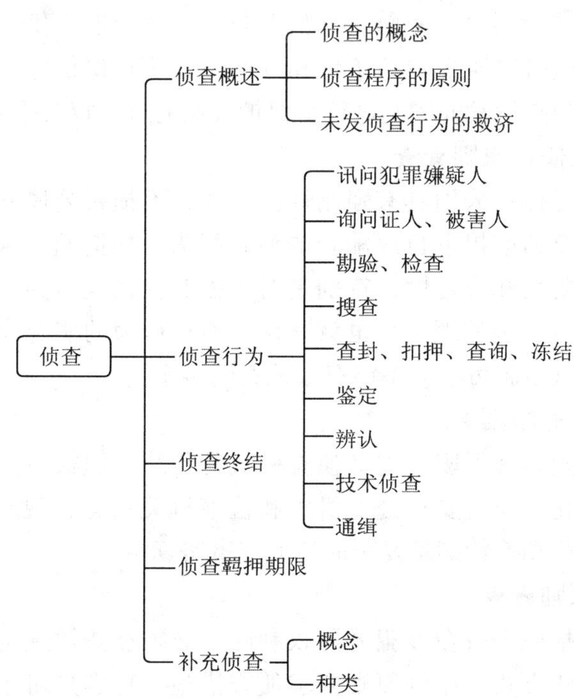

12.1 侦查概述

侦查是刑事诉讼中的一个基本的、独立的诉讼阶段，它是刑事案件立案后，由侦查机关进行的旨在查明案情、查获犯罪嫌疑人并收集各种证据，确定对犯罪嫌疑人是否起诉的准备活动。

《监察法》实施后，公职人员涉及的职务犯罪将由监察机关立案调查，不再经历侦查阶段。因此，侦查阶段不再是所有公诉案件的必经阶段。

12.1.1 侦查程序的原则

一、侦查法制原则★★

侦查人员必须增强法制观念，严格依照《刑事诉讼法》的规定收集证据，严禁刑讯逼供，或以引诱、威胁、欺骗等非法方法获取口供。适用各种强制性措施，也必须坚持法律规定的条件和程序，以防止误伤好人而放纵真正的罪犯，从而保证侦查活动的顺利进行，保护公民的合法权益不受侵犯。

二、任意性侦查原则★★

任意性侦查是指不采用具有强制性的手段，不损害公民基本的权益，而是在有关人员同意的前提下自愿配合的侦查行为，如询问证人。该原则要求侦查行为具有必要性和合理性，特别是对于强制性侦查行为的采用，侦查人员必须说明现实、合理的理由。也就是说，侦查行为的实施应是必要而不可替代的，不采用该措施可能就不能有效地查明事实。

三、客观义务原则★

客观义务原则体现了职权主义侦查模式的传统。职权主义不实行追诉机关的完全当事人化，而是要求公安机关和检察机关负有客观义务，应当不偏袒、公正地采取行动，特别是要全面地侦查事实真相。

四、比例原则★★

比例原则是指侦查权在侵犯公民权利时，必须在法律规定范围内选择侵犯公民权利最小的方式。比例原则要求侦查措施，特别是对于侵犯公民基本权利的措施，在其种类、轻重上必须和所要追究的犯罪行为大小相适应。

五、适度公开原则★

侦查程序的公开性体现在：（1）对当事人及其律师的公开。如侦查机关的告知义务、辩护人享有与犯罪嫌疑人会见通信权等。（2）对社会的公开。主要体现在侦查程序向媒体的有限度公开，侦查程序应接受社会公众的监督。

六、诉讼及时原则★

该原则要求侦查程序应当在合理的期限内尽可能迅速地进行。这本身是被追诉人权利保障的需要，也是迅速审判原则在侦查阶段的延伸。

12.1.2 违法侦查行为的救济

当事人和辩护人、诉讼代理人、利害关系人对于司法机关及其工作人员有下列行为之一的，有权向该机关申诉或者控告：

（1）采取强制措施法定期限届满，不予以释放、解除或者变更的。

（2）应当退还取保候审保证金而不退还的。

（3）对与案件无关的财物采取查封、扣押、冻结措施的。

（4）应当解除查封、扣押、冻结而不解除的。

（5）贪污、挪用、私分、调换、违反规定使用查封、扣押、冻结的财物的。

注意：有权提起申诉、控告的主体包括四类：当事人、辩护人、诉讼代理人及利害关系人。接受申诉、控告的主体只能是该司法机关。需要说明的是，这里的司法机关并不是我们通常意义上的司法机关，还包括公安机关。

对于当事人、辩护人、诉讼代理人及利害关系人的申诉、控告，该受理机关应当及时处理。对于不服处理的，当事人、辩护人、诉讼代理人及利害关系人还可以向同级人民检察院申诉。对于人民检察院直接受理的案件，可以向上一级人民检察院申诉。人民检察院对于当事人、辩护人、诉讼代理人及利害关系人的申诉应当及时进行审查，情况属实的，通知有关机关予以纠正。未向办案机关申诉或者控告，或者办案机关在规定时间内尚未作出处理决定，可直接向人民检察院申诉的，人民检察院应当告知其向办案机关申诉或者控告。人民检察院在审查逮捕、审查起诉中发现有《刑事诉讼法》第117条规定的违法情形的，可以直接监督纠正。

12.2 侦查行为

侦查行为是指侦查机关在办理案件过程中，依照法律进行的各种专门调查活动。《刑事诉讼法》规定的侦查行为有以下九种。

一、讯问犯罪嫌疑人★★★

讯问犯罪嫌疑人是指侦查人员依照法定程序以言词方式向犯罪嫌疑人查问案件事实的一种侦查行为。讯问犯罪嫌疑人是刑事案件侦查中的必经程序，见表12-1。

表 12-1 讯问犯罪嫌疑人

<table>
<tr><td>主体</td><td colspan="2">由公安机关或者人民检察院的侦查人员负责进行</td></tr>
<tr><td>人数</td><td colspan="2">侦查人员不得少于 2 人（2 人以上，含 2 人）</td></tr>
<tr><td rowspan="2">地点</td><td>已羁押</td><td>犯罪嫌疑人被送交看守所羁押以后，侦查人员对其进行讯问，应当在看守所内进行</td></tr>
<tr><td>未羁押</td><td>对不需要逮捕、拘留的犯罪嫌疑人，可以传唤到犯罪嫌疑人所在市、县内的指定地点或者到他的住处进行讯问，但是应当出示人民检察院或者公安机关的证明文件；对在现场发现的犯罪嫌疑人，经出示工作证件，可以口头传唤，但应当在讯问笔录中注明</td></tr>
<tr><td rowspan="2">时间</td><td>拘留、逮捕</td><td>已经被拘留或逮捕的犯罪嫌疑人，应当在拘留或逮捕后 24 小时以内讯问</td></tr>
<tr><td>传唤、拘传</td><td>传唤、拘传持续的时间最长不得超过 12 小时，案情特别重大、复杂，需要采取拘留、逮捕措施的，传唤、拘传持续的时间不得超过 24 小时</td></tr>
<tr><td>方法</td><td colspan="2">（1）讯问犯罪嫌疑人，应当首先讯问犯罪嫌疑人是否有犯罪行为：如果承认有犯罪行为，则让其陈述有罪的情节；如果否认有犯罪事实，则让其陈述无罪的辩解，然后根据其陈述向犯罪嫌疑人提出问题
（2）犯罪嫌疑人对侦查人员的提问应当如实回答，但是对与本案无关的问题，有权拒绝回答
（3）侦查人员在讯问犯罪嫌疑人的时候，应当告知犯罪嫌疑人享有的诉讼权利，如实供述自己罪行可以从宽处理的法律规定和认罪认罚的法律后果
（4）讯问同案的犯罪嫌疑人，应当分别进行
（5）严禁刑讯逼供及以威胁、引诱、欺骗的手段获取口供</td></tr>
<tr><td>特殊对象</td><td colspan="2">（1）未成年人：应当通知法定代理人到场；无法通知、法定代理人不能到场或者法定代理人是共犯的，也可以通知其他成年亲属，所在学校、单位、居住地基层组织或者未成年人保护组织的代表到场，并将有关情况记录在案；到场的法定代理人可以代为行使未成年犯罪嫌疑人、被告人的诉讼权利
（2）女性未成年人：应当有女性工作人员在场
（3）聋哑人、不通晓当地语言的人：应当为其聘请翻译</td></tr>
<tr><td>讯问笔录</td><td colspan="2">讯问笔录应当交犯罪嫌疑人核对，对于没有阅读能力的，应当向他宣读；如果记载有遗漏或者差错，犯罪嫌疑人可以提出补充或者改正；犯罪嫌疑人承认笔录没有错误后，应当签名或者盖章；侦查人员也应当在笔录上签名</td></tr>
<tr><td>录音录像</td><td colspan="2">（1）侦查人员在讯问犯罪嫌疑人的时候，可以对讯问过程进行录音或者录像
（2）对于可能判处无期徒刑、死刑的案件或者其他重大犯罪案件，应当对讯问过程进行录音或者录像。录音或者录像应当全程进行，保持完整性
（3）根据《高检规则》第 187 条第 3 款的规定，讯问犯罪嫌疑人时，应当告知犯罪嫌疑人将对讯问进行全程同步录音、录像；告知情况应当在录音、录像中予以反映，并记明笔录</td></tr>
</table>

延伸阅读

探寻冤假错案的发生根源，侦查阶段存在的问题不容忽视。而讯问在侦查工作中有着举足轻重的地位，是我国侦查机关寻找犯罪案件线索、获取口供、核实证据材料的重要途径。张氏叔侄案、王本余案、于英生案、陈满案……盘点近年来纠正的冤假错案，侦查阶段的刑讯逼供、非法取证、滥用强制措施是导致错案发生的直接原因。随着刑事诉讼程序的不断完善，少数侦查人员以前惯用的刑讯逼供手段也更新换代，从“简单粗暴”版升级为“软暴力”版，即对那些拒不认罪且的确被冤枉的“嫌疑人”以多种方式威逼利诱，进行精神上和肉体上的变相折磨，使用的手段非常“专业”。近年来，肉体上的刑讯逼供已不多见，但是制造恐惧、疲劳战术等精神上的刑讯逼供仍然存在。

二、询问证人、被害人★★★

询问证人、被害人是指侦查人员依照法定程序以言词方式向证人、被害人调查了解案件情况的一种侦查行为，见表12-2。

表12-2 询问证人、被害人

主体	询问证人只能由侦查人员进行（2人以上，含2人）
地点	侦查人员询问证人，可以在现场进行，也可以到证人所在单位、住处或者证人提出的地点进行，在必要的时候，可以通知证人到人民检察院或者公安机关提供证言
方法	（1）询问证人应当个别进行，这样做有利于避免证人之间互相影响，保证证言的真实性 （2）为了保证证人如实提供证据，询问证人时，应当告知他应当如实地提供证据、证言和有意作伪证或者隐匿罪证要负的法律责任 （3）严禁以暴力、威胁、引诱、欺骗的手段取证 （4）根据《高检规则》第194条第2款的规定，询问重大或者有社会影响的案件的重要证人，应当对询问过程实行全程录音、录像，并在询问笔录中注明
特殊对象	同前文“讯问犯罪嫌疑人”的特殊对象内容
询问笔录	对证人的叙述，应当制作笔录，交证人核对或者向他宣读；如果记载有遗漏或者差错，证人可以提出补充或者改正；证人承认笔录没有错误，应当签名或者盖章，侦查人员也应当在笔录上签名

三、勘验、检查★★★

第一，概念。

勘验、检查是指侦查人员对于与犯罪有关的场所、物品、尸体、人身进行勘查和检验的一种侦查行为。

勘验和检查的对象有所不同。勘验的对象是现场、物品和尸体，而检查的对象是活人的身体。勘验、检查的主体必须是侦查人员。必要时，可以指派或者聘请具有专门知识的人，在侦查人员的主持下进行。

第二，种类。

勘验、检查的种类，见表 12-3。

表 12-3　勘验、检查的种类

现场勘验	(1) 任何单位和个人，都有义务保护犯罪现场，并且立即通知公安机关派人勘验 (2) 侦查人员进行现场勘验时，必须持有证明文件 (3) 现场勘验在必要时可以指派或聘请具有专门知识的人在侦查人员的主持下进行勘验；应邀请与案件无关的见证人在场 (4) 现场勘验的情况应制成笔录，侦查人员、参加勘验的其他人员和见证人都应当在笔录上签名或盖章；对于重大案件、特别重大案件的现场，应当录音录像
物证检验	物证检验是指对在侦查活动中收集到的物品或者痕迹进行检查、验证，以确定该物证与案件事实之间的关系的一种侦查活动
尸体检验	尸体检验是指由侦查机关指派或聘请的法医或医师对非正常死亡的尸体进行尸表检验或者尸体解剖的一种侦查活动；对于死因不明的尸体，公安机关有权决定解剖，并且通知死者家属到场
人身检查	(1) 对被害人身体检查的特殊要求：应征求本人的同意，不得强制进行；犯罪嫌疑人如果拒绝检查，侦查人员认为必要的时候，可以强制检查 (2) 对妇女身体检查的特殊要求：应当由女工作人员或者医师进行；男医师也可以检查妇女身体
强制取样	为了确定被害人、犯罪嫌疑人的某些特征、伤害情况或者生理状态，可以对人身进行检查，可以提取指纹信息，采集血液、尿液等生物样本
侦查实验	(1) 为查明案情，必要时，经县级以上公安机关负责人批准，可以进行侦查实验 (2) 进行侦查实验时，禁止一切足以造成危险、侮辱人格或者有伤风化的行为 (3) 在必要的时候可以聘请有关人员参加，也可以要求犯罪嫌疑人、被害人、证人参加 (4) 进行侦查实验，应当全程录音录像，并制作侦查实验笔录，由参加实验的人签名

案例阅读

2019年4月，江苏省镇江市发生一起交通事故，一名女子身亡。镇江市检察院受案之初便觉得该案疑点重重，就组建办案组展开审查。为最大可能重建、还原案发现场，办案组建议侦查机关开展侦查实验。实验结果表明，案发当时视野开阔，能够看清三轮车内驾驶人轮廓，路面也有较大避让空间。相关鉴定意见和证据也显示，涉案旅行车符合安全技术条件，且韩某早在1997年就已取得驾照，驾驶经验丰富。种种客观证据让检察官们确信，韩某涉嫌故意杀人。但由于其拒不认罪、犯罪故意难以查明，办案组又引导侦查机关提取了被害人手机短信、通话录音并走访了10余名证人，最终查明：韩某因与被害人存在感情纠纷，多次对被害人及其家人进行滋扰，并多次扬言准备购买汽车撞击被害人。就这样，办案组先后3次会同侦查人员研究案件并就23条具体事项引导侦查取证。在大量艰难细致的工作下，检方最终凑齐了案件的整个拼图。2020年9月16日，经镇江市检察院提起公诉，法院依法以故意杀人罪判处被告人韩某死刑，剥夺政治权利终身；以故意伤害罪判处韩某有期徒刑6个月，决定执行死刑，剥夺政治权利终身。

四、搜查★★★

搜查是指侦查人员对犯罪嫌疑人及可能隐藏罪犯或者罪证的人的身体、物品、住处和其他有关的地方进行搜索、检查的一种侦查行为，见表12-4。

表12-4　搜查

主体	只能由公安机关或者人民检察院的2名以上侦查人员进行 搜查不同于勘验、检查，不需要指派或者聘请具有专门知识的人参加
对象	可以是犯罪嫌疑人，也可以是其他隐藏罪犯或者犯罪证据的人；可以对人身进行，也可以对被搜查人的住处、物品和其他有关场所进行
程序	（1）必须向被搜查人出示搜查证，否则，被搜查人有权拒绝搜查 （2）公安机关的搜查证，要由县级以上公安机关负责人签发；人民检察院的搜查证，要由检察长签发 （3）搜查的时候，应当有被搜查人或者他的家属、邻居或者其他见证人在场 （4）搜查妇女的身体，应当由女工作人员进行 （5）搜查的情况应当写成笔录，由侦查人员和被搜查人或者他的家属、邻居或者其他见证人签名或者盖章；如果被搜查人或者他的家属在逃或者拒绝签名、盖章，应当在笔录上注明

案例阅读

2007年，陕西省镇坪县农民猎人周正龙拍到的华南虎照的真伪，迅速引爆了国内及国际舆论。公安机关以前所未有的参与人数与战斗热情，投入数码虎照的真伪大战中。该案侦查时，警方在周正龙家里开展搜查，在楼上谷仓里面发现了一枝猎枪、一包炸药、十来个雷管，随后周正龙被警方带走。警方搜查周正龙家谷仓时，发现了两张华南虎的年画。

五、查封、扣押、查询与冻结★★★

查封、扣押、查询与冻结的相关内容，见表12-5。

表12-5 查封、扣押、查询与冻结

<table>
<tr><td>主体</td><td colspan="2">只能由侦查人员进行（2人以上，含2人）</td></tr>
<tr><td rowspan="2">对象</td><td>扣押、查封</td><td>（1）在侦查活动中发现的可用以证明犯罪嫌疑人有罪或者无罪的各种财物、文件，应当查封、扣押；但与案件无关的财物、文件，不得查封、扣押；持有人拒绝交出应当查封、扣押的财物、文件的，公安机关可以强制查封、扣押
（2）土地、房屋等不动产，或者船舶、航空器及其他不宜移动的大型机器、设备等特定动产，应当经县级以上公安机关负责人批准并制作查封决定书</td></tr>
<tr><td>查询、冻结</td><td>根据侦查犯罪的需要，可以依照规定查询、冻结犯罪嫌疑人的存款、汇款、证券交易结算资金、期货保证金等资金，债券、股票、基金份额和其他证券，以及股权、保单权益和其他投资权益等财产，并可以要求有关单位和个人配合；不得划转、转账或者以其他方式变相扣押</td></tr>
<tr><td>程序</td><td colspan="2">（1）对于查封、扣押的财物、文件，应当会同在场见证人和被查封、扣押财物、文件持有人查点清楚，当场开列清单一式两份，由侦查人员、见证人和持有人签名或者盖章，一份交给持有人，另一份附卷备查
（2）对于扣押的物品、文件、邮件、电报或者冻结的存款、汇款，经查明确实与案件无关的，应当在3日以内解除扣押、冻结，退还原主或者原邮电机关
（3）根据《高检规则》第210、212条的规定，人民检察院在侦查中查封、扣押、冻结均需检察长的批准
（4）根据《高检规则》第211条的规定，对犯罪嫌疑人使用违法所得与合法收入共同购置的不可分割的财产，可以先行查封、扣押、冻结。对无法分割退还的财产，应当在结案后予以拍卖、变卖，对不属于违法所得的部分予以退还
（5）查封、扣押的情况应当制作笔录，由侦查人员、持有人和见证人签名；对于无法确定持有人或者持有人拒绝签名的，侦查人员应当在笔录中注明</td></tr>
</table>

六、鉴定★★★

鉴定是指公安机关、人民检察院为了查明案情，指派或者聘请具有专门知识的人对案件中的某些专门性问题进行鉴别和判断的一种侦查活动，见表12-6。

表12-6 鉴定

主体	由侦查机关指派或者聘请，只能是自然人 （1）指派，即由公安机关或者人民检察院，指派其内部的刑事技术鉴定部门具有鉴定资格的专业人员进行鉴定 （2）聘请，即由公安机关或者人民检察院聘请其他部门的专业人员进行鉴定
对象	专业性问题
程序	（1）办案机关应当为鉴定人进行鉴定提供必要的条件，及时向鉴定人送交有关检材和对比样本等原始材料，介绍与鉴定有关的情况，并且明确提出要求鉴定解决的问题；禁止暗示或者强迫鉴定人作出某种鉴定意见 （2）鉴定人进行鉴定后，应当写出鉴定意见，并且签名；鉴定人故意作虚假鉴定的，应当承担法律责任；多人参加鉴定，鉴定人有不同意见的，应当注明 （3）对犯罪嫌疑人、被告人在押的案件，除对犯罪嫌疑人的精神病鉴定时间不计入办案期限外，其他鉴定时间都应当计入办案期限 （4）根据《高检规则》第221条的规定，用作证据的鉴定意见，人民检察院办案部门应当告知犯罪嫌疑人、被害人；被害人死亡或者没有诉讼行为能力的，应当告知其法定代理人、近亲属或诉讼代理人。犯罪嫌疑人、被害人或被害人的法定代理人、近亲属、诉讼代理人提出申请，可以补充鉴定或者重新鉴定，鉴定费用由请求方承担。但原鉴定违反法定程序的，由人民检察院承担。犯罪嫌疑人的辩护人或者近亲属以犯罪嫌疑人有患精神病可能而申请对犯罪嫌疑人进行鉴定的，鉴定费用由申请方承担

七、辨认★★★

辨认是指侦查人员为了查明案情，在必要时让被害人、证人及犯罪嫌疑人对与犯罪有关的物品、文件、场所或者犯罪嫌疑人进行辨认的一种侦查行为，见表12-7。

表12-7 辨认

主持	主持辨认的侦查人员不得少于2人	
主体	被害人、证人和犯罪嫌疑人都可以是辨认主体	
对象	与犯罪有关的物品、文件、尸体、场所、犯罪嫌疑人 证人和被害人可能成为辨认主体，不可能成为辨认对象	
程序	单独原则	几名辨认人对同一对象进行辨认时，应当由每名辨认人单独进行

续表

<table>
<tr><td rowspan="6">程序</td><td>混杂原则</td><td>（1）公安机关侦查的案件，在辨认犯罪嫌疑人时，被辨认的人数不得少于7人；辨认照片时，被辨认的照片不得少于10张；辨认物品时，混杂的同类物品不得少于5件
（2）人民检察院自侦的案件，辨认犯罪嫌疑人时，被辨认的人数不得少于7人，照片不得少于10张；辨认物品时，同类物品不得少于5件，照片不得少于5张
注意：对场所、尸体等特定辨认对象进行辨认，或者辨认人能够准确描述物品独有特征的，陪衬物不受数量的限制</td></tr>
<tr><td>防止预断</td><td>应当向辨认人详细询问被辨认对象的具体特征，尤其要避免辨认人见到被辨认对象，并应当告知辨认人有意作虚假辨认应承担的法律责任</td></tr>
<tr><td>禁止暗示</td><td>不得给辨认人任何暗示</td></tr>
<tr><td>现场监督</td><td>应当有见证人在场</td></tr>
<tr><td>制作笔录</td><td>对于辨认的情况，应当制作笔录，由主持和参加辨认的侦查人员、辨认人、见证人签名或盖章；对辨认对象应当拍照，必要时可以对辨认过程进行录音录像</td></tr>
<tr><td>保密原则</td><td>辨认人不愿公开进行的，侦查人员应当为其保密</td></tr>
</table>

八、技术侦查★★★

技术侦查是指国家安全机关和公安机关为了侦查犯罪而采取的特殊侦查措施，包括电子侦听、电话监听、电子监控、秘密拍照或录像、秘密获取某些物证、邮件等秘密的专门技术手段，见表12-8。

表12-8　技术侦查

<table>
<tr><td rowspan="2">主体</td><td>决定主体</td><td>公安机关（国家安全机关）、人民检察院</td></tr>
<tr><td>执行主体</td><td>公安机关（国家安全机关）
注意：人民检察院只有技术侦查的决定权，没有执行权</td></tr>
<tr><td rowspan="2">案件范围</td><td>公安机关</td><td>《刑事诉讼法》第150条第1款规定，公安机关在立案后，对于危害国家安全犯罪、恐怖活动犯罪、黑社会性质的组织犯罪、重大毒品犯罪或者其他严重危害社会的犯罪案件，根据侦查犯罪的需要，经过严格的批准手续，可以采取技术侦查措施</td></tr>
<tr><td>检察院</td><td>《刑事诉讼法》第150条第2款规定，人民检察院在立案后，对于利用职权实施的严重侵犯公民人身权利的重大犯罪案件，根据侦查犯罪的需要，经过严格的批准手续，可以采取技术侦查措施，按照规定交有关机关执行</td></tr>
</table>

续表

案件范围	追捕在逃犯	《刑事诉讼法》第150条第3款规定，追捕被通缉或者批准、决定逮捕的在逃的犯罪嫌疑人、被告人，经过批准，可以采取追捕所必需的技术侦查措施
	监察机关	《监察法》第28条第1款规定，监察机关调查涉嫌重大贪污贿赂等职务犯罪，根据需要，经过严格的批准手续，可以采取技术调查措施，按照规定交有关机关执行
批准程序	（1）批准决定应当根据侦查犯罪的需要，确定采取技术侦查措施的种类和适用对象 （2）批准决定自签发之日起3个月以内有效；对于不需要继续采取技术侦查措施的，应当及时解除；对于复杂、疑难案件，期限届满仍有必要继续采取技术侦查措施的，经过批准，有效期可以延长，每次不得超过3个月	
执行程序	（1）采取技术侦查措施，必须严格按照批准的措施种类、适用对象和期限执行 （2）侦查人员对采取技术侦查措施过程中知悉的国家秘密、商业秘密、个人隐私，应当保密；对采取技术侦查措施获取的与案件无关的材料，必须及时销毁 采取技术侦查措施获取的材料，只有用于对犯罪的侦查、起诉和审判，不得用于其他用途；公安机关依法采取技术侦查措施，有关单位和个人应当配合，并对有关情况予以保密	
秘密侦查措施的适用	隐匿身份	为了查明案情，在必要的时候，经公安机关负责人决定，可以由有关人员隐匿其身份实施侦查；但是，不得诱使他人犯罪，不得采用可能危害公共安全或者发生重大人身危险的方法
	控制交付	对涉及给付毒品等违禁品或者财物的犯罪活动，公安机关根据侦查犯罪的需要，可以依照规定实施控制下交付
证据使用	（1）采取侦查措施收集的材料在刑事诉讼中可以作为证据使用 （2）如果使用该证据可能危及有关人员的人身安全，或者可能产生其他严重后果的，应当采取不暴露有关人员身份、技术方法等保护措施；必要的时候，可以由审判人员在庭外对证据进行核实 （3）采取技术侦查措施收集的材料作为证据使用的，批准采取技术侦查措施的法律文书应当附卷，辩护律师可以依法查阅、摘抄、复制，在审判过程中可以向法庭出示	

延伸阅读

在犯罪多样化与隐蔽化的现代社会，利用线人破案已成为各国通行的重要手段。不少欧美国家对线人制度有明确立法，我国在公共安全和反腐等领域也愈加需要职业线人，但至今除了各部门的一些内部规定外，均无国家层面的立法，对线人的监控、赦免、报酬与保护等存在诸多问题。近年在广东就有缉私线人诉太平海关奖酬不公、烟草打假线人被报复致死后家属诉烟草局要求赔偿等案例。

九、通缉★★★

通缉是指公安机关通令缉拿应当逮捕而在逃的犯罪嫌疑人的一种侦查行为，见表12-9。

表12-9 通缉

决定主体	公安机关和人民检察院
发布主体	经县级以上公安机关负责人批准，可以发布通缉令 人民检察院需要追捕在逃的犯罪嫌疑人时，应当由公安机关发布通缉令
发布范围	公安机关在发布通缉令时，有发布范围的限制；各级公安机关在自己管辖的地区以内，可以直接发布通缉令，超出自己管辖的地区应当报请有权决定的上级机关发布
通缉对象	只能是依法应当逮捕而在逃的犯罪嫌疑人，当然包括已被捕而在羁押期间逃跑的犯罪嫌疑人 《监察法》第29条规定，依法应当留置的被调查人如果在逃，监察机关可以决定在本行政区域内通缉，由公安机关发布通缉令，追捕归案。通缉范围超出本行政区域的，应当报请有权决定的上级监察机关决定 注意：监察机关在调查程序中的通缉对象及决定机关与刑事侦查程序的差异

案例阅读

2021年10月18日18时许，吉林监狱服刑人员朱贤健利用收工时间，通过攀爬AB门雨棚翻至监墙强行脱逃，后下落不明。在其逃亡的40多天期间，警方曾3次发布悬赏通报，从10万逐步增加到了70万。2021年11月28日上午，吉林警方终于在44公里外的丰满区松花湖黑瞎子沟抓获了朱贤健。

12.3 侦查终结、侦查羁押期限与补充侦查

12.3.1 侦查终结

侦查终结是指侦查机关对于自己立案侦查的案件，经过一系列的侦查活动，根据已经查明的事实、证据，依照法律规定，足以对案件作出起诉、不起诉或者撤销案件的结论，决定不再进行侦查，并对犯罪嫌疑人作出处理的一种诉讼活动。

一、侦查终结的条件★

侦查终结的案件，应当同时符合以下条件：① 案件事实清楚；② 证据确实、充分；③ 犯罪性质和罪名认定正确；④ 法律手续完备；⑤ 依法应当追究或不追究刑事责任。

二、听取辩护意见★

根据《刑事诉讼法》第 161 条的规定，在案件侦查终结前，辩护律师提出要求的，侦查机关应当听取辩护律师的意见，并记录在案。辩护律师提出书面意见的，应当附卷。

此处听取辩护律师意见是以其提出要求为前提，并不属于应当主动听取辩护人意见的情形。

三、案件侦查终结的处理★★

第一，移送审查起诉。对于犯罪事实、情节清楚，证据确实、充分，依法应当追究犯罪嫌疑人刑事责任的，即应制作起诉意见书，然后连同案卷材料、证据一并移送同一级人民检察院审查决定。同时将案件移送情况告知犯罪嫌疑人及其辩护律师。

第二，撤销案件。对于不应当对犯罪嫌疑人追究刑事责任的，应当撤销案件；犯罪嫌疑人已经被逮捕的，应当立即释放，发给释放证明，并且通知原批准的人民检察院。

延伸阅读

2018 年《刑事诉讼法》新增了对符合条件的特殊案件的犯罪嫌疑人经过法定程序可以撤销案件或不起诉的制度。《刑事诉讼法》第 182 条规定，犯罪嫌疑人自愿如实供述涉嫌犯罪的事实，有重大立功或者案件涉及国家重大利益的，经最高人民检察院核准，公安机关可以撤销案件，人民检察院可以作出不起诉决定，也可以对涉嫌数罪中的一项或者多项不起诉。

四、侦查羁押期限★★★

侦查羁押期限是指犯罪嫌疑人在侦查中被逮捕以后到侦查终结的期限。我国刑事诉讼法对侦查羁押期限明确加以规定，目的是切实保障犯罪嫌疑人的人身自由和合法权益，防止案件久拖不决，提高侦查工作效率，保证侦查工作顺利进行，见表 12-10。

表 12-10 侦查羁押期限

一般情形	最长 2 个月	对犯罪嫌疑人逮捕后的侦查羁押期限不得超过 2 个月
案情复杂	延长 1 个月	可以经上一级人民检察院批准延长 1 个月
	延长 2 个月	下列案件在 3 个月的期限内仍不能侦查终结的，经省、自治区、直辖市人民检察院批准或者决定，可以延长 2 个月：① 交通十分不便的边远地区的重大复杂案件；② 重大的犯罪集团案件；③ 流窜作案的重大复杂案件；④ 犯罪涉及面广，取证困难的重大犯罪案件
	延长 2 个月	犯罪嫌疑人可能判处 10 年有期徒刑以上刑罚，依照上述规定延长期限届满，仍不能侦查终结的，经省、自治区、直辖市人民检察院批准或者决定，可以再延长 2 个月
	无限期	因为特殊原因，在较长时间内不宜交付审判的特别重大复杂的案件，由最高人民检察院报请全国人大常委会批准延期审理

延伸阅读

《监察法》第 43 条第 2 款规定，留置时间不得超过 3 个月。在特殊情况下，可以延长 1 次，延长时间不得超过 3 个月。省级以下监察机关采取留置措施的，延长留置时间应当报上一级监察机关批准。监察机关发现采取留置措施不当的，应当及时解除。(此条文是《监察法》关于监察机关的留置期间的规定，要注意与侦查羁押期间相区别)

五、补充侦查★★★★

补充侦查是指公安机关或者人民检察院依照法定程序，在原有侦查工作的基础上进行补充收集证据的一种侦查活动。补充侦查并不是每个案件都必须进行的活动，它只适用于事实不清、证据不足或者遗漏罪行、遗漏同案犯罪嫌疑人的案件。补充侦查由人民检察院决定，公安机关或者人民检察院实施。

根据《刑事诉讼法》第 90、175、204 条的规定，补充侦查在程序上有三种，即审查批捕时的补充侦查、审查起诉时的补充侦查和法庭审理时的补充侦查。

第一，审查批捕阶段的补充侦查。根据《刑事诉讼法》第 90 条的规定，人民检察院对于公安机关提请批准逮捕的案件进行审查后，应当根据情况分别作出批准逮捕或者不批准逮捕的决定。对于批准逮捕的决定，公安机关应当立即执行，并且将执行情况及时通知人民检察院。对于不批准逮捕的，人民检察院应当说明理由，需要补充侦查的，应当同时通知公安机关。

应注意，此处用的是通知公安补充侦查，检察院不能自行补充侦查，也不能退回公安补充侦查。

第二，审查起诉阶段的补充侦查（调查），见表 12-11。

表 12-11　审查起诉阶段的补充侦查（调查）

补充侦查的形式	（1）可以退回公安机关、自侦部门、监察机关补充侦查（调查） （2）也可以自行侦查，必要时可以要求公安机关提供协助
补充侦查的期限	退回公安补充侦查、退回监委补充调查、退回检察院自侦部门补充侦查的，均应当在 1 个月以内补充侦查完毕（凡是“退回”均限 1 个月）
补充侦查的次数	退回公安补充侦查、退回监委补充调查、退回检察院自侦部门补充侦查的，均以 2 次为限（凡是“退回”均限 2 次）
补充侦查后的处理	（1）补充侦查完毕移送人民检察院后，人民检察院重新计算审查起诉期限 （2）经过 2 次补充侦查的案件，仍然证据不足，不符合起诉条件的，人民检察院应当作出不起诉决定；人民检察院对于经过 1 次退回补充侦查的案件，认为证据不足，不符合起诉条件，且没有退回补充侦查必要的，可以作出不起诉决定

案例阅读

被不起诉人吴某某，男，因涉嫌强奸罪，于 2018 年 6 月 30 日被中卫市公安局沙坡头区分局刑事拘留，同年 7 月 13 日被取保候审，2019 年 6 月 18 日由检察院决定取保候审。此案由中卫市公安局沙坡头区分局侦查终结，以被不起诉人吴某某涉嫌强奸罪，于 2019 年 6 月 17 日向检察院移送审查起诉。其间，因事实不清、证据不足，退回侦查机关补充侦查一次（自 2019 年 7 月 16 日至 8 月 15 日）。中卫市公安局沙坡头区分局移送审查起诉认定：2018 年 4 月 3 日 20 时许，被不起诉人吴某某约被害人魏某某到中卫市创业城三楼酒吧饮酒，被害人魏某某当场醉酒，吴某某将被害人魏某某送至其居住的中卫市沙坡头区某小区家中主卧室内，后吴某某趁被害人魏某某醉酒强行与其发生性关系。案发后被害人魏某某不敢报案，2018 年 6 月 28 日，魏某某报案至中卫市公安局沙坡头区分局。2018 年 6 月 29 日 12 时许，被害人喝下百草枯农药，因抢救无效于 2018 年 7 月 1 日死亡。经检察院审查并退回补充侦查，检察院仍然认为中卫市公安局沙坡头区分局认定被不起诉人吴某某以暴力、胁迫或者其他手段强奸妇女的犯罪事实不清、证据不足，不符合起诉条件，且无二次退回补充侦查的必要。依照《刑事诉讼法》第 175 条、《高检规则》第 403 条第 2 款的规定，决定对吴某某不起诉。

第三，法庭审理阶段的补充侦查，见表 12-12。

表 12-12 法庭审理阶段的补充侦查

补充侦查的形式	(1)《高检规则》第 422 条第 1 款规定，在审判过程中，对于需要补充提供法庭审判所必需的证据或者补充侦查的，人民检察院应当自行收集证据和进行侦查，必要时可以要求监察机关或者公安机关提供协助；也可以书面要求监察机关或者公安机关补充提供证据。此情形主要针对已经指控的犯罪事实的补充侦查，只能由检察院自行进行，不得再退回侦查机关或监察机关 (2)《高检规则》第 423 条规定，人民法院宣告判决前，人民检察院发现遗漏同案犯罪嫌疑人或者罪行的，应当要求公安机关补充移送起诉或者补充侦查；对于犯罪事实清楚，证据确实、充分的，可以直接追加、补充起诉。此情形主要针对漏罪、漏人的补充侦查，应当要求公安机关补充侦查或者补充移送，满足起诉条件的也可以径行起诉
补充侦查的启动	法院作为消极中立的裁判者，不会主动启动补充侦查程序。《刑诉解释》第 277 条规定，审判期间，合议庭发现被告人可能有自首、坦白、立功等法定量刑情节，而人民检察院移送的案卷中没有相关证据材料的，应当通知人民检察院在指定时间内移送。审判期间，被告人提出新的立功线索的，人民法院可以建议人民检察院补充侦查
补充侦查的期限	应当在 1 个月内补充侦查完毕
补充侦查的次数	2 次为限
补充侦查后的处理	(1) 人民检察院补充侦查的案件，补充侦查完毕移送人民法院后，人民法院重新计算审理期限 (2)《刑诉解释》第 274 条第 3 款规定，补充侦查期限届满后，人民检察院未将补充的证据材料移送人民法院的，人民法院可以根据在案证据作出判决、裁定

【课后阅读】

[1] 李玉华：《侦查制度改革实证研究》，《中国刑事法杂志》，2018 年第 6 期。

[2] 程雷：《技术侦查证据使用问题研究》，《法学研究》，2018 年第 5 期。

[3] 程雷：《大数据侦查的法律控制》，《中国社会科学》，2018 年第 11 期。

［4］王星译：《刑事侦查法规范目的的“话语转换”》，《南大法学》，2021年第3期。

［5］卞建林：《检察机关侦查权的部分保留及其规范运行——以国家监察体制改革与〈刑事诉讼法〉修改为背景》，《现代法学》，2020年第2期。

第 13 章　起诉

本章思维导图 <<<

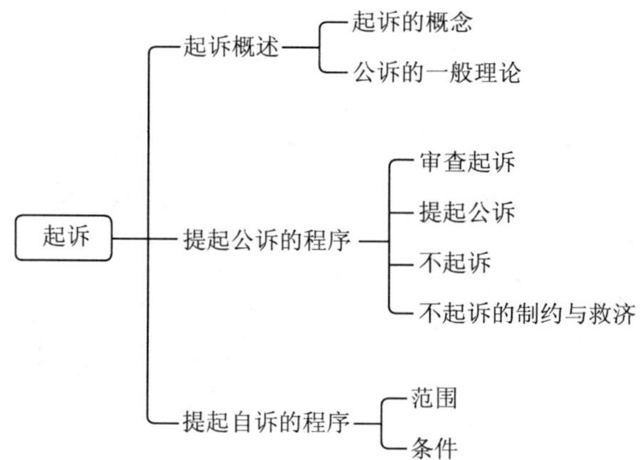

13.1　起诉概述

一、起诉的概念★

刑事起诉是指享有控诉权的国家机关和公民依法向法院提起诉讼，请求法院对指控的内容进行审判，以确定被告人刑事责任并依法予以刑事制裁的诉讼活动。刑事起诉可分为两种，即公诉和自诉。

公诉，即依法享有刑事起诉权的国家专门机关代表国家向法院提起诉讼，要求法院通过审判确定被告人犯有被指控的罪行，并给予相应的刑事制裁的诉讼活动。

自诉，即刑事被害人及其法定代理人、近亲属等，以个人的名义向法院起诉，要求保护被害人的合法权益，追究被告人刑事责任的诉讼活动。

二、起诉的一般理论★★

第一，现代各国的刑事公诉制度主要分为两种类型：公诉垄断主义与公诉兼自诉制度。公诉垄断主义即刑事案件的起诉权被国家垄断，排除被害人自诉。公诉兼自诉制度即较为严重的刑事案件的起诉权由检察机关代表国家行使，而少数轻微的刑事案件允许公民自诉。我国刑事诉讼实行以公诉为主、自诉为辅的犯罪追诉机制，即在对刑事犯罪实行国家追诉的同时，兼采被害人追诉主义。

第二，对于符合起诉条件的刑事公诉案件是否必须向审判机关起诉，也存在起诉法定主义与起诉便宜主义两种不同的原则。

起诉法定主义，即只要被告人的行为符合法定起诉条件，公诉机关就必须起诉，不享有自由裁量的权力，且不论具体情节。

起诉便宜主义，即被告人的行为在具备起诉条件时，是否起诉由检察官根据被告人及其行为的具体情况及形势政策等因素自由裁量。在起诉原则上，我国以起诉法定主义为主，兼采起诉便宜主义，检察官的起诉裁量权受到严格限制。

13.2　提起公诉的程序

13.2.1　审查起诉的概念与流程

一、审查起诉的概念★

审查起诉是指人民检察院在提起公诉阶段，关于案件是否应当提起公诉，对侦查机关和监察机关确认的犯罪事实和证据、犯罪性质和罪名进行审查核实，并作出处理决定的诉讼活动。

二、审查主体★

凡需要提起公诉的案件，一律由人民检察院审查决定。

三、受理程序★

对于公安机关移送审查起诉的案件，应当在 7 日内进行审查，审查的期限计入审查起诉的期限。

四、审查内容★

根据《刑事诉讼法》第 171 条的规定，人民检察院审查案件的时候，必须查明：① 犯罪事实、情节是否清楚，证据是否确实、充分，犯罪性质和罪名的认定是否正确；② 有无遗漏罪行和其他应当追究刑事责任的人；③ 是否属于不应追究刑事责任的；④ 有无附带民事诉讼；⑤ 侦查活动是否合法。

五、审查期限★★

根据《刑事诉讼法》第 172 条第 1 款的规定，人民检察院对于监察机关、公安机关移送起诉的案件，应当在 1 个月以内作出决定，重大、复杂的案件，可以延长 15 日；犯罪嫌疑人认罪认罚，符合速裁适用条件的，应当在 10 日以内作出决定，对可能判处的有期徒刑超过 1 年的，可以延长至 15 日。

六、必经程序★★

根据《刑事诉讼法》第 173 条第 1 款的规定，人民检察院审查案件，应当讯问犯罪嫌疑人，听取辩护人或者值班律师、被害人及其诉讼代理人的意见，并记录在案。辩护人或者值班律师、被害人及其诉讼代理人提出书面意见的，应当附卷。

13.2.2 审查起诉中特殊情形的处理

一、材料不齐备★

《高检规则》第 158 条第 2 款规定，经审查，认为案卷材料不齐备的，应当及时要求移送案件的单位补送相关材料。对于案卷装订不符合要求的，应当要求移送案件的单位重新装订后移送。

二、同案犯在逃★

《高检规则》第 158 条第 3 款规定，对于移送起诉的案件，犯罪嫌疑人在逃的，应当要求公安机关采取措施保证犯罪嫌疑人到案后再移送起诉。共同犯罪案件中部分犯罪嫌疑人在逃的，对在案犯罪嫌疑人的移送起诉应当受理。

三、管辖问题★★

第一，《高检规则》第 328 条。

各级人民检察院提起公诉，应当与人民法院审判管辖相适应。负责捕诉的部门收到移送起诉的案件后，经审查认为不属于本院管辖的，应当在发现之日起 5 日以内经由负责案件管理的部门移送有管辖权的人民检察院。

（1）属于上级管辖。

属于上级人民法院管辖的第一审案件，应当报送上级人民检察院，同时通知移送起诉的公安机关。

（2）属于同级管辖。

属于同级其他人民法院管辖的第一审案件，应当移送有管辖权的人民检察院或者报送共同的上级人民检察院指定管辖，同时通知移送起诉的公安机关。

（3）属于下级管辖。

上级人民检察院受理同级公安机关移送起诉的案件，认为属于下级人民法院管辖的，可以交下级人民检察院审查，由下级人民检察院向同级人民法院提起公诉，同时通知移送起诉的公安机关。

（4）数人数罪。

一人犯数罪、共同犯罪和其他需要并案审理的案件，只要其中一人或者一罪属于上级人民检察院管辖的，全案由上级人民检察院审查起诉。

（5）指定管辖。

公安机关移送起诉的案件，需要依照刑事诉讼法的规定指定审判管辖的，人民检察院应当在公安机关移送起诉前协商同级人民法院办理指定管辖有关事宜。

第二，《高检规则》第 329 条。

监察机关移送起诉的案件，需要依照刑事诉讼法的规定指定审判管辖的，人民检察院应当在监察机关移送起诉 20 日前协商同级人民法院办理指定管辖有关事宜。

第三，《高检规则》第 357 条。

（1）检察院误查了监察机关案件。

人民检察院立案侦查时认为属于直接受理侦查的案件，在审查起诉阶段发现属于监察机关管辖的，应当及时商请监察机关办理。

（2）检察院误查了公安机关案件。

人民检察院在立案侦查时认为属于直接受理侦查的案件，在审查起诉阶段发现属于公安机关管辖，案件事实清楚，证据确实、充分，符合起诉条件的，可以直接起诉；事实不清、证据不足的，应当及时移送有管辖权的机关办理。

（3）公安机关、监察机关误查了彼此的案件。

在审查起诉阶段，发现公安机关移送起诉的案件属于监察机关管辖，或者监察机关移送起诉的案件属于公安机关管辖，但案件事实清楚，证据确实、充分，符合起诉条件的，经征求监察机关、公安机关意见后，没有不同意见的，可以直接起诉；提出不同意见，或者事实不清、证据不足的，应当将案件退回移送案件的机关并说明理由，建议其移送有管辖权的机关办理。

四、鉴定问题★★

根据《高检规则》第332条的规定，人民检察院认为需要对案件中某些专门性问题进行鉴定而监察机关或者公安机关没有鉴定的，应当要求监察机关或者公安机关进行鉴定。必要时，也可以由人民检察院进行鉴定，或者由人民检察院聘请有鉴定资格的人进行鉴定。

人民检察院自行进行鉴定的，可以商请监察机关或者公安机关派员参加，必要时可以聘请有鉴定资格或者有专门知识的人参加。

根据《高检规则》第333条的规定，在审查起诉中，发现犯罪嫌疑人可能患有精神病的，人民检察院应当依照《高检规则》的有关规定对犯罪嫌疑人进行鉴定。犯罪嫌疑人的辩护人或者近亲属以犯罪嫌疑人可能患有精神病而申请对犯罪嫌疑人进行鉴定的，人民检察院也可以依照《高检规则》的有关规定对犯罪嫌疑人进行鉴定。鉴定费用由申请方承担。

五、复验复查问题★

根据《高检规则》第335条的规定，人民检察院审查案件时，对监察机关或者公安机关的勘验、检查，认为需要复验、复查的，应当要求其复验、复查，人民检察院可以派员参加；也可以自行复验、复查，商请监察机关或者公安机关派员参加，必要时也可以指派检察技术人员或者聘请其他有专门知识的人参加。

六、漏罪、漏人问题★★

根据《高检规则》第356条的规定，人民检察院在办理公安机关移送起诉的案件中，发现遗漏罪行或者有依法应当移送起诉的同案犯罪嫌疑人而未移送起诉的，应当要求公安机关补充侦查或者补充移送起诉。对于犯罪事实清楚，证据确实、充分的，也可以直接提起公诉。

所以，发现漏罪、漏人有三种处理方式：① 要求公安机关补充侦查；② 要求公安机关补充移送起诉；③ 直接提起公诉。

七、发现新罪★

根据《高检规则》第349条的规定，人民检察院对已经退回监察机关二次补充调查或者退回公安机关二次补充侦查的案件，在审查起诉中又发现新的犯罪事实，应当将线索移送监察机关或者公安机关。对已经查清的犯罪事实，应当依法提起公诉。

八、证据的核实与排除问题★★

根据《高检规则》第264条的规定，发现讯问笔录与讯问犯罪嫌疑人录音、录像内容有重大实质性差异的，或者公安机关、本院负责侦查的部门不能补正或者不能作出合理解释的，该讯问笔录不能作为批准或者决定逮捕、提起公诉的依据。

根据《高检规则》第341条的规定，人民检察院在审查起诉中发现有应当排除的非法证据，应当依法排除，同时可以要求监察机关或者公安机关另行指派调查人员或者侦查人员重新取证。必要时，人民检察院也可以自行调查取证。

在审前阶段排除非法证据后还允许重新调取。若在审判阶段，非法证据被法官排除的，不允许重新调取。

九、审查起诉阶段的认罪认罚程序★★★

第一，权利告知与意见听取。

根据《刑事诉讼法》第173条第2款的规定，犯罪嫌疑人认罪认罚的，人民检察院应当告知其享有的诉讼权利和认罪认罚的法律规定，听取犯罪嫌疑人、辩护人或者值班律师、被害人及其诉讼代理人对下列事项的意见，并记录在案：① 涉嫌的犯罪事实、罪名及适用的法律规定；② 从轻、减轻或者免除处罚等从宽处罚的建议；③ 认罪认罚后案件审理适用的程序；④ 其他需要听取意见的事项。

注意：告知应当采取书面形式，必要时应当充分释明理由，人民检察院未采纳辩护人、值班律师意见的，应当说明理由。

第二，自愿性、合法性审查。

根据《关于适用认罪认罚从宽制度的指导意见》第28条的规定，对侦查阶段认罪认罚的案件，人民检察院应当重点审查以下内容：① 犯罪嫌疑人是否自愿认罪认罚，有无因受到暴力、威胁、引诱而违背意愿认罪认罚；② 犯罪嫌疑人认罪认罚时的认知能力和精神状态是否正常；③ 犯罪嫌疑人是否理解认罪认罚的性质和可能导致的法律后果；④ 侦查机关是否告知犯罪嫌疑人享有的诉讼权利，如实供述自己罪行可以从宽处理和认罪认罚的法律规定，并听取意见；⑤ 起诉意见书中是否写明犯罪嫌疑人认罪认罚的情况；⑥ 犯罪嫌疑人是否真诚悔罪，是否向被害人赔礼道歉。

经审查，犯罪嫌疑人违背意愿认罪认罚的，人民检察院可以重新开展认罪认罚工作。存在刑讯逼供等非法取证行为的，依照法律规定处理。

第三，签署具结书。

根据《高检规则》第272条的规定，犯罪嫌疑人自愿认罪认罚，同意量刑建议和程序适用的，应当在辩护人或者值班律师在场的情况下签署认罪认罚具结书。具结书应当包括犯罪嫌疑人如实供述罪行、同意量刑建议和程序适用等内容，由犯罪嫌疑人及其辩护人、值班律师签名。

犯罪嫌疑人具有下列情形之一的，不需要签署认罪认罚具结书：① 犯罪嫌疑人是盲、聋、哑人，或者是尚未完全丧失辨认或者控制自己行为能力的精神病人的；② 未成年犯罪嫌疑人的法定代理人、辩护人对未成年人认罪认罚有异议的；③ 其他不需要签署认罪认罚具结书的情形。

有上述情形，犯罪嫌疑人未签署认罪认罚具结书的，不影响认罪认罚从宽制度的适用。

第四，提起公诉与量刑建议。

根据《刑事诉讼法》第176条第2款的规定，犯罪嫌疑人认罪认罚的，人民检察院应当就主刑、附加刑、是否适用缓刑等提出量刑建议，并随案移送认罪认罚具结书等材料。

十、审查起诉阶段的补充侦查问题★

见第12章“补充侦查”。

13.2.3 监察案件的程序衔接问题

自《监察法》实施后，公职人员的职务犯罪由监察机关立案调查，监察机关经调查认为犯罪事实清楚，证据确实、充分的，同样应当制作起诉意见书，连同案卷材料、证据一并移送人民检察院依法审查起诉。

一、补充侦查、调查问题★★

根据《刑事诉讼法》第170条第1款的规定，人民检察院对于监察机关移送起诉的案件，依照本法和监察法的有关规定进行审查。人民检察院经审查，认为需要补充核实的，应当退回监察机关补充调查，必要时可以自行补充侦查。

根据《监察法》第47条第3款的规定，对于补充调查的案件，应当在1个月内补充调查完毕。补充调查以2次为限。

二、强制措施衔接问题★★

根据《监察法》第47条第1款的规定，对监察机关移送的案件，人民检察院依照《刑事诉讼法》对被调查人采取强制措施。

三、律师帮助衔接问题★★

根据《高检规则》第 145 条的规定，人民检察院应当自收到移送起诉的案卷材料之日起 3 日以内告知犯罪嫌疑人有权委托辩护人。对已经采取留置措施的，应当在执行拘留时告知。

四、审查决定★★

根据《监察法》第 47 条第 4 款的规定，对监察机关移送的案件，人民检察院对于有《刑事诉讼法》规定的不起诉的情形的，经上一级人民检察院批准，依法作出不起诉的决定。监察机关认为不起诉的决定有错误的，可以向上一级人民检察院提请复议。

12.2.4 审查起诉后的处理

根据《高检规则》第 339 条的规定，人民检察院对案件进行审查后，应当依法作出起诉或者不起诉及是否提起附带民事诉讼、附带民事公益诉讼的决定。

一、提起公诉★★

根据《刑事诉讼法》第 176 条第 1 款的规定，人民检察院认为犯罪嫌疑人的犯罪事实已经查清，证据确实、充分，依法应当追究刑事责任的，应当作出起诉决定，按照审判管辖的规定，向人民法院提起公诉，并将案卷材料、证据移送人民法院。根据该条文可知，提起公诉需要满足下列条件：

第一，实质条件。（1）犯罪嫌疑人的犯罪事实已经查清。（2）证据确实、充分。（3）依法应当追究刑事责任。

第二，形式要件。（1）制作起诉书。（2）按照审判管辖要求，向同级人民法院提起公诉。

二、不起诉★★★★

第一，不起诉的概念。

不起诉是指人民检察院对监察机关或者公安机关移送起诉的案件或者对自行侦查终结的案件，经过审查后，认为犯罪嫌疑人没有犯罪事实，或者具有《刑事诉讼法》第 16 条规定的不追究刑事责任的情形之一，或者犯罪嫌疑人犯罪情节轻微，依法不需要判处刑罚或免除刑罚，或者经补充侦查尚未达到起诉条件而作出的不将案件移送人民法院进行审判的决定。不起诉是人民检察院审查案件的结果之一，具有终止诉讼的法律效力。

第二，不起诉的种类。

（1）法定不起诉（绝对不起诉）。

法定不起诉是指犯罪嫌疑人没有犯罪事实，或者具有《刑事诉讼法》第

16 条规定的不追究刑事责任情形之一的，经检察长批准，“应当”作出不起诉决定。法定不起诉有以下几种情形：① 犯罪嫌疑人实施的行为情节显著轻微，危害不大，不认为是犯罪的；② 犯罪嫌疑人的犯罪已过追诉时效期限的；③ 犯罪嫌疑人的犯罪经特赦令免除刑罚的；④ 依照《刑法》告诉才处理的犯罪，没有告诉或者撤回告诉的；⑤ 犯罪嫌疑人、被告人死亡的；⑥ 犯罪嫌疑人没有犯罪事实；⑦ 其他法律规定免予刑事责任的。

对于监察机关或者公安机关移送起诉的案件，如果发现并非犯罪嫌疑人所为的处理方式分两步：① 作出法定不起诉的决定；② 书面说明理由，将案卷材料退回监察机关或者公安机关并建议重新调查或者侦查。

对于检察院自侦案件，如果出现法定不起诉的情形，正确的处理方式是：应当退回本院负责侦查的部门，建议撤销案件。

（2）酌定不起诉（相对不起诉）。

酌定不起诉是指人民检察院对于犯罪情节轻微，依照《刑法》规定不需要判处刑罚或者免除刑罚的，经检察长批准，可以作出不起诉决定。

酌定不起诉必须同时具备的两个条件：① 犯罪嫌疑人实施的行为触犯了刑律，符合犯罪构成的要件，已经构成犯罪；② 犯罪行为情节轻微，依照《刑法》规定不需要判处刑罚或者免除刑罚。

在同时具备以上两个条件时，人民检察院不是必须作出不起诉决定，而是可以斟酌具体案情和犯罪嫌疑人悔罪表现来确定，或者提起公诉，追究犯罪嫌疑人的责任；或者不起诉，终结诉讼。因此，酌定不起诉是人民检察院行使起诉裁量权的表现。

（3）存疑不起诉（证据不足的不起诉）。

根据《高检规则》第 367 条的规定，人民检察院对于二次退回补充调查或者补充侦查的案件，仍然认为证据不足，不符合起诉条件的，经检察长批准，依法作出不起诉决定。

人民检察院对于经过一次退回补充调查或者补充侦查的案件，认为证据不足，不符合起诉条件，且没有再次退回补充调查或者补充侦查必要的，经检察长批准，可以作出不起诉决定。

（4）附条件不起诉。

附条件不起诉是指检察机关在审查起诉时，对于未成年人涉嫌《刑法分则》第四至六章规定的侵犯人身权利、民主权利、侵犯财产、妨害社会管理秩序犯罪，可能判处一年有期徒刑以下刑罚，符合起诉条件，但有悔罪表现的，人民检察院可以作出附条件不起诉的决定。

第三，不起诉的程序。

（1）不起诉的宣告。

凡是不起诉的案件，人民检察院都应当制作不起诉决定书；不起诉的决定书应当公开宣布，自公开宣布之日起生效。

（2）不起诉决定书的送达。

应当将不起诉决定书送达被不起诉人与其辩护人及被不起诉人的所在单位；对于监察机关或者公安移送起诉的案件，应当将不起诉决定书送达监察机关或者公安机关；应当将不起诉决定书送达被害人或者其近亲属及其诉讼代理人。

（3）解除强制措施。

被不起诉人在押的，应当立即释放；被采取其他强制措施的，应当通知执行机关解除。

（4）涉案财物处理。

人民检察院决定不起诉的案件，应当同时书面通知作出查封、扣押、冻结决定的机关或者执行查封、扣押、冻结决定的机关解除查封、扣押、冻结。

（5）移送有关主管机关。

对被不起诉人需要给予行政处罚、处分或者需要没收其违法所得的，人民检察院应当提出检察意见，移送有关主管机关处理。有关主管机关应当将处理结果及时通知人民检察院。

（6）特殊案件不起诉程序。

根据《高检规则》第371条的规定，人民检察院直接受理侦查的案件，以及监察机关移送起诉的案件，拟作不起诉决定的，应当报请上一级人民检察院批准。

注意：只有公安移送的案件不起诉决定可以由审查起诉的人民检察院本院作出。

第四，对不起诉的制约与救济，见表13-1。

表13-1　对不起诉的制约与救济

公安机关	（1）如果公安机关认为人民检察院的不起诉决定有错误，可以要求复议 （2）如果意见不被接受，可以向上一级人民检察院提请复核
监察机关	监察机关认为不起诉的决定有错误的，可以向上一级人民检察院提请复议

续表

被害人	(1) 被害人对不起诉决定不服，可以自收到不起诉决定书后 7 日内直接向作出不起诉决定的上一级人民检察院申诉，请求提起公诉 (2) 对于上一级人民检察院维持不起诉决定的，被害人可以向人民法院起诉；被害人也可以不经申诉，直接向人民法院起诉 被害人对人民检察院对未成年犯罪嫌疑人作出的附条件不起诉的决定和不起诉的决定，可以向上一级人民检察院申诉，不适用《刑事诉讼法》第 180 条关于被害人可以向人民法院起诉的规定
被不起诉人	对酌定不起诉不服，可以自收到不起诉决定书后 7 日内向作出不起诉决定的人民检察院申诉，人民检察院应当作出复查决定，通知被不起诉人，同时抄送公安机关 被不起诉人只能针对酌定不起诉向本级人民检察院申诉。被害人可以针对三种不起诉决定向上一级检察院申诉

13.3 提起自诉的程序

一、自诉案件的范围★★

见第 4 章“管辖”。

二、自诉案件的提起条件★

依据自诉案件的特征和法律的有关规定，自诉案件提起诉讼的条件有以下几点：

第一，有适合的自诉人。

在法律规定的自诉案件范围内，遭受犯罪行为直接侵害的被害人有权向人民法院提起自诉。被害人死亡、丧失行为能力或者因受强制威胁、恐吓等原因无法告诉，或者是限制行为能力及由于年老、患病、盲、聋、哑等原因不能亲自告诉的，被害人的法定代理人、近亲属有权向人民法院起诉。

每二，有明确的被告人和具体的诉讼请求。

自诉人起诉时应当明确提出控诉的对象，如果不能提出明确的被告人或者被告人下落不明的，自诉案件不能成立。自诉人起诉时还应当提出具体的起诉请求，包括指明控诉的罪名和要求人民法院追究被告人何种刑事责任。

第三，属于自诉案件范围。

自诉案件的范围仅限下列三类情况：① 告诉才处理的案件；② 人民检察院没有提起公诉，被害人有证据证明的轻微刑事案件；③ 被害人有证据证明对被告人侵犯自己人身、财产权利的行为应当依法追究刑事责任，且有证据证明曾经提出控告，而公安机关或者人民检察院不予追究被告人刑事责任的案件。

第四，被害人有证据证明。

被害人提起刑事自诉必须有能够证明被告人犯有被指控的犯罪事实的证据。

第五，属于受诉人民法院管辖。

自诉人应当依据《刑事诉讼法》关于级别管辖和地域管辖的规定，向有管辖权的人民法院提起自诉。

延伸阅读

在我国目前的司法环境下，要法官作出无罪判决相当困难（数据显示，2018 年法院无罪判决率约万分之五）。相较而言，要检察官作出不起诉的决定还相对容易些（2018 年检察院不起诉概率约 7.5%）。侦查阶段，辩护律师应当把取保候审作为首要目的；审查起诉阶段，辩护律师应当把不起诉作为重要目的。2019 年 3 月 12 日，张军检察长在十三届全国人大二次会议第三次全体会议上作的工作报告里提到，2018 年全年提起公诉 1 692 846 人，不起诉人数为 136 970 人，可见不起诉的概率约为 7.5%。实证研究表明，检察院作出不起诉决定的案件案由分布情况：危害公共安全罪类（绝大部分是交通肇事和危险驾驶罪）的案件作出不起诉的数量最多，占所有不起诉案件的三成；其次是侵犯财产罪类（主要为盗窃罪）；妨害社会管理秩序罪类紧跟其后；接着是侵犯公民人身权利、民主权利罪类和破坏社会主义市场经济秩序罪类，剩余的为其他案由（值得注意的是，上述检察院作出不起诉决定的案件占据前五的案由与法院判处缓刑案件占据前五的案由一样）。并且，检察院作出不起诉决定的案件中之前已经取保候审的占 88.5%。实践中，相对不起诉占比最大，高达 73.5%；存疑不起诉次之，占 20%；而法定不起诉占比最小，仅为 6.5%。

【课后阅读】

［1］熊秋红：《论公诉与自诉的关系》，《中国刑事法杂志》，2021 年第 1 期。

［2］李奋飞：《以审查起诉为重心：认罪认罚从宽案件的程序格局》，《环球法律评论》，2020 年第 4 期。

［3］陈瑞华：《企业合规不起诉改革的八大争议问题》，《中国法律评论》，2021 年第 4 期。

［4］李奋飞：《“调查——公诉”模式研究》，《法学杂志》，2018年第6期。

［5］叶青：《“捕诉一体”与刑事检察权运行机制改革再思考》，《法学》，2020年第7期。

［6］张泽涛：《我国起诉书撰写方式之缺陷及其弥补——以诉因制度与起诉书一本主义为参照系》，《法商研究》，2007年第3期。

第 14 章　刑事审判

本章思维导图 <<<

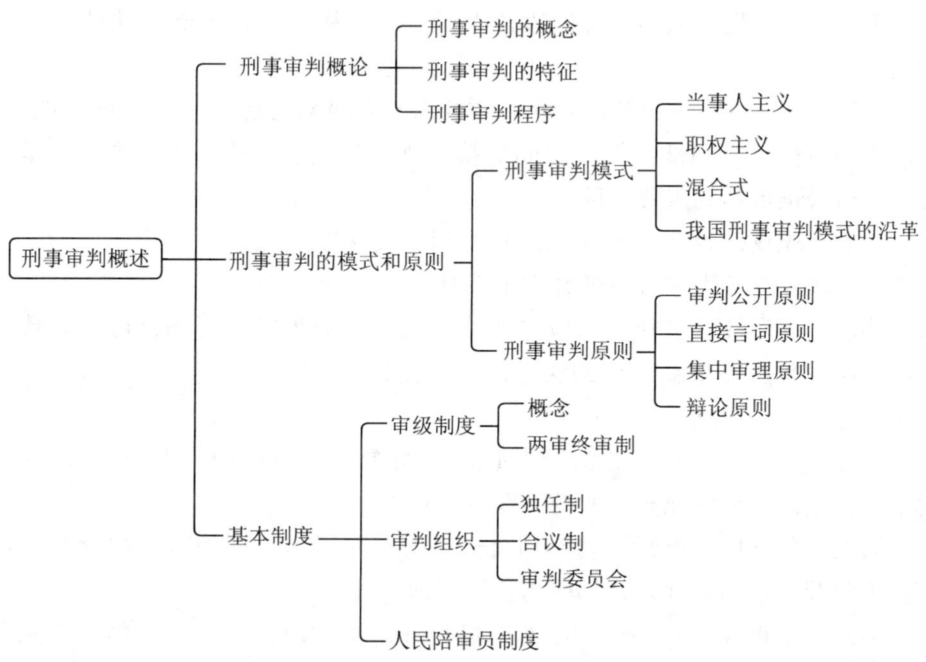

14.1 刑事审判概论

一、刑事审判的概念★

刑事审判是指人民法院在控辩双方和其他诉讼参与人的参加下，依照法定的程序对提交审判的刑事案件进行审理并作出裁判的活动。刑事审判活动由审理和裁判两部分活动组成。审理是裁判的前提和基础，裁判是审理的目的和结果。

二、刑事审判的特征★★

第一，被动性。人民法院审判案件奉行“不告不理”原则，也就是没有起诉，就没有审判。而公安机关、检察机关行使追诉权则具有主动性，即当发现犯罪事实，需要追究刑事责任的时候，必须立案并进行侦查，提起公诉。

第二，独立性。人民法院依法独立行使审判权，法官“除了法律没有别的上司”。

第三，中立性。人民法院在审判中相对于控辩双方保持中立的诉讼地位。人民法院在检察官和被指控人之间保持中立，只代表法律。审判中立，是被告人获得公正审判的重要保证。

第四，职权性。刑事案件一经起诉到人民法院，就产生了法律效力，法院就有义务、有权力进行审理并作出裁判。

第五，程序性。审判活动应当严格遵循法定的程序，否则，可能导致审判活动无效并需要重新进行的法律后果。比如，一审法院违反法律程序，二审法院应当撤销原判，发回重审。

第六，亲历性。案件的裁判者必须自始至终参与审理，审查所有证据，对案件作出判决须以充分听取控辩双方的意见为前提。

第七，公开性。审判活动应当公开进行，除了为了保护特定的社会利益依法不公开审理的案件外，都应当公开审理。

第八，公正性。公正是诉讼的终极目标，是诉讼的生命。审判应依照公正的程序进行，进而最大限度地实现实体上的公正。审判的公正性也源自裁判者的独立性与中立性。

第九，终局性。人民法院的生效裁判对于案件的解决具有最终决定意义。判决一旦生效，诉讼的任何一方原则上不能要求法院再次审判该案件，其他任何机关也不得对该案重新处理，有关各方都有履行裁判或不妨害裁判执行的义务。不过，终局性并不影响司法机关对确实存在错误的生效裁判启动审判监督程序。

案例阅读

1997 年 8 月 24 日晚 9 时 40 分，河南省郑州市发生一起恶性交通事故：原郑州市公安局二七分局局长张金柱酒后驾车时将苏东海、苏磊父子撞翻，并把苏东海和两辆自行车拖挂在车下狂奔 1 500 米，造成年仅 11 岁的苏磊当场死亡，苏东海身受重伤。事故发生后，河南《大河报》及时报道了此事，大河报的报道迅速被全国媒体转载。不久，《南方周末》对此事进行报道，随后，中央电视台《焦点访谈》也播出对此案的相关调查。张金柱案成为全国人民愤怒情绪的发泄点。正如张金柱的律师所说，张金柱已经超过了交通肇事案被告人的身份，变成了公安队伍中违法乱纪的典型代表，成了公安队伍中反面人物的化身。这就是轰动一时的“张金柱案”。案发后 5 个月，张金柱因犯故意伤害罪和交通肇事罪，被判死刑。“张金柱案”一开始便被打上了“舆论监督”的标签，激荡的民意势不可挡、横扫千军。“我是栽在了记者的手上”，张金柱被执行死刑前哀叹。此案的特别之处在于，它激起的冲击波并没有随着张金柱被枪决而停止，反而引起了较长时间的争论，比如张金柱该不该杀、民意与司法审判的边界关系等。

三、刑事审判程序★★

刑事审判程序是指人民法院审判刑事案件的步骤和方式、方法的总和。我国《刑事诉讼法》规定了以下几种基本的审判程序：

第一，第一审程序，即人民法院根据审判管辖的规定，对人民检察院提起公诉和自诉人自诉的案件进行初次审判的程序。

第二，第二审程序，即人民法院对上诉、抗诉案件进行审判的程序。

第三，复核程序，包括死刑复核程序及人民法院根据《刑法》第 63 条第 2 款的规定在法定刑以下判处刑罚的案件的复核程序。

第四，审判监督程序，即对已经发生法律效力的判决、裁定，在发现确有错误时，进行重新审判的程序。

14.2 刑事审判的模式和原则

14.2.1 刑事审判模式

所谓刑事审判模式，是指控诉、辩护、审判三方在刑事审判程序中的诉讼地位和相互关系，以及与之相适应的审判程序组合方式。现代刑事审判模式大体上分为当事人主义和职权主义两种，前者主要实行于英美法系国家，后者主要实行于大陆法系国家。两种审判模式各有所长，长期以来相互取长补短。此外，还出现了兼采当事人主义和职权主义审判模式优点的混合式审判模式。

一、当事人主义审判模式★★

第一，概念。当事人主义审判模式又称对抗制审判模式、抗辩式审判模式，是指法官（陪审团）居于中立且被动的裁判者地位，法庭审判的进行由控方的举证和辩方的反驳共同推动和控制的一种审判模式。

第二，特征。当事人主义审判模式的特征是：① 法官消极中立；② 控辩双方积极主动和平等对抗；③ 控辩双方共同控制法庭审理的进程。当事人主义审判模式的代表法系是英美法系。

二、职权主义审判模式★★

第一，概念。职权主义审判模式又称审问式审判模式，是指法官在审判程序中居于主导和控制地位，限制控辩双方积极性的审判模式。

第二，特征。职权主义审判模式的特征是：① 法官居于中心地位，主导法庭审理的进行；② 控辩双方的积极性受到抑制，处于消极被动的地位；③ 法官掌握程序控制权。职权主义审判模式的代表法系是大陆法系。

三、混合式审判模式★

混合式审判模式是指吸收当事人主义审判模式和职权主义审判模式的长处，使两种审判模式融合的一种审判模式，代表国家为日本与意大利。即使在这种混合的审判模式中，还是可以看出其中当事人主义审判模式或职权主义审判模式的一些程序特征。

四、改革开放后我国刑事审判模式的沿革★★

第一，1979 年。我国 1979 年《刑事诉讼法》确立的刑事审判模式体现出超职权主义的特点。比如，① 庭前审查为实体性审查。负责案件审判的法官不仅阅卷，还要预先讯问被告人，询问证人、鉴定人，而且在必要时进行勘验、检查、搜查、扣押等一系列补充收集证据、审查核实证据的活动。② 法官完全主导和控制法庭审判程序，审判程序以法官积极主动地证据调查为中心。③ 被告人诉讼地位弱化，辩护权受到抑制。④ 控审不分，法官协助检察官行使控诉职能。法官与检察官实质上站在同一方共同对付被告人及其辩护人。

第二，1996 年。1996 年修正的《刑事诉讼法》对审判模式进行了重大改革，主要是吸收了英美法系当事人主义的对抗性因素，并保留了职权主义的某些特征：① 庭前审查由实体性审查改为程序性审查。② 强化了控方的举证责任和辩方的辩护职能，弱化了法官的事实调查功能。③ 扩大了辩方的权利范围，强化了庭审的对抗性。这些改革还只是初步的，只是弱化了超职权主义而已，职权主义色彩仍然相当严重，平等对抗机制还没有完全形成。

第三，2012 年。2012 年《刑事诉讼法》的再次修改，沿着控辩式庭审方式改革的方向取得了新的进展：① 完善回避制度，规定辩护人有权申请回避及复议。② 改革辩护制度，完善了法律援助制度，扩大了强制辩护的适用范围，强化了辩护律师的会见权、阅卷权、申请调取证据权及保守职业秘密权等权利。③ 修改证据制度，《刑事诉讼法》第 49 条规定了“公诉案件中被告人有罪的举证责任由人民检察院承担”的规则，建立了非法证据排除规则，完善了证人保护制度，建立了证人作证补偿制度。④ 完善审判程序，《刑事诉讼法》第 188 条建立了强制证人出庭作证制度。此外，辩护人有权申请法庭通知有专门知识的人出庭就鉴定人作出的鉴定意见提出意见，辩护人可以就定罪、量刑问题进行辩论，等等。上述新规定都有助于控辩式庭审方式改革的深化。

第四，2018 年。2018 年《刑事诉讼法》再次修改，庭审程序有了新变化：建立了缺席审判制度，同时规定了缺席审判案件被告人权利的保障措施，增加了速裁程序。

14. 2. 2 刑事审判的原则

刑事审判原则是指贯穿于整个刑事审判过程中，并对审判机关开展诉讼活动起指导作用的行为准则，它对审判程序的各个阶段都适用，是一种强制性的抽象性规范。

一、审判公开原则★★

审判公开原则是指人民法院审理案件和宣告判决除了法律规定的特殊情形外都公开进行。该原则的例外包括绝对不公开的案件与相对不公开的案件。

绝对不公开的案件，比如有关国家秘密的案件（如间谍案等）；有关个人隐私的案件（如强奸案等）；审判的时候被告人不满 18 周岁的案件。相对不公开的案件，比如涉及商业秘密的案件，当事人申请不公开审理的，可以不公开审理。

对于不公开审理的案件，应当当庭宣布不公开审理的理由。宣判一律公开，合议庭评议一律不公开。

二、直接言词原则★★★

直接言词原则是直接原则和言词原则的合称，是指法官必须在法庭上亲自听取被告人、证人及其他诉讼参与人的陈述，案件事实和证据必须以口头方式向法庭提出，调查证据以口头辩论、质证、辨认方式进行。比如，所有证据都必须当庭出示、当庭质证，证人不出庭只能是例外；保证控辩双方有充分陈述和辩论的机会和时间等。

三、集中审理原则★★

集中审理原则又称不中断审理原则，是指法院开庭审理案件，应在不更换审判人员的条件下连续进行，不得中断审理的诉讼原则。比如，每起案件自始至终应由同一法庭进行审判；庭审不中断并迅速作出裁判等。

四、辩论原则★★

辩论原则是指在法庭审理中起诉方和被告方应以公开的、口头的、对抗性的方式进行辩论，未经充分的辩论，不得进行裁判。

14.3 刑事审判的基本制度

一、审级制度的概念★

审级制度是指法律规定案件起诉后，最多经过几级法院审判必须终结的诉讼制度。

二、两审终审制★★

两审终审制是指一个案件最多经过两级法院审判即告终结的制度。我国实行两审终审制。

第一，两审终审制的内容。

（1）根据两审终审制的要求，地方各级人民法院按照第一审程序对案件审理后所作的判决、裁定，不能立即发生法律效力。只有在法定上诉期限内，有上诉权的人没有上诉，同级人民检察院也没有抗诉，第一审法院所作出的判决、裁定才发生法律效力。

（2）在法定期限内，如果有上诉权的人提出上诉，或者同级人民检察院提出了抗诉，上一级人民法院应依照第二审程序对该案件进行审判。上一级人民法院审理第二审案件作出的判决、裁定，是终审的判决、裁定，立即发生法律效力。

第二，两审终审制的例外情形。

（1）一审就终审的。人民法院审理的第一审案件为一审终审的，其判决、裁定一经作出，立即发生法律效力，不存在启动二审程序的问题。

（2）二审仍不生效的。① 判处死刑的案件，必须依法经过死刑复核程序核准后，才能发生法律效力，交付执行；② 地方各级人民法院根据《刑法》第 63 条第 2 款规定在法定刑以下判处刑罚的案件，必须经最高人民法院的核准，其判决、裁定才能发生法律效力并交付执行。

14.4 审判组织

审判组织是指人民法院审判案件的组织形式。人民法院审判刑事案件的组织形式有三种，即独任制、合议制和审判委员会。

一、独任制★★

独任制是指由审判员 1 人独任审判的制度。① 独任制只能在基层人民法院适用，其他三级人民法院不能适用。② 独任制只能在简易程序、速裁程序适用，普通程序和其他审判程序不能适用。简易程序并非都是独任制，只有 3 年以下的简易程序才可以适用独任制，超过 3 年的简易程序都是合议制。速裁程序都由审判员 1 人独任审理。③ 独任制只能由审判员独任审判，不能是人民陪审员。

二、合议制★★

合议制是由审判人员或者由审判人员和人民陪审员组成审判集体，对具体案件进行审判的制度。合议制是人民法院审判案件的基本组织形式。除基层人民法院适用简易程序或速裁程序审判案件可以采用独任制外，人民法院审判刑事案件均须采取合议庭的组织形式。

案例阅读

2018 年 4 月 27 日，第十三届全国人大常委会第二次会议表决通过了《中华人民共和国人民陪审员法》。根据中央司法体制改革部署和司法实践需要，新法明确了人民陪审员的权利义务，完善了担任人民陪审员的条件、选任程序、参审规则、管理保障措施等内容，有利于拓宽人民群众有序参与司法的渠道，充分发挥人民陪审员的参审作用，促进司法公正，提升司法公信。2019 年 12 月 3 日上午，姜堰法院公开开庭审理于某等 22 人恶势力犯罪集团涉嫌敲诈勒索、非法拘禁、诈骗罪案件。与以往不同的是，此次审判席上坐了 3 名法官及 4 名人民陪审员。这是自《中华人民共和国人民陪审员法》出台后，姜堰法院首次适用“3+4”（3 名法官+4 名人民陪审员）大合议庭模式审理社会影响重大的案件。七人合议庭对提升司法透明度，拓宽人民监督渠道，增进人民对司法的理解和信赖具有十分重要的意义。

三、审判委员会★★

审判委员会是指人民法院内部设立的对审判工作实行集体领导的组织。根据《人民法院组织法》第 36 条第 1 款的规定，各级人民法院均设立审判委员会。审判委员会由院长、庭长和资深审判员组成，成员应当为单数。审判委员会是审判组织的一种，但比较特殊，经过审判委员会讨论过的案件，仍然必须以合议庭成员的名义而不能以审判委员会的名义发布判决书或裁定书。实践中，并不是所有的疑难、复杂、重大的刑事案件都要提交审判委员会讨论，只有当合议庭难以作出决定时，才提请院长决定提交审判委员会讨论。独任审判的案件，开庭审理后，独任审判员认为有必要的，也可以提请院长决定提交审判委员会讨论决定（详见《刑诉解释》第216、217条）。

14.5 人民陪审制

2018年《中华人民共和国人民陪审员法》的颁布施行，回答了中国的陪审制度向何处去的命题，确立了新时代人民陪审员制度发展的原则、立场和策略，标志着习近平新时代中国特色人民陪审员制度扬帆起航。

从诉讼理论的角度分析，我国的人民陪审员与英美法系国家法庭中陪审团的成员是不一样的。两者有以下区别。

第一，制度不同。我国虽然称为人民陪审员，但实际属于“参加制度”，即由人民陪审员参加法庭审理，与法官共同裁决案件的制度。而在英美法系国家，尤其是在美国，法庭中的陪审团属于“陪审制度”。

第二，分工不同。陪审团中的陪审员虽然叫“陪审”，但具有实质的裁判权力，可以对被告人是否有罪进行裁决。法官虽然在法庭中央正襟危坐，但他实际上没有对被告人进行定罪的权力，只能在陪审团确定被告人罪名成立后对其进行量刑，即陪审团中的陪审员负责定罪，法官负责量刑。而我国的人民陪审员既负责定罪又负责量刑。

第三，作用不同。设置陪审团中的陪审员的目的在于制约法官权力，剥夺法官滥用定罪权的可能性，将定罪权牢牢掌握在人民手中。而我国设置人民陪审员的目的在于与法官一同合作解决被告人的刑事责任问题，即人民陪审员属于准法官。

第四，地位不同。陪审团中的陪审员虽然可以对被告人进行定罪，但在具体的法律适用和程序控制方面，陪审团需要听从法官的指挥。我国的人民陪审员不能担任审判长，但与法官的诉讼地位平等，无须听从法官的指挥。

第五，遴选机制不同。我国的人民陪审员需要满足年满28周岁、品性正派等条件。而陪审团中的陪审员的条件在英美法系国家各有不同，多从年龄、经验、专业、生活背景等方面进行限制。

第六，适用案件不同。在美国，90%以上的刑事案件是通过辩诉交易制度终结的，只有10%不到的案件进入正式审判程序，在进入正式审判程序的案件中也并非都由陪审团审理。在我国，人民陪审员可以参加地方各级法院第一审刑事案件的审理，但具体个案审理中是否需要人民陪审员还需要考虑案件影响等诸多因素。

【课后阅读】

［1］胡铭：《审判中心、庭审实质化与刑事司法改革——基于庭审实录和裁判文书的实证研究》，《法学家》，2016年第4期。

［2］王禄生：《人民陪审改革成效的非均衡困境及其对策——基于刑事判决书的大数据挖掘》，《中国刑事法杂志》，2020年第4期。

［3］施鹏鹏：《“新职权主义”与中国刑事诉讼改革的基本路径》，《比较法研究》，2020年第2期。

［4］邵六益：《审委会与合议庭：司法判决中的隐匿对话》，《中外法学》，2019年第3期。

第 15 章　刑事第一审程序

本章思维导图 <<<

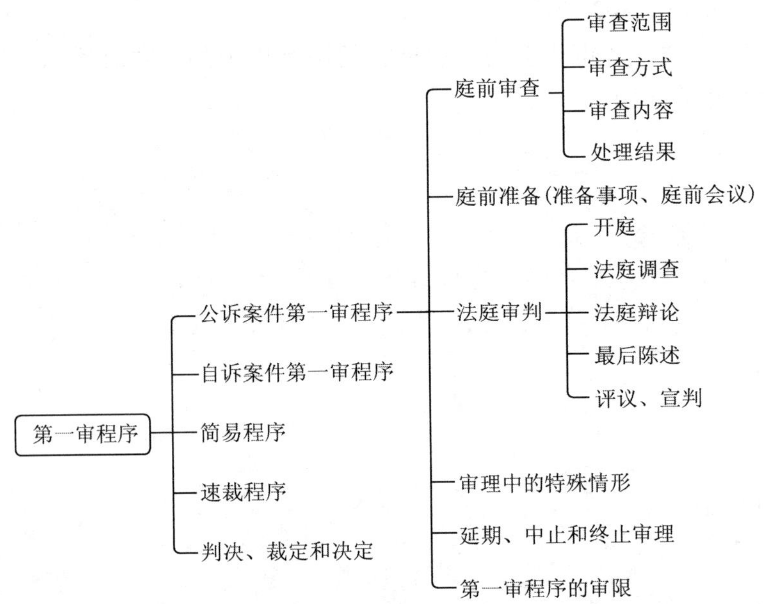

15.1 公诉案件第一审程序

公诉案件第一审程序是指人民法院对人民检察院提起公诉的案件进行初次审判时应遵循的步骤和方式、方法。公诉案件第一审程序包括庭前审查、庭前准备、法庭审判等诉讼环节。

15.1.1 庭前准备

一、公诉案件的庭前审查与处理★★

对公诉案件的审查是公诉案件第一审程序中的必经阶段。公诉案件庭前审查是指人民法院对人民检察院提起公诉的案件进行庭前审查，以决定是否开庭审判的活动。

第一，审查范围。公诉案件庭前审查的范围包括了全部案卷材料（包括证据材料）。

第二，审查方式。审查方式应为书面审查，即通过审阅起诉书等方式来审查。公诉案件的庭前审查是一种程序性审查，并不是对案件进行审理，它不解决对被告人的定罪量刑问题。

第三，审查内容。审查内容主要包括以下几个方面：（1）是否属于本院管辖。（2）起诉书是否写明被告人的身份，被告人是否受过或者正在接受刑事处罚，被采取强制措施的种类、羁押地点，犯罪的时间、地点、手段、后果及其他可能影响定罪量刑的情节。（3）是否移送证明指控犯罪事实的证据材料，包括采取技术侦查措施的批准决定和所收集的证据材料。（4）是否查封、扣押、冻结被告人的违法所得或者其他涉案财物，并附证明相关财物依法应当追缴的证据材料。（5）是否列明被害人的姓名、住址、联系方式；是否附有证人、鉴定人名单；是否申请法庭通知证人、鉴定人、有专门知识的人出庭，并列明有关人员的姓名、性别、年龄、职业、住址、联系方式；是否附有需要保护的证人、鉴定人、被害人名单。（6）当事人已委托辩护人、诉讼代理人，或者已接受法律援助的，是否列明辩护人、诉讼代理人的姓名、住址、联系方式。（7）是否提起附带民事诉讼；提起附带民事诉讼的，是否列明附带民事诉讼当事人的姓名、住址、联系方式，是否附有相关证据材料。（8）监察调查、侦查、审查起诉程序的各种法律手续和诉讼文书是否齐全。（9）被告人认罪认罚的，是否提出量刑建议、移送认罪认罚具结书等材料。（10）有无《刑事诉讼法》第16条第2项至第6项规定的不追究刑事责任的情形。

第四，审查结果。根据《刑诉解释》第219条的规定，人民法院对提起公诉的案件审查后，应当按照下列情形分别处理：（1）不属于本院管辖的，应当退回人民检察院。（2）属于《刑事诉讼法》第16条第2项至第6项规定情形的，应当退回人民检察院；属于告诉才处理的案件，应当同时告知被害人有权提起自诉。（3）被告人不在案的，应当退回人民检察院；但是，对人民检察院按照缺席审判程序提起公诉的，应当依照《刑诉解释》第24章的规定作出处理。（4）不符合前条第2项至第9项规定之一，需要补充材料的，应当通知人民检察院在3日以内补送。（5）依照《刑事诉讼法》第200条第3项规定宣告被告人无罪后，人民检察院根据新的事实、证据重新起诉的，应当依法受理。（6）依照《刑诉解释》第296条规定裁定准许撤诉的案件，没有新的影响定罪量刑的事实、证据，重新起诉的，应当退回人民检察院。（7）被告人真实身份不明，但符合《刑事诉讼法》第160条第2款规定的，应当依法受理。对公诉案件是否受理，应当在7日以内审查完毕。

所以，人民法院对提起公诉的案件审查处理分为三种类型。第一种类型，即第（1）（2）（3）（5）（6）五种情形“应当退回检察院”；第二种类型，即第（2）（4）两种情形“应当通知检察院3日以内补送”；第三种类型，即第（7）种情形，应当查明身份，依法处理。

二、开庭审判前的准备工作★★

第一，确定审判长及合议庭组成人员。书记员不属于合议庭的组成人员，其职责是负责审判庭的记录工作。

第二，开庭10日以前将起诉书副本送达被告人、辩护人。

第三，通知当事人、法定代理人、辩护人、诉讼代理人在开庭5日以前提供证人、鉴定人名单，以及拟当庭出示的证据；申请证人、鉴定人、有专门知识的人出庭的，应当列明有关人员的姓名、性别、年龄、职业、住址、联系方式。

第四，开庭3日以前将开庭的时间、地点通知人民检察院。

第五，开庭3日以前将传唤当事人的传票和通知辩护人、诉讼代理人、法定代理人、证人、鉴定人等出庭的通知书送达；通知有关人员出庭，也可以采取电话、短信、传真、电子邮件、即时通讯等能够确认对方收悉的方式；对被害人人数众多的涉众型犯罪案件，可以通过互联网公布相关文书，通知有关人员出庭。

第六，公开审理的案件，在开庭3日以前公布案由、被告人姓名、开庭时间和地点。

三、庭前会议★★★

第一，召开情形。

（1）依职权。

根据《刑诉解释》第226条的规定，案件具有下列情形之一的，人民法院可以决定召开庭前会议：①证据材料较多、案情重大复杂的；②控辩双方对事实、证据存在较大争议的；③社会影响重大的；④需要召开庭前会议的其他情形。

（2）依申请。

根据《刑诉解释》第227条的规定，控辩双方可以申请人民法院召开庭前会议，提出申请应当说明理由。人民法院经审查认为有必要的，应当召开庭前会议；决定不召开的，应当告知申请人。

第二，主要内容。

人民法院在开庭审理前可以召开庭前会议，就可能影响庭审持续进行的相关问题，了解情况、听取意见、展开庭审调查。对于可能导致庭审中断的程序性事项，组织控辩双方展示证据，归纳控辩双方争议焦点，开展附带民事调解等，但不处理定罪量刑等实际问题。

第三，证据异议。

根据《刑诉解释》第229条的规定，庭前会议中，审判人员可以询问控辩双方对证据材料有无异议，对有异议的证据，应当在庭审时重点调查；无异议的，庭审时举证、质证可以简化。

第四，参会人员。

根据《刑诉解释》第230条的规定，庭前会议由审判长主持，合议庭其他审判员也可以主持庭前会议。召开庭前会议应当通知公诉人、辩护人到场。庭前会议准备就非法证据排除了解情况、听取意见，或者准备询问控辩双方对证据材料的意见的，应当通知被告人到场。有多名被告人的案件，可以根据情况确定参加庭前会议的被告人。

第五，会议方式。

根据《刑诉解释》第231条的规定，庭前会议一般不公开进行。根据案件情况，庭前会议可以采用视频等方式进行。

第六，会议结果。

根据《刑诉解释》第232条的规定，人民法院在庭前会议中听取控辩双方对案件事实、证据材料的意见后，对明显事实不清、证据不足的案件，可以建议人民检察院补充材料或者撤回起诉。建议撤回起诉的案件，人民检察院不同意的，开庭审理后，没有新的事实和理由，一般不准许撤回起诉。

15.1.2 法庭审判

法庭审判由合议庭的审判长主持。法庭审判程序大体可分为开庭、法庭调查、法庭辩论、被告人最后陈述、评议和宣判五个阶段。为了进一步规范量刑程序，促进量刑活动的公开、公正，最高法、最高检、公安部、国家安全部、司法部于2020年联合修订了《关于规范量刑程序若干问题的意见》。根据该意见，人民法院审理刑事案件应当保持量刑活动的相对独立性。

一、开庭★★★

第一，书记员。根据《刑诉解释》第234条的规定，开庭审理前，书记员应当依次进行下列工作：（1）受审判长委托，查明公诉人、当事人、辩护人、诉讼代理人、证人及其他诉讼参与人是否到庭。（2）核实旁听人员中是否有证人、鉴定人、有专门知识的人。（3）请公诉人、辩护人、诉讼代理人及其他诉讼参与人入庭。（4）宣读法庭规则。（5）请审判长、审判员、人民陪审员入庭。（6）审判人员就座后，向审判长报告开庭前的准备工作已经就绪。

第二，审判长。（1）审判长宣布开庭，传被告人到庭后，应当查明被告人的基本情况。（2）审判长宣布案件的来源、起诉的案由、附带民事诉讼当事人的姓名及是否公开审理；不公开审理的，应当宣布理由。（3）审判长宣布合议庭组成人员、法官助理、书记员、公诉人的名单，以及辩护人、诉讼代理人、鉴定人、翻译人员等诉讼参与人的名单。（4）审判长应当告知当事人及其法定代理人、辩护人、诉讼代理人在法庭审理过程中依法享有的诉讼权利。（5）审判长应当询问当事人及其法定代理人、辩护人、诉讼代理人是否申请回避，申请何人回避和申请回避的理由。

二、法庭调查★★★★

法庭调查是指在公诉人、当事人和其他诉讼参与人的参与下，由合议庭主持对案件事实和证据进行调查核对的诉讼活动。法庭调查是案件进入实体审理的一个重要阶段，是法庭审判的中心环节。

第一，公诉人宣读起诉书。

根据《刑诉解释》第240条的规定，审判长宣布法庭调查开始后，应当先由公诉人宣读起诉书；公诉人宣读起诉书后，审判长应当询问被告人对起诉书指控的犯罪事实和罪名有无异议。有附带民事诉讼的，公诉人宣读起诉书后，由附带民事诉讼原告人或者其法定代理人、诉讼代理人宣读附带民事起诉状。

起诉书是人民法院审判的合法依据，没有起诉，就没有辩护和审判；起诉书又是法庭审判的基础，法庭对案件的审判仅限于起诉的内容和范围。

第二，被告人、被害人陈述。

公诉人宣读起诉书后，在审判长主持下，被告人、被害人可以就起诉书指控的犯罪事实分别进行陈述。

第三，讯问、发问。

（1）公诉人讯问被告人。在审判长主持下，公诉人可以就起诉书指控的犯罪事实指控被告人。

注意：讯问同案审理的被告人，应当分别进行。

（2）经审判长准许，被害人及其法定代理人、诉讼代理人，附带民事诉讼原告人及其法定代理人、诉讼代理人，被告人的法定代理人、辩护人，附带民事诉讼被告人及其法定代理人、诉讼代理人，可以向被告人发问。

（3）经审判长准许，控辩双方可以向被害人、附带民事诉讼原告人发问。

（4）审判人员讯问（询问）、发问被告人、被害人及附带民事诉讼原告人、被告人。

第四，出示、核实证据。

证据只有经过查证核实才能成为定案的根据。因此，在讯问、发问当事人以后，应当核查各种证据。核实证据应当从控方向法庭举证开始。根据《刑诉解释》第 246 条的规定，公诉人可以提请法庭通知证人、鉴定人、有专门知识的人、调查人员、侦查人员或者其他人员出庭，或者出示证据。被害人及其法定代理人、诉讼代理人，附带民事诉讼原告人及其诉讼代理人也可以提出申请。在控诉方举证后，被告人及其法定代理人、辩护人可以提请法庭通知证人、鉴定人、有专门知识的人、调查人员、侦查人员或者其他人员出庭，或者出示证据。

（1）证人出庭。

证人出庭的条件。根据《刑事诉讼法》第 192 条第 1 款的规定，公诉人、当事人或者辩护人、诉讼代理人或证人证言有异议，且该证人证言对案件定罪量刑有重大影响，人民法院认为证人有必要出庭作证的，证人应当出庭作证。所以，证人应当出庭的条件概括为：有异议、有影响、有必要。

证人出庭的例外。根据《刑诉解释》第 253 条的规定，证人具有下列情形之一，无法出庭作证的，人民法院可以准许其不出庭：① 庭审期间身患严重疾病或者行动极为不便的；② 居所远离开庭地点且交通极为不便的；③ 身处国外短期无法回国的；④ 有其他客观原因，确实无法出庭的。具有前款规定情形的，可以通过视频等方式作证。根据《刑诉解释》第 558 条的规定，开庭审理涉及未成年人的刑事案件，未成年被害人、证人一般不出庭作证；

必须出庭的，应当采取保护其隐私的技术手段和心理干预等保护措施。所以，证人可以不出庭的例外可概括为：小孩、有病、太远、在国外。

证人拒绝出庭。根据《刑事诉讼法》第193条的规定，经人民法院通知，证人没有正当理由不出庭作证的，人民法院可以强制其到庭，但是被告人的配偶、父母、子女除外。证人没有正当理由拒绝出庭或者出庭后拒绝作证的，予以训诫，情节严重的，经院长批准，处以10日以下的拘留。被处罚人对拘留决定不服的，可以向上一级人民法院申请复议。复议期间不停止执行。所以，证人拒绝出庭的后果可概括为：强制、训诫、拘留。

发问证人。根据《刑诉解释》第258条的规定，证人出庭的，法庭应当核实其身份、与当事人及本案的关系，并告知其有关权利义务和法律责任。证人应当保证向法庭如实提供证言，并在保证书上签名。

根据《刑诉解释》第259条的规定，证人出庭后，一般先向法庭陈述证言；其后，经审判长许可，由申请通知证人出庭的一方发问，发问完毕后，对方也可以发问。法庭依职权通知证人出庭的，发问顺序由审判长根据案件情况确定。

（2）鉴定人出庭。

鉴定人出庭的条件。根据《刑事诉讼法》第192条第3款的规定，公诉人、当事人或者辩护人、诉讼代理人对鉴定意见有异议，人民法院认为鉴定人有必要出庭的，鉴定人应当出庭作证。所以，鉴定人应当出庭的条件概括为：有异议、有必要。

鉴定人拒绝出庭的结果。根据《刑诉解释》第99条的规定，经人民法院通知，鉴定人拒不出庭作证的，鉴定意见不得作为定案的根据。鉴定人由于不能抗拒的原因或者有其他正当理由无法出庭的，人民法院可以根据情况决定延期审理或者重新鉴定。鉴定人无正当理由拒不出庭作证的，人民法院应当通报司法行政机关或者有关部门。可以看出，证人和鉴定人拒绝出庭的后果也是不一样的。

（3）侦查人员、调查人员出庭。

根据《刑诉解释》第249条第2款的规定，控辩双方对侦破经过、证据来源、证据真实性或者合法性等有异议，申请调查人员、侦查人员或者有关人员出庭，人民法院认为有必要的，应当通知调查人员、侦查人员或者有关人员出庭。所以，应当通知调查人员、侦查人员出庭的条件概括为：有异议、有必要。

（4）有专门知识的人出庭。

根据《刑诉解释》第250条的规定，公诉人、当事人及其辩护人、诉讼代理人申请法庭通知有专门知识的人出庭，就鉴定意见提出意见的，应当说明理由。法庭认为有必要的，应当通知有专门知识的人出庭。申请有专门知识的人出庭，不得超过 2 人。有多种类鉴定意见的，可以相应增加人数。所以，应当通知有专门知识的人出庭的条件概括为：有理由、有必要。

（5）出示宣读其他证据。

公诉人、辩护人应当向法庭出示物证，让当事人辨认，对未到庭的证人的证言笔录、鉴定人的鉴定意见、勘验笔录和其他作为证据的文书，应当当庭宣读。审判人员应当听取公诉人、当事人和辩护人、诉讼代理人的意见。

（6）质证。

根据《刑诉解释》第 267 条的规定，举证方当庭出示证据后，由对方发表质证意见。

第五，证据突袭。

根据《刑诉解释》第 272 条的规定，公诉人申请出示开庭前未移送或者提交人民法院的证据，辩护方提出异议的，审判长应当要求公诉人说明理由；理由成立并确有出示必要的，应当准许。辩护方提出需要对新的证据作辩护准备的，法庭可以宣布休庭，并确定准备辩护的时间。辩护方申请出示开庭前未提交的证据，参照适用前两款规定。

第六，调取新证据。

根据《刑诉解释》第 273 条的规定，法庭审理过程中，控辩双方申请通知新的证人到庭，调取新的证据，申请重新鉴定或者勘验的，应当提供证人的基本信息、证据的存放地点，说明拟证明的事项，申请重新鉴定或者勘验的理由。法庭认为有必要的，应当同意，并宣布休庭；根据案件情况，可以决定延期审理。人民法院决定重新鉴定的，应当及时委托鉴定，并将鉴定意见告知人民检察院、当事人及其辩护人、诉讼代理人。

第七，补充侦查。

根据《刑诉解释》第 274 条的规定，审判期间，公诉人发现案件需要补充侦查，建议延期审理的，合议庭可以同意，但建议延期审理不得超过 2 次。人民检察院将补充收集的证据移送人民法院，人民法院应当通知辩护人、诉讼代理人查阅、摘抄、复制。补充侦查期限届满后，人民检察院未将补充的证据材料移送人民法院的，人民法院可以根据在案证据作出判决、裁定。

司法实践中，检察机关以补充侦查为由建议延期审理的，案件通常仍在法院并未退回。补充侦查期限届满后，经通知，人民检察院未将补充的证据材料移送人民法院的，人民法院原则上应当根据在案证据材料作出判决、裁定。但是，如果人民检察院未将补充侦查时退回的案卷移送人民法院，或者拒不派员出席法庭的，可以按人民检察院撤诉处理。

法院作为消极中立的裁判者一般不会主动建议检察院补充侦查，除非被告人提出新的立功线索，考虑到被告人的利益，法院可以建议人民检察院补充侦查。

第八，合议庭调查核实证据。

根据《刑事诉讼法》第196条的规定，法庭审理过程中，合议庭对证据有疑问的，可以宣布休庭，对证据进行调查核实。人民法院调查核实证据，可以进行勘验、检查、查封、扣押、鉴定与查询、冻结。

第九，对量刑事实、证据的调查。

根据《刑诉解释》第276条的规定，法庭审理过程中，对与量刑有关的事实、证据，应当进行调查。人民法院除应当审查被告人是否具有法定量刑情节外，还应当根据案件情况审查以下影响量刑的情节：① 案件起因；② 被害人有无过错及过错程度，是否对矛盾激化负有责任及责任大小；③ 被告人的近亲属是否协助抓获被告人；④ 被告人平时表现，有无悔罪态度；⑤ 退赃、退赔及赔偿情况；⑥ 被告人是否取得被害人或者其近亲属谅解；⑦ 影响量刑的其他情节。

第十，对查封、扣押、冻结财物的调查。

根据《刑诉解释》第279条的规定，法庭审理过程中，应当对查封、扣押、冻结财物及其孳息的权属、来源等情况，是否属于违法所得或者依法应当追缴的其他涉案财物进行调查，由公诉人说明情况、出示证据、提出处理建议，并听取被告人、辩护人等诉讼参与人的意见。案外人对查封、扣押、冻结的财物及其孳息提出权属异议的，人民法院应当听取案外人的意见；必要时，可以通知案外人出庭。经审查，不能确认查封、扣押、冻结的财物及其孳息属于违法所得或者依法应当追缴的其他涉案财物的，不得没收。

三、法庭辩论★★

根据《刑诉解释》第280条的规定，合议庭认为案件事实已经调查清楚的，应当由审判长宣布法庭调查结束，开始就定罪、量刑、涉案财物处理的事实、证据、适用法律等问题进行法庭辩论。

第一，辩论顺序。根据《刑诉解释》第281条的规定，法庭辩论应当在审判长的主持下，按照下列顺序进行：① 公诉人发言；② 被害人及其诉讼代理人发言；③ 被告人自行辩护；④ 辩护人辩护；⑤ 控辩双方进行辩论。

第二，量刑辩论。根据《刑诉解释》第282条的规定，人民检察院可以提出量刑建议并说明理由；建议判处管制、宣告缓刑的，一般应当附有调查评估报告，或者附有委托调查函。当事人及其辩护人、诉讼代理人可以对量刑提出意见并说明理由。

注意：如果是认罪认罚案件，检察院“应当”提量刑建议。

根据《刑诉解释》第 283 条的规定，对被告人认罪的案件，法庭辩论时，应当指引控辩双方主要围绕量刑和其他有争议的问题进行。对被告人不认罪或者辩护人作无罪辩护的案件，法庭辩论时，可以指引控辩双方先辩论定罪问题，后辩论量刑和其他问题。

第三，附带民事诉讼。根据《刑诉解释》第 284 条的规定，附带民事部分的辩论应当在刑事部分的辩论结束后进行，先由附带民事诉讼原告人及其诉讼代理人发言，后由附带民事诉讼被告人及其诉讼代理人答辩。

第四，恢复调查。根据《刑诉解释》第 286 条的规定，法庭辩论过程中，合议庭发现与定罪、量刑有关的新的事实，有必要调查的，审判长可以宣布恢复法庭调查，在对新的事实调查后，继续法庭辩论。

四、被告人最后陈述★★

被告人最后陈述是法庭审判中一个独立的阶段。审判长宣布法庭辩论终结后，合议庭应当保证被告人充分行使最后陈述的权利。

第一，可以制止。

被告人在最后陈述中多次重复自己的意见的，审判长可以制止。

第二，应当制止。

（1）陈述内容蔑视法庭、公诉人，损害他人及社会公共利益，或者与本案无关的，应当制止。

（2）在公开审理的案件中，被告人最后陈述的内容涉及国家秘密、个人隐私或者商业秘密的，应当制止。

五、评议和宣判★★

在被告人最后陈述后，审判长宣布休庭，合议庭进行评议，根据已经查明的事实、证据和有关的法律规定，分别作出不同判决和裁定。

第一，判决类型，见表 15-1。

表 15-1　判决类型

有罪判决	（1）起诉指控的事实清楚，证据确实、充分，依据法律认定指控被告人的罪名成立的，应当作出有罪判决 （2）起诉指控的事实清楚，证据确实、充分，指控的罪名与审理认定的罪名不一致的，应当按照审理认定的罪名作出有罪判决
无罪判决	（1）案件事实清楚，证据确实、充分，依据法律认定被告人无罪，应当判决宣告被告人无罪 （2）证据不足，不能认定被告人有罪，应当以证据不足、指控的犯罪不能成立，判决宣告被告人无罪 （3）案件部分事实清楚，证据确实、充分的，应当作出有罪或者无罪的判决；对事实不清、证据不足部分，不予认定

续表

不负刑事责任判决	（1）被告人因未达到刑事责任年龄，不予刑事处罚的，应当判决宣告被告人不负刑事责任 （2）被告人是精神病人，在不能辨认或者不能控制自己行为时造成危害结果，不予刑事处罚的，应当判决宣告被告人不负刑事责任

第二，宣判。

（1）宣告判决，一律公开进行。

（2）宣判的两种形式。

① 当庭宣判：应当在5日以内将判决书送达当事人和提起公诉的人民检察院。

② 定期宣判：应当在宣告后立即将判决书送达当事人和提起公诉的人民检察院。

第三，裁判文书。

（1）签名问题。

根据《刑诉解释》第299条的规定，合议庭成员、法官助理、书记员应当在评议笔录上签名，在判决书、裁定书等法律文书上署名。

（2）裁判理由。

根据《刑诉解释》第300条的规定，裁判文书应当写明裁判依据，阐释裁判理由，反映控辩双方的意见并说明采纳或者不予采纳的理由。适用普通程序审理的被告人认罪的案件，裁判文书可以适当简化。

（3）送达文书。

根据《刑诉解释》第303条的规定，判决书应当送达人民检察院、当事人、法定代理人、辩护人、诉讼代理人，并可以送达被告人的近亲属。被害人死亡，其近亲属申请领取判决书的，人民法院应当及时提供。判决生效后，还应当送达被告人的所在单位或者户籍地的公安派出所，或者被告单位的注册登记机关。被告人系外国人，且在境内有居住地的，应当送达居住地的公安派出所。

15.1.3 法庭审理中特殊情形

一、撤诉问题的处理★★

对于公诉案件，根据《刑诉解释》第296条的规定，在开庭后、宣告判决前，人民检察院要求撤回起诉的，人民法院应当审查撤回起诉的理由，作出是否准许的裁定。对于自诉案件，根据《刑诉解释》第329条的规定，判决宣告前，自诉案件的当事人可以自行和解，自诉人可以撤回自诉。人民法院经审查，认为和解、撤回自诉确属自愿的，应当裁定准许；认为系被强迫、威吓等，并非自愿的，不予准许。

二、发现新事实后的处理★★

根据《刑诉解释》第 297 条的规定，审判期间，人民法院发现新的事实，可能影响定罪量刑的，或者需要补查补证的，应当通知人民检察院，由其决定是否补充、变更、追加起诉或者补充侦查。人民检察院不同意或者在指定时间内未回复书面意见的，人民法院应当就起诉指控的事实，依照《刑诉解释》第 295 条的规定作出判决、裁定。

三、检察院变更、追加、补充起诉、补充侦查★★

《高检规则》第 423 条规定，人民法院宣告判决前，人民检察院发现被告人的真实身份或者犯罪事实与起诉书中叙述的身份或者指控犯罪事实不符的，或者事实、证据没有变化，但罪名、适用法律与起诉书不一致的，可以变更起诉。发现遗漏同案犯罪嫌疑人或者罪行的，应当要求公安机关补充移送起诉或者补充侦查；对于犯罪事实清楚，证据确实、充分的，可以直接追加、补充起诉。

四、违反法庭秩序的处理★★★

维护法庭安全与秩序是树立司法权威的基本要求，依法依规维护法庭安全与法庭秩序、树立司法权威需要更为全面地保障法庭秩序与安全。司法实践中，尽管庭审秩序总体良好，但扰乱法庭秩序的行为时有发生。庭审过程中，有的当事人及家属情绪失控，频频打断法官、检察官、律师发问；有的当庭辱骂甚至殴打辩护人、被告人；有的旁听人员私扯横幅，大肆喧哗、哄闹法庭；有的冲击法庭警戒，毁坏法庭设施，导致庭审无法顺利进行。法官乃至法警，受到当事人的威胁、诽谤、侮辱，甚至出现哄闹法庭的行为，这无疑是对司法权威的贬损。违反法庭秩序的处理分为以下六种情形。

第一，情节较轻的。应当警告制止；根据具体情况，也可以进行训诫。

第二，训诫无效的。责令退出法庭。

第三，拒不退出的。指令法警强行带出法庭。

第四，情节严重的。经报请院长批准后，可以处以 1 000 元以下的罚款或者 15 日以下的拘留。

（1）有关人员对罚款、拘留的决定不服的，可以直接向上一级人民法院申请复议，也可以通过决定罚款、拘留的人民法院向上一级人民法院申请复议。通过决定罚款、拘留的人民法院申请复议的，该人民法院应当自收到复议申请之日起 3 日内，将复议申请、罚款或者拘留决定书和有关事实、证据材料一并报上一级人民法院复议。复议期间，不停止决定的执行。

（2）担任辩护人、诉讼代理人的律师严重扰乱法庭秩序，被强行带出法庭或者被处以罚款、拘留的，人民法院应当通报司法行政机关，并可以建议依法给予相应处罚。

第五，违规拍摄的。未经许可对庭审活动进行录音、录像、拍照或者使用即时通信工具等传播庭审活动的，可以暂扣相关设备及存储介质，删除相关内容。

第六，构成犯罪的。危害法庭安全或者扰乱法庭秩序，构成犯罪的，依法追究刑事责任。

延伸阅读

《刑法》第309条“扰乱法庭秩序罪”规定，有下列扰乱法庭秩序情形之一的，处三年以下有期徒刑、拘役、管制或者罚金：（一）聚众哄闹、冲击法庭的；（二）殴打司法工作人员或者诉讼参与人的；（三）侮辱、诽谤、威胁司法工作人员或者诉讼参与人，不听法庭制止，严重扰乱法庭秩序的；（四）有毁坏法庭设施，抢夺、损毁诉讼文书、证据等扰乱法庭秩序行为，情节严重的。

15.1.4 延期审理、中止审理与终止审理

一、延期审理★★

第一，概念。在法庭审判过程中，遇有足以影响审判进行的情形时，法庭决定延期审理，待影响审判进行的原因消失后，再行开庭审理。

第二，情形。《刑事诉讼法》第204条规定，在法庭审判过程中，遇有下列情形之一，影响审判进行的，可以延期审理：① 需要通知新的证人到庭，调取新的物证，重新鉴定或者勘验的；② 检察人员发现提起公诉的案件需要补充侦查，提出建议的；③ 由于申请回避而不能进行审判的。

第三，方式：“决定”延期审理。

第四，期限计算。一般计入审理期限，但是特殊情形不计入办案期限，如补充侦查的情形。

二、中止审理★★

第一，概念。中止审理即人民法院在审判案件过程中，因发生某种情况影响了审判的正常进行，而决定暂停审理，待其消失后，再行开庭审理。

第二，情形。《刑事诉讼法》第206条第1款规定，在审判过程中，有下

列情形之一，致使案件在较长时间内无法继续审理的，可以中止审理：① 被告人患有严重疾病，无法出庭的；② 被告人脱逃的；③ 自诉人患有严重疾病，无法出庭，未委托诉讼代理人出庭的；④ 由于不能抗拒的原因。

第三，方式。“裁定”中止审理。

第四，期限计算。中止审理的时间都不计入审理期限。

三、终止审理★★

第一，概念。终止审理即人民法院在审判案件过程中，遇有法律规定的情形使审判不应当或者不需要继续进行时终结案件的诉讼活动。

第二，情形。（1）犯罪已过追诉时效期限的。（2）经特赦令免除刑罚的。（3）依照《刑法》告诉才处理的犯罪，没有告诉或者撤回告诉的。（4）被告人死亡的。（5）其他法律规定免予追究刑事责任的。

注意：《刑事诉讼法》第16条的第1种情形“显著轻微，危害不大”不属于终止审理的情形，而是判决宣告无罪。

第三，方式。“裁定”终止审理。

四、中止审理与延期审理的区别★★

中止审理与延期审理的区别，见表15-2。

表15-2　中止审理与延期审理的区别

	中止审理	延期审理
时间不同	中止审理适用于人民法院受理案件后至作出判决前	延期审理仅适用于法庭审理过程中
原因不同	导致中止审理的原因是出现了不能抗拒的情况，其消除与诉讼本身无关，中止审理将暂停一切诉讼活动	导致延期审理的原因是诉讼自身出现了障碍，因此，延期审理不能停止法庭审理以外的诉讼活动
可预见性不同	中止审理的案件，再行开庭的时间往往无法预见	延期审理的案件，再行开庭的时间可以预见，甚至当庭即可决定

15.1.5　公诉案件一审程序的审理期限

一审的审理期限总结为：2+1+3+X，见表15-3。

表15-3　公诉案件一审程序的审理期限

2个月	人民法院审理公诉案件，应当在受理后2个月以内宣判
+1个月	至迟不得超过3个月

续表

+3 个月	对于可能判处死刑的案件或者附带民事诉讼的案件，以及有下列情形之一的，经上一级人民法院批准，可以延长 3 个月： （1）交通十分不便的边远地区的重大复杂案件； （2）重大的犯罪集团案件； （3）流窜作案的重大复杂案件； （4）犯罪涉及面广，取证困难的重大复杂案件 关联法条：《刑诉解释》第 210 条第 1 款规定，对可能判处死刑的案件或者附带民事诉讼的案件，以及有刑事诉讼法第 158 条规定情形之一的案件，上一级人民法院可以批准延长审理期限一次，期限为 3 个月
+未知数	因特殊情况还需要延长审理期限的，报请最高人民法院批准。

人民法院改变管辖的案件，从改变后的人民法院收到案件之日起计算审理期限。人民检察院补充侦查的案件，补充侦查完毕移送人民法院后，人民法院重新计算审理期限。

15.2 自诉案件的一审程序

一、自诉案件的受理条件★★

第一，属于法律规定的自诉案件范围。（1）告诉才处理的案件。（2）被害人有证据证明的轻微刑事案件。（3）公诉转自诉案件。

第二，属于受诉法院管辖。

第三，刑事案件的被害人告诉的。

第四，有明确的被告人、具体的诉讼请求。

第五，有证明被告人犯罪事实的证据。

二、自诉案件的受理程序★★

第一，起诉方式。提起自诉应当提交刑事自诉状；同时提起附带民事诉讼的，应当提交刑事附带民事自诉状。自诉人书写自诉状确有困难的，可以口头告诉，由人民法院工作人员作出告诉笔录，向自诉人宣读，自诉人确认无误后，应当签名或者盖章。

第二，案件审查。对自诉案件，人民法院应当在 15 日内审查完毕。经审查，符合受理条件的，应当决定立案，并书面通知自诉人或者代为告诉人。

第三，不予受理的情形。根据《刑诉解释》第 320 条第 2 款的规定，具有下列情形之一的，应当说服自诉人撤回起诉；自诉人不撤回起诉的，裁定不予受理：① 不属于《刑诉解释》第 1 条规定的案件的；② 缺乏罪证的；③ 犯罪已过追诉时效期限的；④ 被告人死亡的；⑤ 被告人下落不明的；

⑥ 除因证据不足而撤诉的以外，自诉人撤诉后，就同一事实又告诉的；⑦ 经人民法院调解结案后，自诉人反悔，就同一事实再行告诉的；⑧ 属于《刑诉解释》第 1 条第 2 项规定的案件，公安机关正在立案侦查或者人民检察院正在审查起诉的；⑨ 不服人民检察院对未成年犯罪嫌疑人作出的附条件不起诉决定或者附条件不起诉考验期满后作出的不起诉决定，向人民法院起诉的。

第四，驳回起诉的情形。对已经立案，经审查缺乏罪证的自诉案件，自诉人提不出补充证据的，人民法院应当说服其撤回起诉或者裁定驳回起诉。

第五，不予受理和驳回起诉的救济。自诉人对不予受理或者驳回起诉的裁定不服的，可以提起上诉：① 第二审人民法院查明第一审人民法院作出的不予受理裁定有错误的，应当在撤销原裁定的同时，指令第一审人民法院立案受理；② 查明第一审人民法院驳回起诉裁定有错误的，应当在撤销原裁定的同时，指令第一审人民法院进行审理。

三、自诉案件的审判程序★★

第一，自诉人经过 2 次依法传唤，无正当理由拒不到庭的，或者未经法庭许可中途退庭的，人民法院应当裁定按撤诉处理。

第二，自诉案件自诉人承担证明责任。自诉案件当事人因客观原因不能取得的证据，申请人民法院调取的，应当说明理由，并提供相关线索或者材料。人民法院认为有必要的，应当及时调取。对通过信息网络实施的侮辱、诽谤行为，被害人向人民法院告诉，但提供证据确有困难的，人民法院可以要求公安机关提供协助。

第三，被告人实施两个以上犯罪行为，分别属于公诉案件和自诉案件，人民法院可以一并审理。对自诉部分的审理，适用“自诉案件系审程序”规定。

第四，根据《刑诉解释》第 332 条的规定，被告人在自诉案件审判期间下落不明的，人民法院可以裁定中止审理；符合条件的，可以对被告人依法决定逮捕。

第五，根据《刑诉解释》第 333 条的规定，对自诉案件，应当参照《刑事诉讼法》第 200 条和《刑诉解释》第 295 条的有关规定作出判决。对依法宣告无罪的案件，有附带民事诉讼的，其附带民事部分可以依法进行调解或者一并作出判决，也可以告知附带民事诉讼原告人另行提起民事诉讼。

四、自诉案件第一审程序的特点★★★

自诉案件第一审程序，一般参照《刑事诉讼法》关于公诉案件第一审程序的规定进行。此外，《刑事诉讼法》对自诉案件的审判程序作了一些特殊性规定。自诉案件第一审程序有以下特点：

第一，可以调解。人民法院对于告诉才处理和被害人有证据证明的轻微刑事案件，可以在查明事实、分清是非的基础上进行调解。

注意：对于公诉转自诉案件不适用调解。

第二，可以反诉。告诉才处理和被害人有证据证明的轻微刑事案件的被告人或者其法定代理人在诉讼过程中，可以对自诉人提起反诉。

注意：对于公诉转自诉案件不适用反诉。

第三，可以适用简易程序。自诉案件符合简易程序适用条件的，可以适用简易程序审理。

注意：简易程序并不排斥公诉转自诉案件。

第四，可以和解与撤诉。自诉人在宣告判决前，可以同被告人自行和解或者撤回自诉。对于自诉人要求撤诉的，人民法院应当审查，确属自愿的，应当允许撤诉。经审查后，认为自诉人系被强制、威吓等原因而被迫撤诉的，人民法院不予准许。

注意：三类自诉案件都可以和解、撤诉。

第五，案件具有可分性。（1）被告人可分：自诉人明知有其他共同侵害人，但只对部分侵害人提起自诉的，人民法院应当受理，并告知其放弃告诉的法律后果；自诉人放弃告诉，判决宣告后又对其他共同侵害人就同一事实提起自诉的，人民法院不予受理。（2）自诉人可分：共同被害人中只有部分人告诉的，人民法院应当通知其他被害人参加诉讼，并告知其不参加诉讼的法律后果。被通知人接到通知后表示不参加诉讼或者不出庭的，视为放弃告诉。第一审宣判后，被通知人就同一事实又提起自诉的，人民法院不予受理。但是，当事人另行提起民事诉讼的，不受《刑诉解释》限制。

第六，审限特殊。（1）被告人未羁押：适用普通程序审理的被告人未被羁押的自诉案件，应当在立案后6个月内宣判。（2）被告人已羁押：如果被告人被羁押的，审理期限与公诉案件的审理期限相同。

15.3　简易程序与速裁程序

15.3.1　简易程序

一、简易程序的概念★

简易程序是指基层人民法院审理某些事实清楚、被告人承认自己所犯罪行并对起诉书指控的犯罪事实没有异议的刑事案件时，所适用的比普通程序相对简化的审判程序。

二、简易程序的适用条件和范围★★

第一，积极条件。基层人民法院管辖的案件，同时符合下列条件的，可以适用简易程序审判：① 案件事实清楚、证据充分的；② 被告人承认自己所犯罪行，对指控的犯罪事实没有异议的；③ 被告人对适用简易程序没有异议的。

第二，禁止条件。根据《刑诉解释》第 360 条的规定，具有下列情形之一的，不适用简易程序：① 被告人是盲、聋、哑人的；② 被告人是尚未完全丧失辨认或者控制自己行为能力的精神病人的；③ 案件有重大社会影响的；④ 共同犯罪案件中部分被告人不认罪或者对适用简易程序有异议的；⑤ 辩护人作无罪辩护的；⑥ 被告人认罪但经审查认为可能不构成犯罪的；⑦ 不宜适用简易程序审理的其他情形。

三、简易程序的特点★★★

第一，审级限制。只适用于第一审程序。

第二，法院限制。只适用于基层法院。

第三，审判组织。① 可能判处 3 年以下有期徒刑的，可以组成合议庭审判，也可以由审判员 1 人独任审判。② 可能判处 3 年以上有期徒刑的，应当组成合议庭进行审判。适用简易程序独任审判过程中，发现对被告人可能判处的有期徒超过 3 年的，应当转由合议庭审理。

第四，审理期限。① 可能判处 3 年以下有期徒刑的，应当在受理后 20 日以内审结。② 可能判处 3 年以上有期徒刑的，可以延长至一个半月。

第五，程序启动。① 自诉：对符合简易程序条件的案件，由法院决定是否适用简易程序。法院决定适用简易程序，需要征求被告人同意。② 公诉：符合简易程序条件的，法院可以主动决定适用简易程序；检察院对于符合简易程序条件的案件，可以建议法院适用；被告人及其辩护人可以申请适用简易程序审理。

第六，公诉人出庭。适用简易程序审理公诉案件，人民检察院应当派员出席法庭。无论普通程序还是简易程序，人民检察院都要派员出庭。

第七，辩护人出庭。适用简易程序审理案件，被告人有辩护人的，应当通知其出庭。辩护人经通知未到庭，被告人同意的，法院可以开庭审理，但应当提供法律援助情形的除外。

第八，程序简化。① 根据《刑诉解释》第 362 条的规定，适用简易程序审理案件，人民法院应当在开庭前将开庭的时间、地点通知人民检察院、自诉人、被告人、辩护人，也可以通知其他诉讼参与人。通知可以采用简便方式，但应当记录在案。② 根据《刑诉解释》第 365 条第 1 款的规定，适用简易程序审理案件，可以对庭审作如下简化：① 公诉人可以摘要宣读起诉书；② 公诉人、辩护人、审判人员对被告人的讯问、发问可以简化或者省略；③ 对控辩双方无异议的证据，可以仅就证据的名称及所证明的事项作出说明；对控辩双方有异议或者法庭认为有必要调查核实的证据，应当出示，并进行质证；④ 控辩双方对与定罪量刑有关的事实、证据没有异议的，法庭审理可以直接围绕罪名确定和量刑问题进行。

第九，当庭宣判。根据《刑诉解释》第 367 条的规定，适用简易程序审理案件，裁判文书可以简化。适用简易程序审理案件，一般应当当庭宣判。

四、简易程序向普通程序的转化★★★

第一，转化事由。根据《刑诉解释》第 368 条第 1 款的规定，适用简易程序审理案件，具有下列情形之一的，应当转为普通程序审理。① 被告人的行为可能不构成犯罪的；② 被告人可能不负刑事责任的；③ 被告人当庭对起诉指控的犯罪事实予以否认的；④ 案件事实不清、证据不足的；⑤ 不应当或者不宜适用简易程序的其他情形。

第二，期限的计算。决定转为普通程序审理的案件，审理期限应当从作出决定之日起计算。

第三，转化后的程序要求。转为普通程序审理的案件，公诉人需要为出席法庭进行准备的，可以建议人民法院延期审理。

15.3.2 刑事速裁程序

一、刑事速裁程序的概念★

刑事速裁程序是指基层人民法院审理可能判处 3 年有期徒刑以下刑罚，事实清楚，证据确实、充分，被告人认罪认罚且民事赔偿问题已经解决的案件，在被告人同意的前提下，所适用的比简易程序更为简化的审判程序。2018 年《刑事诉讼法》关于速裁程序的增设，使我国刑事一审程序形成了普通程序、简易程序、速裁程序多元化繁简分流模式。

二、速裁程序的适用条件和范围★★★

第一，积极条件。根据《刑事诉讼法》第 222 条的规定，基层人民法院管辖的可能判处 3 年有期徒刑以下刑罚的案件，案件事实清楚，证据确实、充分，被告人认罪认罚并同意适用速裁程序的，可以适用速裁程序，由审判员一人独任审判。人民检察院在提起公诉的时候，可以建议人民法院适用速裁程序。该条文明确规定了速裁程序审理的法院、适用条件和审判组织。

（1）审理法院：基层人民法院。

（2）适用条件：① 可能判处 3 年有期徒刑以下刑罚的案件；② 案件事实

清楚，证据确实、充分；③ 被告人认罪认罚；④ 被告人同意适用速裁程序的。

（3）审判组织：由审判员 1 人独任审判。

（4）启动方式：① 法院依职权决定；② 人民检察院可以建议；③ 被告人及其辩护人可以向人民法院提出适用速裁程序的申请。

第二，禁止条件。根据《刑诉解释》第 370 条的规定，具有下列情形之一的，不适用速裁程序：① 被告人是盲、聋、哑人的；② 被告人是尚未完全丧失辨认或者控制自己行为能力的精神病人的；③ 被告人是未成年人的；④ 案件有重大社会影响的；⑤ 共同犯罪案件中部分被告人对指控的犯罪事实、罪名、量刑建议或者适用速裁程序有异议的；⑥ 被告人与被害人或者其法定代理人没有就附带民事诉讼赔偿等事项达成调解、和解协议的；⑦ 辩护人作无罪辩护的；⑧ 其他不宜适用速裁程序的情形。

三、速裁程序的特点★★★

第一，送达简化。根据《刑诉解释》第 371 条的规定，适用速裁程序审理案件，人民法院应当在开庭前将开庭的时间、地点通知人民检察院、被告人、辩护人，也可以通知其他诉讼参与人。通知可以采用简便方式，但应当记录在案。

第二，公诉人出庭。人民检察院应当派员出席法庭。公诉人可以简要宣读起诉书指控的犯罪事实、证据、适用法律及量刑建议，一般不再讯问被告人。

第三，庭审简化。一般不进行法庭调查、法庭辩论，但在判决宣告前应当听取辩护人的意见和被告人的最后陈述。

第四，当庭宣判。根据《刑诉解释》第 374 条的规定，适用速裁程序审理案件，裁判文书可以简化。适用速裁程序审理案件，应当当庭宣判。

第五，审限较短。受理后 10 日以内审结；对可能判处的有期徒刑超过 1 年的，可以延长至 15 日。

第六，组织简化。应当由审判员 1 人独任审判。

第七，集中审理。可以集中开庭，逐案审理。人民检察院可以指派公诉人集中出庭支持公诉。

四、速裁程序的转化★★

根据《刑诉解释》第 375 条的规定，适用速裁程序审理案件，在法庭审理过程中，具有下列情形之一的，应当转为普通程序或者简易程序审理：① 被告人的行为可能不构成犯罪或者不应当追究刑事责任的；② 被告人违背意愿认罪认罚的；③ 被告人否认指控的犯罪事实的；④ 案件疑难、复杂或者对适用法律有重大争议的；⑤ 其他不宜适用速裁程序的情形。

五、速裁程序的二审★★

《关于适用认罪认罚从宽制度的指导意见》第 45 条规定了速裁案件的二审程序。被告人不服适用速裁程序作出的第一审判决提出上诉的案件，可以不开庭审理。第二审人民法院审查后，按照下列情形分别处理：

（1）发现被告人以事实不清、证据不足为由提出上诉的，应当裁定撤销原判，发回原审人民法院适用普通程序重新审理，不再按认罪认罚案件从宽处罚。

（2）发现被告人以量刑不当为由提出上诉的，原判量刑适当的，应当裁定驳回上诉，维持原判；原判量刑不当的，经审理后依法改判。

六、速裁程序与简易程序的差异★★★

速裁程序与简易程序的差异，见表 15-4。

表 15-4　速裁程序与简易程序的差异

	速裁程序	简易程序
适用条件	（1）可能判处 3 年有期徒刑以下刑罚 （2）案件事实清楚，证据确实、充分 （3）被告人认罪认罚 （4）被告人同意适用速裁程序	（1）案件事实清楚、证据充分的 （2）被告人承认自己所犯罪行，对指控的犯罪事实没有异议的 （3）被告人对适用简易程序没有异议的
禁止范围	（1）被告人是盲、聋、哑人的 （2）被告人是尚未完全丧失辨认或者控制自己行为能力的精神病人的 （3）被告人是未成年人的 （4）案件有重大社会影响的 （5）共同犯罪案件中部分被告人对指控的犯罪事实、罪名、量刑建议或者适用速裁程序有异议的 （6）被告人与被害人或者其法定代理人没有就附带民事诉讼赔偿等事项达成调解、和解协议的 （7）辩护人作无罪辩护的 （8）其他不宜适用速裁程序的情形	（1）被告人是盲、聋、哑人的 （2）被告人是尚未完全丧失或者控制自己行为能力的精神病人的 （3）案件有重大社会影响的 （4）共同犯罪案件中部分被告人不认罪或者对适用简易程序有异议的 （5）辩护人作无罪辩护的 （6）被告人认罪但经审查认为可能不构成犯罪的 （7）不宜适用简易程序审理的其他情形
审判组织	应当由审判员 1 人独任审判	可能判 3 年以下刑罚的，可以组成合议庭审判，也可以由审判员 1 人独任审判；可能判超过 3 年刑罚的，应当组成合议庭进行审判

续表

	速裁程序	简易程序
审理期限	受理后 10 日以内审结；对可能判处的有期徒刑超过 1 年的，可以延长至 15 日	可能判 3 年以下刑罚的，应当在受理后 20 日以内审结；可能判超过 3 年刑罚的，可以延长至一个半月
宣判方式	应当当庭宣判	一般应当当庭宣判，并在 5 日内将判决书送达被告人和提起公诉的人民检察院
程序转化	（1）被告人的行为可能不构成犯罪或者不应当追究刑事责任的 （2）被告人违背意愿认罪认罚的 （3）被告人否认指控的犯罪事实的 （4）案件疑难、复杂或者对适用法律有重大争议的 （5）其他不宜适用速裁程序的情形	（1）被告人的行为不构成犯罪 （2）不应当追究其刑事责任 （3）被告人违背意愿认罪认罚 （4）被告人否认指控的犯罪事实 （5）其他不宜适用速裁程序审理的情形

15.4 判决、裁定与决定适用

判决、裁定与决定，是人民法院在审理案件过程中或者审理案件结束后，根据事实和法律，解决案件实体问题和诉讼程序问题，对当事人及其他诉讼参与人所作的具有拘束力的处理决定。

一、判决★★

第一，对象：专门用来解决实体问题，即定罪量刑问题。

第二，类型：有罪判决、无罪判决、不负刑事责任的判决。

第三，主体：只能由人民法院作出。

第四，方式：必须以书面形式作出。

第五，效力：未生效的判决，可以上诉或抗诉（上诉、抗诉期为 10 日）。

第六，数量：发生法律效力并被执行的判决只有 1 个（未生效的判决可以有多个）。

二、裁定★★

第一，对象：有关诉讼程序和部分实体问题。

第二，类型：（1）程序性问题：终止（中止）审理、维持原判、撤销原判并发回重申、驳回起诉。（2）实体性问题：减刑、假释、撤销缓刑、减免罚金。

第三，主体：只能由人民法院作出。

第四，方式：可以书面，也可以口头。

第五，效力：未生效的裁定，可以上诉或抗诉（上诉、抗诉期为5日）。

第六，数量：发生法律效力的裁定可以有若干个。

三、决定★★

第一，对象：决定只用于解决诉讼程序问题。

第二，类型：是否回避、是否立案、有关强制措施、实施各种侦查行为、撤销案件、延长羁押期限、起诉或不起诉、开庭审判、调取新证据、延期审理、抗诉、提起再审程序等。

第三，主体：公、检、法机关都可以决定。

第四，方式：可以书面形式，也可以口头形式。

第五，效力：一经作出立即生效，不得上诉或抗诉，部分决定可申请复议1次。

第六，数量：发生法律效力的决定可以有若干个。

【课后阅读】

［1］左卫民，张潋瀚：《刑事辩护率：差异化及其经济因素分析——以四川省2015—2016年一审判决书为样本》，《法学研究》，2019年第3期。

［2］莫湘益，叶思嘉：《刑事速裁案件宜实行有限二审制——基于1055份裁判文书的实证分析》，《浙江大学学报（人文社会科学版）》，2021年第4期。

［3］樊崇义，何东青：《刑事诉讼模式转型下的速裁程序》，《国家检察官学院学报》，2020年第3期。

［4］谢进杰，黄蔚菁：《刑事案件当庭宣判的变迁》，《交大法学》，2020年第4期。

［5］樊传明：《审判中心论的话语体系分歧及其解决》，《法学研究》，2017年第5期。

第 16 章　刑事第二审程序

本章思维导图 <<<

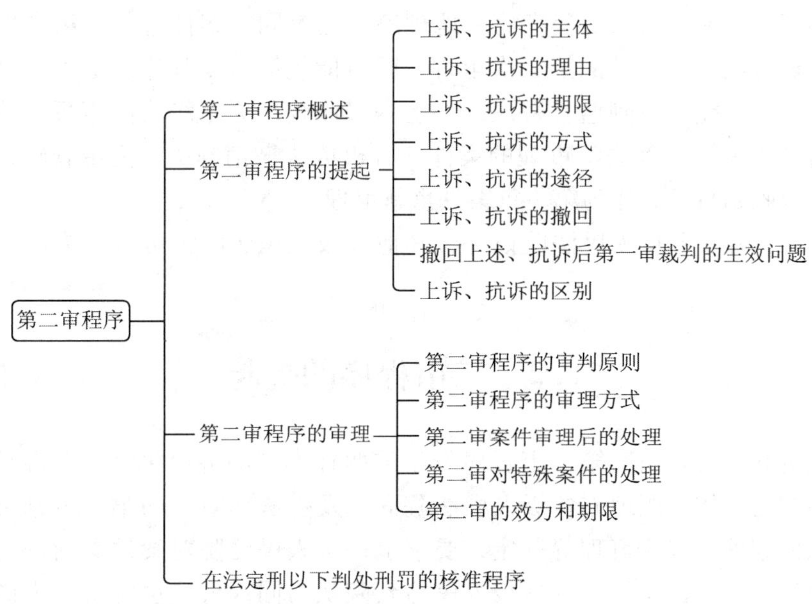

16.1 第二审程序概述

一、刑事第二审程序的概念★

第二审程序又称上诉审程序，是指第二审人民法院根据上诉人的上诉或者人民检察院的抗诉。对第一审人民法院尚未发生法律效力的判决或裁定进行审判所应遵循的程序

相对于人民法院的第一审程序而言，第二审程序往往被称为“普通救济程序”。

二、刑事第二审程序的特征★

第一，第二审程序并不是审理刑事案件的必经程序。一个案件是否要经过第二审程序，关键在于上诉权人是否提起上诉或人民检察院是否提起抗诉。

第二，不能将第二审程序简单地理解为是对同一案件进行的第二次审理的程序。对同一个案件的第二次审理，既可能是第二审程序，也可能是第一审程序，还可能是审判监督程序，如上一级法院认为下级法院审理、裁判了应由自己作为第一审法院审理的案件，有权依法撤销判决、变更管辖，将案件管辖权收归自己，作为第一审案件重新审理。

第三，除了基层人民法院以外，其他各级人民法院都可以成为第二审人民法院。

16.2 二审程序的提起

上诉和抗诉是引起第二审程序发生的两种不同的诉讼机制。上诉是指享有上诉权的主体不服地方各级人民法院尚未发生法律效力的第一审判决或者准许撤回起诉、终止审理等裁定，要求上一级人民法院对案件重新进行审判的诉讼活动。抗诉是指地方各级人民检察院认为同级人民法院第一审尚未发生法律效力的判决或者裁定确有错误时，提请上一级人民法院进行第二次审判的诉讼活动。

一、上诉、抗诉的主体★

上诉与抗诉的主体见表 16-1。

表 16-1　上诉与抗诉的主体

上诉的主体	独立	（1）被告人、自诉人及其法定代理人 （2）附带民诉当事人及其法定代理人
	非独立	被告人的辩护人和近亲属，经被告人同意方可上诉
抗诉的主体	地方各级人民检察院	

注意：最高人民法院是国家的最高审判机关，它的一审判决和裁定就是终审的判决和裁定，对它的一审判决和裁定既不能上诉，也不能按照第二审程序抗诉。最高人民检察院如果认为最高人民法院的判决和裁定确有错误，只能按照审判监督程序提出抗诉。

二、上诉、抗诉的理由★

第一，上诉的理由。上诉主体只要不服第一审判决、裁定，并在法定期限内依法提出上诉，人民法院就应当受理，并启动第二审程序。

第二，抗诉的理由。认为一审判决或裁定确有错误。

三、上诉、抗诉的期限★

第一，判决。不服判决的上诉和抗诉期限为 10 日，从接到判决书的第 2 日起算。

第二，裁定。不服裁定的上诉和抗诉期限为 5 日，从接到判决书的第 2 日起算。

四、上诉、抗诉的方式★

第一，上诉。上诉可以用书面和口头两种形式提出，口头上诉的，人民法院应当制作笔录。

第二，抗诉。抗诉应以书面形式，即必须制作抗诉书，不能采用口头形式。

五、上诉、抗诉的途径★

第一，上诉。

（1）上诉人通过第一审人民法院提出上诉的，第一审人民法院应当审查。上诉符合法律规定的，应当在上诉期满后 3 日以内将上诉状连同案卷、证据移送上一级人民法院，并将上诉状副本送交同级人民检察院和对方当事人。

（2）上诉人直接向第二审人民法院提出上诉的，第二审人民法院应当在收到上诉状后 3 日以内将上诉状交第一审人民法院。第一审人民法院应当审查上诉是否符合法律规定。符合法律规定的，应当在接到上诉状后 3 日以内将上诉状连同案卷、证据移送上级人民法院，并将上诉状副本送交同级人民检察院和对方当事人。

第二，抗诉。

（1）地方各级人民检察院认为本级人民法院第一审的判决、裁定确有错误的时候，应当向上一级人民法院提出抗诉。

（2）地方各级人民检察院对同级人民法院第一审判决、裁定的抗诉，应当通过原审人民法院提出抗诉书，并且将抗诉书抄送上一级人民检察院。

（3）上一级检察院如果认为抗诉不当，应当听取下级检察院的意见，听取意见后，仍认为抗诉不当的，应当向同级法院撤回抗诉，并通知下级检察院。

六、上诉、抗诉的撤回★★

上诉与抗诉的撤回见表 16-2。

表 16-2　上诉与抗诉的撤回

撤回上诉	期满前	根据《刑诉解释》第 383 条第 1 款的规定，上诉人在上诉期限内要求撤回上诉的，人民法院应当准许
	期满后	根据修订后的《刑诉解释》规定，上诉期满后撤回上诉的，原判正确的准许撤回，原判错误的不予准许
撤回抗诉	期满前	根据《刑诉解释》第 385 条第 1 款的规定，人民检察院在抗诉期限内要求撤回抗诉的，人民法院应当准许
	期满后	人民检察院在抗诉期满后要求撤回抗诉的，第二审人民法院可以裁定准许，但是认为原判存在将无罪判为有罪、轻罪重判等情形的，应当不予准许，继续审理

七、撤回上诉、抗诉后第一审裁判的生效问题★★

第一，期满前。对于在上诉、抗诉期满前撤回上诉、抗诉的案件，第一审判决、裁定在上诉、抗诉期满之日起生效。

第二，期满后。对于在上诉、抗诉期满后要求撤回上诉、抗诉的案件，第二审人民法院裁定准许的，第一审判决、裁定应当自第二审人民法院裁定书送达原上诉人或者抗诉的检察机关之日起生效。

八、上诉、抗诉的区别★★

上诉与抗诉的区别，见表 16-3。

表 16-3　上诉与抗诉的区别

	上诉	抗诉
主体不同	被害人，以及被害人以外的所有当事人及其法定代理人有独立上诉权；被告人的辩护人和近亲属，经被告人同意也可以上诉	一审法院同级的地方检察院
理由不同	无须理由，只要不服一审判决、裁定即可	一审判决或裁定确有错误

续表

	上诉	抗诉
形式不同	书面或者口头	只有书面
途径不同	上诉状提交原法院或上一级法院	抗诉书只能提交原法院
法院相同	不管上诉还是抗诉，审理法院都是一审法院的上一级法院	
对象相同	都是针对地方法院一审未生效的裁判	
期限相同	判决 10 日，裁定 5 日	
效力相同	（1）上诉、抗诉必然引起第二审程序 （2）权利人是否提出上诉，以他们在上诉期满前最后一次的意思表示为准	

16.3　刑事第二审程序的审理

16.3.1　刑事第二审程序的重要原则

一、全面审查原则★★

第一，概念。

第二审人民法院应当就第一审判决认定的事实和适用法律进行全面审查，不受上诉或者抗诉范围的限制。共同犯罪的案件只有部分被告人上诉的，应当对全案进行审查，一并处理。这就是第二审程序的全面审查原则。

第二，具体体现。

（1）事实、证据法律。

第二审人民法院既要审查一审判决认定的事实是否正确，证据是否确实、充分，又要审查一审判决适用法律有无错误。

（2）上诉、抗诉

第二审人民法院既要审查上诉或者抗诉的部分，又要审查没有上诉或者抗诉的部分。

（3）实体、程序

第二审人民法院既要审查实体问题，又要审查程序问题。

（4）共同犯罪

共同犯罪案件，只有部分被告人提出上诉的，或者人民检察院只就第一审人民法院对部分被告人的判决提出抗诉的，第二审人民法院应当对全案进行审查，一并处理。

（5）附带民事诉讼

第二审人民法院既审查刑事诉讼部分，又审查附带民事诉讼部分。

二、上诉不加刑原则★★★

第一，上诉不加刑的概念。

上诉不加刑原则是第二审人民法院审判只有被告人一方上诉的案件，在作出新的判决时，不得对被告人判处重于原判的刑罚的一项原则。

人民检察院抗诉或者自诉人上诉的案件，不受此原则限制。换言之，控方对谁抗诉、上诉，谁就可以被加刑（被上诉、被抗诉可加刑）。法院作为消极中立的裁判者，不能在没有求刑的情况下主动加重被告人的刑罚，该原则旨在保障被告人的上诉权利。

第二，上诉不加刑的对象。

（1）一并原则。

同案审理的案件，只有部分被告人上诉的，既不得加重上诉人的刑罚，也不得加重其他同案被告人的刑罚。

（2）分别原则。

根据《刑诉解释》第402条的规定，人民检察院只对部分被告人的判决提出抗诉，或者自诉人只对部分被告人的判决提出上诉的，第二审人民法院不得对其他同案被告人加重刑罚。

第三，上诉不加刑的表现。

根据《刑诉解释》第401条第1款的规定，审理被告人或者其法定代理人、辩护人、近亲属提出上诉的案件，不得对被告人的刑罚作出实质不利的改判，并应当执行下列规定：

（1）同案审理的案件，只有部分被告人上诉的，既不得加重上诉人的刑罚，也不得加重其他同案被告人的刑罚。

（2）原判认定的罪名不当的，可以改变罪名，但不得加重刑罚或者对刑罚执行产生不利影响。

注意：实践中可能存在二审改变一审认定的罪名，并未加重刑罚，但对刑罚执行产生不利影响。基于此，第1款第2项专门增加了不得“对刑罚执行产生不利影响”的限制。

（3）原判认定的罪数不当的，可以改变罪数，并调整刑罚，但不得加重决定执行的刑罚或者对刑罚执行产生不利影响。

（4）原判对被告人宣告缓刑的，不得撤销缓刑或者延长缓刑考验期。

实践中可能存在二审期间被告人不认罪等不符合缓刑适用条件的情形。此种情况下如继续适用缓刑，可能危害社会。但必须严格遵守上诉不加刑原则，如果确有必要的，可以通过审判监督程序予以纠正。

（5）原判没有宣告职业禁止、禁止令的，不得增加宣告；原判宣告职业禁止、禁止令的，不得增加内容、延长期限。

（6）原判对被告人判处死刑缓期执行没有限制减刑、决定终身监禁的，不得限制减刑、决定终身监禁。

（7）原判判处的刑罚不当、应当适用附加刑而没有适用的，不得直接加重刑罚、适用附加刑。原判判处的刑罚畸轻，必须依法改判的，应当在第二审判决、裁定生效后，依照审判监督程序重新审判。

案例阅读

加拿大籍被告人罗伯特·劳埃德·谢伦伯格于2019年1月14日被大连市中级人民法院依法公开开庭审理，并当庭以走私毒品罪判处死刑，并处没收个人全部财产。之前，即2018年11月20日，大连中级人民法院一审判决认定被告人谢伦伯格犯走私毒品罪，判处有期徒刑15年，并处没收个人财产人民币15万元，驱逐出境。一审宣判后，谢伦伯格提出上诉。2018年12月29日，辽宁省高级人民法院依法公开开庭审理，辽宁省人民检察院出庭检察员认为一审判决认定被告人为从犯和犯罪未遂并从轻处罚明显不当，经审理，辽宁省高级人民法院裁定将案件发回原审法院重新审判。这一次，加拿大毒贩谢伦伯格被判处死刑。大连中级人民法院审理认定，谢伦伯格参与有组织的国际贩毒活动，伙同他人走私冰毒222.035千克，其行为构成走私毒品罪。在中国，毒品犯罪是严重的刑事犯罪，判处犯罪分子死刑，在毒品犯罪领域绝不是个案。有人质疑，大连中级人民法院判处谢伦伯格死刑违反上诉不加刑原则。上诉不加刑是刑事诉讼中的一个特殊原则。所谓上诉不加刑原则，是指对被告人提出上诉的刑事案件，上诉审法院不得加重被告人刑罚的诉讼原则，旨在解除被告人的顾虑，保障其依法行使上诉权，以利于案件的正确处理。但这一原则不是绝对的，它有例外，比如检察院提起抗诉的，不受上诉不加刑原则限制，比如被发回重审的案件，又发现新的犯罪事实，检察院补充起诉的，也不受上诉不加刑的限制。

延伸阅读

《刑事诉讼法》第237条规定，第二审人民法院审理被告人或者他的法定代理人、辩护人、近亲属上诉的案件，不得加重被告人的刑罚。第二审人民法院发回原审人民法院重新审判的案件，除有新的犯罪事实，人民检察院补充起诉的以外，原审人民法院也不得加重被告人的刑罚。人民检察院提出抗诉或者自诉人提出上诉的，不受前款规定的限制。

怎么理解这里的“新的犯罪事实”？条文看似清晰，但至少存在如下这三个层面的争论：第一，“新的”犯罪事实究竟是指“新发现”的犯罪事实，还是指原审指控的事实以外的事实？如果是前者，则在卷已有的事实不属于“新的犯罪事实”。第二，“新的犯罪事实”究竟是指“新的犯罪（的）事实”还是“新的（犯罪事实）”？如果是前者，则同一犯罪的相关事实不在其内，比如既未遂的事实、主从犯的事实。第三，“新的犯罪事实”是否包括新的“量刑”事实？事实可以分为“定罪事实”和“量刑事实”，因此，新的“犯罪”事实究竟是指广义的事实，还是狭义的“定罪”事实？如果是前者，则说明主观恶性的事实、累犯事实等都属于新的犯罪事实；如果是后者，是否属于“新的犯罪事实”则应当以犯罪构成为前提。当然，广义上来说，既遂和未遂在刑法理论上也属于两个构成要件，主犯和从犯如果按照构成要件来理解，也属于“正犯构成要件”和“共犯构成要件”两个要件，因此，广义上依然属于新的犯罪事实（这里又存在广义和狭义两个层面）。综上所述，关于“新的犯罪事实”的理解，最广义的理解为：原审指控事实以外的与量刑相关的事实。最狭义的理解为：在卷证据以外新发现的符合“犯罪构成”的事实。

按照最广泛的理解，上诉不加刑制度形同虚设。因为人们总能找出点“压箱货”，来支持量刑情节的变更。过去的案例是不支持最广泛理解的意见。比如《刑事审判参考》指导案例第1025号（转引自《最高人民法院司法观点集成（第三版）·刑事卷》，第2564页）中认为，修正后的刑事诉讼法对“发回重审不加刑”原则规定了例外情形，即“有新的犯罪事实，人民检察院补充起诉”。所谓“新的犯罪事实”，指的是原起诉书中没有指控的犯罪事实和人民检察院补充起诉的新的事实。只有同时具备上诉两个条件，原审法院根据重审时查明的新的犯罪事实，才能对被告人加重刑罚；如果新的犯罪事实不成立，亦不能加重被告人的刑罚。对于原判中认定数额有误、自首、立功、主从犯、既未遂等量刑情节不当的情况，均不属于发现了“新的犯罪事实”，一律不得加重刑罚。

16.3.2 刑事第二审的审理程序

一、审理方式★★

第一，应当开庭的案件。根据《刑诉解释》第393条第1款的规定，下列案件，根据《刑事诉讼法》第234条的规定，应当开庭审理：① 被告人、自诉人及其法定代理人对第一审认定的事实、证据提出异议，可能影响定罪量刑的上诉案件；② 被告人被判处死刑（含死缓）的上诉案件；③ 人民检察院抗诉的案件；④ 应当开庭审理的其他案件。

第二，可以不开庭的案件。根据《刑诉解释》第 394 条的规定，对上诉、抗诉案件，第二审人民法院经审查，认为原判事实不清、证据不足，或者具有《刑事诉讼法》第 238 条规定的违反法定诉讼程序情形，需要发回重新审判的，可以不开庭审理。

二、二审的审理程序★★★

第一，开庭地点。第二审人民法院开庭审理上诉、抗诉案件，可以到案件发生地或者原审人民法院所在地进行。

第二，检察院出庭。根据《刑诉解释》第 397 条的规定，开庭审理上诉、抗诉的公诉案件，应当通知同级人民检察院派员出庭。抗诉案件，人民检察院接到开庭通知后不派员出庭，且未说明原因的，人民法院可以裁定按人民检察院撤回抗诉处理。

第三，检察院阅卷。第二审人民法院应当在决定开庭审理后及时通知人民检察院查阅案卷。人民检察院应当在 1 个月以内查阅完毕。人民检察院查阅案卷的时间不计入审理期限。

第四，二审辩护。根据《刑诉解释》第 392 条的规定，第二审期间，被告人除自行辩护外，还可以继续委托第一审辩护人或者另行委托辩护人辩护。共同犯罪案件，只有部分被告人提出上诉，或者自诉人只对部分被告人的判决提出上诉，或者人民检察院只对部分被告人的判决提出抗诉的，其他同案被告人也可以委托辩护人辩护。

第五，新证据处理。根据《刑诉解释》第 395 条的规定，第二审期间，人民检察院或者被告人及其辩护人提交新证据的，人民法院应当及时通知对方查阅、摘抄或者复制。

第六，同案被告人的出庭。对同案审理案件中未上诉的被告人，未被申请出庭或者人民法院认为没有必要到庭的，可以不再传唤到庭。

同案审理的案件，未提出上诉、人民检察院也未对其判决提出抗诉的被告人要求出庭的，应当准许。出庭的被告人可以参加法庭调查和辩论。

第七，二审宣判。第二审人民法院可以委托第一审人民法院代为宣判，并向当事人送达第二审判决书、裁定书。第一审人民法院应当在代为宣判后 5 日内将宣判笔录送交第二审人民法院，并在送达完毕后及时将送达回证送交第二审人民法院。

委托宣判的，第二审人民法院应当直接向同级人民检察院送达第二审判决书、裁定书。

三、对上诉、抗诉案件审理后的处理★★★

对上诉与抗诉案件审理后的处理，见表 16-4。

表 16-4　对上诉与抗诉案件审理后的处理

<table>
<tr><td>（裁定）
维持原判</td><td colspan="2">认定事实和适用法律正确、量刑适当的，应当裁定驳回上诉、抗诉，维持原判。如果一审量刑过轻，但受上诉不加刑原则的限制，也只能维持原判</td></tr>
<tr><td rowspan="2">（判决）
改判</td><td>应当改判</td><td>原判决认定事实没有错误，但适用法律有错误或者量刑不当的</td></tr>
<tr><td>可以改判</td><td>原判决事实不清楚或者证据不足的，可以在查清事实后改判</td></tr>
<tr><td rowspan="2">（裁定）
发回重审</td><td>可以发回</td><td>原判决事实不清楚或者证据不足的，可以裁定撤销原判，发回原审人民法院重新审判
此情形发回重审只能发回 1 次。
《刑诉解释》第 404 条第 2 款规定，有多名被告人的案件，部分被告人的犯罪事实不清、证据不足或者有新的犯罪事实需要追诉，且有关犯罪与其他同案被告人没有关联的，第二审人民法院根据案件情况，可以对该部分被告人分案处理将该部分被告人发回原审人民法院重新审判。原审人民法院重新作出判决后，被告人上诉或者人民检察院抗诉，其他被告人的案件尚未作出第二审判决、裁定的，第二审人民法院可以并案审理。</td></tr>
<tr><td>应当发回</td><td>有下列违反法律规定的诉讼程序的情形之一的，应当裁定撤销原判，发回重审：
（1）违反《刑事诉讼法》有关公开审判的规定的
（2）违反回避制度的
（3）审判组织的组成不合法的
（4）剥夺、限制了当事人的法定诉讼权利，可能影响公正审判的
（5）其他违反法律规定的诉讼程序，可能影响公正审判的
注意：（1）此情形的发回重审不限制次数
（2）原审法院对于发回重新审判的案件，应当另行组成合议庭，依照第一审程序进行审判；对于重新审判后的判决，可以上诉、抗诉</td></tr>
</table>

四、对第二审附带民事诉讼案件的处理★

关于第二审人民法院对刑事附带民事案件的处理，应当根据上诉、抗诉的具体情况进行区分。

第一，第二审人民法院审理附带民事上诉案件，如果发现刑事和附带民事部分均有错误需依法改判，应当一并审理，一并改判。

第二，第二审人民法院审理的刑事上诉、抗诉案件，附带民事诉讼部分已经发生法律效力的，如果发现第一审判决或者裁定中的民事部分确有错误，应当对民事部分按照审判监督程序予以纠正。

第三，第二审人民法院审理附带民事上诉案件，刑事部分已经发生法律效力的，如果发现第一审判决或者裁定中的刑事部分确有错误，应当对刑事部分按照审判监督程序指令再审，并将附带民事诉讼部分发回与刑事部分一并审理。

第四，第二审期间，第一审附带民事诉讼原告人增加独立的诉讼请求或者第一审附带民事诉讼被告人提出反诉的，第二审人民法院可以根据自愿、合法的原则进行调解；调解不成的，告知当事人另行起诉。

五、自诉案件的第二审程序★

第一，第二审的反诉。自诉案件在第二审反诉的，人民法院应当告知其另行起诉。

第二，第二审的调解。可以进行调解，应当制作调解书，第一审判决、裁定视为自动撤销。

第三，第二审的和解。自行和解的，人民法院裁定准许撤回自诉，应当撤销第一审判决或者裁定。

六、二审的效力和期限★★

第一，效力。

第二审的判决、裁定（死刑案件及在法定刑以下判处刑罚的必须报经最高人民法院核准的除外）和最高人民法院的判决、裁定，都是终审的判决、裁定，一经宣告即发生法律效力，不得对其再行上诉或按二审程序提起抗诉。

第二，审限。

（1）2个月。

第二审人民法院受理上诉、抗诉案件，应2个月以内审结。

（2）延长2个月。

对于可能判处死刑的案件或者附带民事诉讼的案件，以及有下列规定情形之一的，经省、自治区、直辖市高级人民法院批准或者决定，可以延长2个月：① 交通十分不便的边远地区的重大复杂案件；② 重大的犯罪集团案件；③ 流窜作案的重大复杂案件；④ 犯罪涉及面广、取证困难的重大复杂案件。

（3）延长时间未知。

因特殊情况还需要延长的，报请最高人民法院批准。

最高人民法院受理上诉、抗诉案件的审理期限，由最高人民法院决定。

所以，刑事第二审的审理期限总结为：2+2+X。

第二审人民法院发回原审人民法院重新审判的案件，原审人民法院从收到发回的案件之日起，重新计算审理期限。

七、涉案财物的处理★★

第一，公安机关、人民检察院和人民法院对查封、扣押、冻结的犯罪嫌疑人、被告人的财物及其孳息，应当妥善保管，以供核查，并制作清单，随案移送。任何单位和个人不得挪用或者自行处理。

第二，对被害人的合法财产，应当及时返还。

第三，对违禁品或者不宜长期保存的物品，应当依照国家有关规定处理。

第四，对作为证据使用的实物应当随案移送，对不宜移送的，应当将其清单、照片或者其他证明文件随案移送。

第五，人民法院作出的判决，应当对查封、扣押、冻结的财物及其孳息作出处理。

第六，人民法院作出的判决生效以后，有关机关应当根据判决对查封、扣押、冻结的财物及其孳息进行处理。对查封、扣押、冻结的赃款赃物及其孳息，除依法返还被害人的以外，一律上缴国库。

（1）对判决时尚未追缴到案或者尚未足额退赔的违法所得，应当判决继续追缴或者责令退赔。

（2）判决返还被害人的涉案财物，应当通知被害人认领；无人认领的，应当公告通知；公告满 1 年无人认领的，应当上缴国库；上缴国库后有人认领，经查证属实的，应当申请退库予以返还；原物已经拍卖、变卖的，应当返还价款。

（3）对侵犯国有财产的案件，被害单位已经终止且没有权利义务继受人，或者损失已经被核销的，查封、扣押、冻结的财物及其孳息应当上缴国库。

16.4　在法定刑以下判处刑罚的核准程序

在法定刑以下判处刑罚的案件，不能直接发生法律效力，必须报请最高人民法院核准方可生效。这也是两审终审制的一个例外。

一、上报的程序和途径★★

根据《刑诉解释》第 414 条的规定，报请最高人民法院核准在法定刑以下判处刑罚的案件，应当按照下列情形分别处理；

第一，被告人未上诉、人民检察院未抗诉的，在上诉、抗诉期满后 3 日内报请上一级人民法院复核。上一级人民法院同意原判的，应当书面层报最高人民法院核准；不同意的，应当裁定发回重新审判，或者改变管辖按照第一审程序重新审理。原判是基层人民法院作出的，高级人民法院可以指定中级人民法院按照第一审程序重新审理。

第二，被告人上诉或者人民检察院抗诉的，应当依照第二审程序审理。第二审维持原判，或者改判后仍在法定刑以下判处刑罚的，应当依照前项规定层报最高人民法院核准。

对在法定刑以下判处刑罚的案件，最高人民法院予以核准的，应当作出核准裁定书；不予核准的，应当作出不核准裁定书，并撤销原判决、裁定，发回原审人民法院重新审判或者指定其他下级人民法院重新审判。

二、最高人民法院复核后的处理★★

第一，核准。最高人民法院复核后予以核准的，作出核准裁定书。

第二，不核准。最高人民法院复核后不予核准的，应当撤销原判决、裁定，发回原审人民法院重新审判或者指定其他下级人民法院重新审判。

案例阅读

2018 年 4 月，最高人民法院核准了深圳市中级人民法院对“鹦鹉案”被告人王鹏非法收购、出售珍贵、濒危野生动物罪判处 2 年有期徒刑并处罚金 3 000 元的刑事判决。2016 年 5 月，被告人王鹏因售卖 6 只家养鹦鹉（其中 2 只为小太阳鹦鹉，属濒危野生动物）被刑事拘留。随后，公安机关在其宿舍查获该种鹦鹉 35 只，和尚鹦鹉 9 只，非洲鹦鹉 1 只，共计 45 只。2017 年 4 月，深圳市宝安区人民法院一审以非法出售珍贵、濒危野生动物罪判处被告人王鹏有期徒刑 5 年，并处罚金人民币 3 000 元。2018 年 3 月 30 日，深圳市中级人民法院二审以犯非法收购、出售珍贵、濒危野生动物罪判处上诉人王鹏有期徒刑 2 年，并处罚金人民币 3 000 元。此后，最高人民法院复核认为，被告人王鹏承认明知涉案鹦鹉为法律禁止买卖的国家重点保护的珍贵、濒危野生动物，但仍非法收购、出售，已构成非法收购、出售珍贵、濒危野生动物罪。王鹏为了牟利而非法收购、出售 47 只国家重点保护的珍贵、濒危的鹦鹉，情节特别严重，应依法惩处。综合考量王鹏能自愿认罪，出售的是自己驯养繁殖而非野外捕捉的鹦鹉，社会危害性相对较小，且有 45 只鹦鹉尚未售出等情节，可在法定刑以下判处刑罚。第一、二审认定的事实清楚，证据确实、充分，审判程序合法；第二审定罪准确，量刑适当。

【课后阅读】

［1］刘计划：《抗诉的效力与上诉不加刑原则的适用——基于余金平交通肇事案二审改判的分析》，《法学》，2021 年第 6 期。

［2］肖沛权：《认罪认罚案件上诉问题探讨》，《政法论坛》，2021 年第 2 期。

［3］卢建平：《余金平交通肇事案事实认定与法律适用争议评析》，《中

国法律评论》，2020 年第 3 期。

［4］葛琳：《刑事涉案财物管理制度改革》，《国家检察官学院学报》，2016 年第 6 期。

［5］程光：《程序违法发回重审兜底条款之合理适用——以全国人民法院 2761 份刑事裁定书为样本》，《新疆大学学报（哲学·人文社会科学版）》，2021 年第 2 期。

第 17 章　死刑复核程序

本章思维导图 <<<

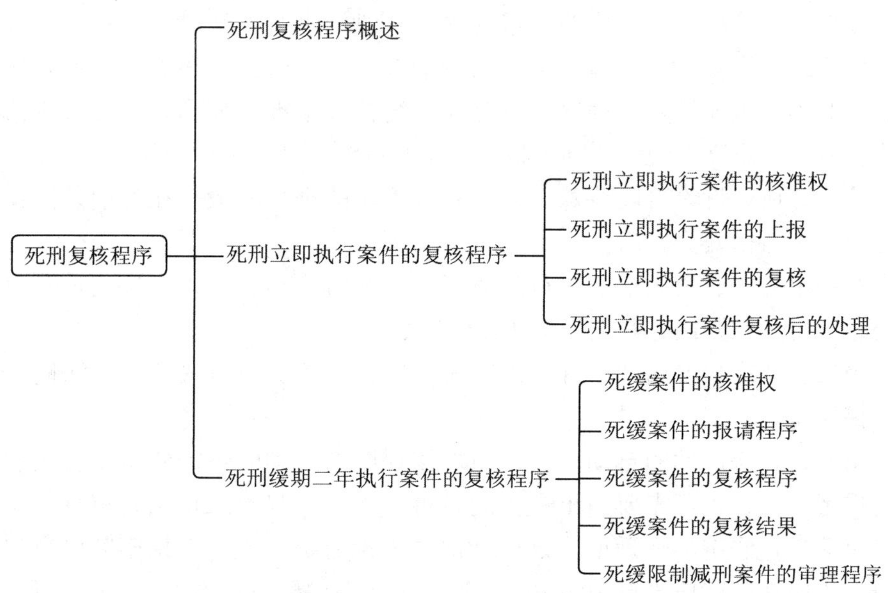

17.1　死刑复核程序概述

一、死刑复核程序的概念★

死刑复核程序是我国《刑事诉讼法》规定的一种独立于普通审判程序之外的特别审查核准程序。它是指人民法院对判处死刑的案件进行复审、核准所遵循的特别审判程序，其任务是由享有复核权的人民法院对下级人民法院报请复核的死刑判决、裁定，在认定事实和适用法律方面是否正确进行全面审查，依法作出是否核准死刑的决定。

二、死刑复核程序的特点★★

第一，审理对象特定。死刑复核程序只适用于判处死刑的案件，包括判处死刑立即执行和判处死刑缓期二年执行的案件。

第二，复核程序是死刑的终审程序。一般刑事案件经过第一审、第二审程序以后，判决就发生法律效力。而死刑案件除经过第一审、第二审程序以外，还必须经过死刑复核程序。只有经过复核并核准的死刑判决才发生法律效力。从这一意义上说，死刑复核程序是两审终审制的一种例外。

第三，所处诉讼阶段特殊。死刑复核程序的进行一般是在死刑判决作出之后，发生法律效力之前。

第一审程序、第二审程序审理时间是在起诉之后，二审判决之前；审判监督程序则是在判决、裁定发生法律效力之后。

第四，核准权专属性。有权进行死刑复核的机关只有最高人民法院和高级人民法院。

第五，程序启动的自动性。死刑复核程序的启动既不需要检察机关提起公诉或者抗诉，也不需要当事人提起自诉或上诉，只要二审法院审理完毕或者一审后经过法定的上诉期或抗诉期被告人没有提出上诉、检察院没有提起抗诉，人民法院就应当自动将案件报送高级人民法院或最高人民法院核准。

第六，报请复核方式特殊。报请复核应当按照法院的组织系统逐级上报，不得越级报核。

17.2　死刑立即执行案件的复核程序

一、核准权★

死刑立即执行的核准权自 2007 年 1 月 1 日起统一由最高人民法院行使。

延伸阅读

1954年，中国召开第一次全国人民代表大会，制定了《中华人民共和国宪法》，并通过了《中华人民共和国人民法院组织法》，其中规定，死刑案件由最高人民法院和高级人民法院核准。1979年，《刑事诉讼法》第199条规定，死刑由最高人民法院核准。但1980年2月12日，第五届全国人大常委会第十三次会议作出决定，对1980年内的杀人、强奸、抢劫、放火等犯有严重罪行应当判处死刑的案件，最高人民法院可以授权省、自治区、直辖市高级人民法院核准。之后，最高人民法院根据全国人大常委会的决定，于1980年3月18日下发了该项授权通知。应该说，各省（自治区、直辖市）高级人民法院在复核死刑时也纠正了一些冤错案件和不当量刑，仍然坚持了“少杀”“慎杀”的原则，总体办案质量是好的。不过，部分死刑复核权下放之后，在司法界、法学界、舆论界一直有争议的声音。一些学者认为，20世纪80年代初三次下放死刑复核权，从当时的形势和社会治安环境来说是必要的，有积极意义的，但确实也带来了不少问题。

二、报请程序★★★

判处死刑立即执行案件的报请程序有以下三种情况，见表17-1。

表17-1　判处死刑立即执行案件的报请程序

中院判死刑的一审案件，未上诉、未抗诉的	在上诉、抗诉期满后10日以内报请高院复核。高院复核后认为： （1）高院同意判处死刑的，应当在作出裁定后10日以内报请最高人民法院核准 （2）认为原判认定的某一具体事实或者引用的法律条款等存在瑕疵，但判处被告人死刑并无不当的，可以在纠正后作出核准的判决、裁定 （3）高院不同意判处死刑的，应当依照第二审程序提审或者发回原审人民法院重新审判
中院判死刑的一审案件，上诉、抗诉的	（1）高院二审裁定维持的，应当在作出裁定后10日内报请最高院核准 （2）高院二审如果认为不应当判处死刑的，直接对一审裁判量刑进行改判；如果改判后不再是死刑，则无需再上报，二审裁判即发生效力
高院判死刑的一审案件，未上诉、未抗诉的	应当在上诉、抗诉期满后10日内报请最高人民法院核准

三、死刑立即执行案件的复核★★★

死刑立即执行案件的复核，见表 17-2。

表 17-2　死刑立即执行案件的复核

复核庭的组成	审判员 3 人组成合议庭进行
讯问被告人	复核死刑案件，应当讯问被告人
辩护律师意见	辩护律师提出要求的，应当听取辩护律师的意见
检察院监督	在复核死刑案件过程中，最高人民检察院可以向最高人民法院提出意见。最高人民法院将死刑复核结果通报最高人民检察院；死刑复核期间，最高人民检察院提出意见的，最高人民法院应当审查，并将采纳情况及理由反馈最高人民检察院
全面审查	复核死刑（含死刑缓期二年执行）案件，应当围绕定罪与量刑内容全面审查，审查内容包括：① 被告人的年龄，被告人有无刑事责任能力、是否系怀孕的妇女；② 原判认定的事实是否清楚，证据是否确实、充分；③ 犯罪情节、后果及危害程度；④ 原判适用法律是否正确，是否必须判处死刑，是否必须立即执行；⑤ 有无法定、酌定从重、从轻或者减轻处罚情节；⑥ 诉讼程序是否合法；⑦ 应当审查的其他情况 注意：复核死刑、死刑缓期执行案件，应当重视审查被告人的辩解及其辩护人的辩护意见
共犯的审查	（1）共同犯罪案件中，部分被告人被判处死刑的，最高人民法院或者高级人民法院复核时，应当对全案进行审查，但不影响对其他被告人已经发生法律效力判决裁定的执行 （2）发现对其他被告人已经发生法律效力的判决、裁定确有错误时，可以指令原审人民法院再审 注意：共犯的全面审查并不等于所有人都需要最高院核准，只有死刑犯需要核准

四、判处死刑立即执行案件复核后的处理★★

第一，复核结果。根据《刑诉解释》第 429 条的规定，最高人民法院复核死刑案件，应当按照不同情形分别处理，见表 17-3。

表 17-3　最高人民法院复核死刑案件

核准	直接核准	原判认定事实和适用法律正确、量刑适当、诉讼程序合法的，应当裁定核准
	纠正核准	原判认定的某一具体事实或者引用的法律条款等存在瑕疵，但判处被告人死刑并无不当的，可以在纠正后作出核准的判决、裁定

续表

不予核准	（1）原判事实不清、证据不足的，应当裁定不予核准，并撤销原判，发回重新审判 （2）复核期间出现新的影响定罪量刑的事实、证据的，应当裁定不予核准，并撤销原判，发回重新审判 （3）原判认定事实正确、证据充分，但依法不应当判处死刑的，应当裁定不予核准，并撤销原判，发回重新审判；根据案件情况，必要时，也可以依法改判 （4）原审违反法定诉讼程序，可能影响公正审判的，应当裁定不予核准，并撤销原判，发回重新审判

第二，复核后发回重新审判的程序，见表17-4。

表17-4 复核后发回重审的程序

发回重新审判	最高院裁定不予核准死刑的，根据案件情况，可以发回第二审法院或者第一审法院重新审判 第一审人民法院重新审判的，应当开庭审理，第二审人民法院重新审判的，可以直接改判，必须通过开庭查清事实、核实证据或者纠正原审程序违法的，应当开庭审理
另组合议庭	根据《刑诉解释》第432条的规定，最高院裁定不予核准死刑，发回重新审判的案件，原审人民法院应当另行组成合议庭进行审理。但有两个例外，发回不需要另行组成合议庭： （1）复核期间出现新的影响定罪量刑的事实、证据，发回重新审判的 （2）原判认定事实正确、证据充分，但依法不应当判处死刑，发回重新审判的

案例阅读

2018年10月4日，年仅10岁的杨晓燕卖完百香果回家途中，被杨光毅强奸杀害。两日后，杨光毅在父亲的陪同下投案自首。当日，灵山县公安局通报，杨光毅被抓获并对犯罪行为供认不讳。警方根据其供述查找到杨晓燕的遗体。2019年7月12日，钦州市中级人民法院以强奸罪，判处杨光毅死刑，剥夺政治权利终身。杨光毅不服判决提出上诉，称自己可能患有精神疾病，没有控辩能力，请求减刑。2020年3月25日，广西壮族自治区高级人民法院改判杨光毅犯强奸罪，判处死刑，缓期二年执行，并对其限制减刑。杨晓燕家属不服二审判决，提出申诉。11月11日，最高人民法院指令广西高院再审。12月15日，广西壮族自治区高级人民法院依照审判监督程序对原审被告人杨光毅强奸一案依法开庭审理。2020年12月28日，广西壮族自治区高级人民法院对最高人民法院指令再审的原审被告人杨光毅强奸案进行公开宣判：撤销原二审判决，改判杨光毅死刑，剥夺政治权利终身，并依法报请最高人民法院核准。最高人民法院常务副院长贺荣说，对各类侵害未成年人的违法犯罪要坚决依法严惩；对性侵未成年人犯罪，一般不得适用缓刑，一般不得假释，认罪认罚从宽要依法从严控制，减刑要依法从严控制；对性质恶劣、危害重大者，该判处重刑乃至死刑要坚决依法判处，绝不姑息，绝不手软，形成不敢侵害少年儿童的法治氛围。

17.3 死刑缓期二年执行案件的复核程序

一、核准权★

死刑缓期二年执行案件的核准权由高级人民法院统一行使。

二、报请程序★★

（1）上诉抗诉：中级人民法院判死缓的一审案件，被告人上诉或人民检察院抗诉的，高级人民法院用二审程序审理，如果维持死缓判决的，二审即终审。

（2）不上不抗：中级人民法院判死缓的一审案件，被告人不上诉，人民检察院不抗诉的，上诉、抗诉期满后，报请高级人民法院核准。

三、复核程序★★

高级人民法院核准死刑缓期二年执行的案件，应当由审判员 3 人组成合议庭，合议庭在审查时必须讯问被告人。

四、复核结果★★

复核结果的处理，见表 17-5。

表 17-5 复核结果的处理

<table>
<tr><td rowspan="2">予以核准</td><td>直接核准</td><td>原判认定事实和适用法律正确、量刑适当、诉讼程序合法的，应当裁定核准</td></tr>
<tr><td>纠正核准</td><td>原判认定的某一具体事实或者引用的法律条款等存在瑕疵，但判处被告人死刑并无不当的，可以在纠正后作出核准的判决、裁定</td></tr>
<tr><td>应当改判</td><td colspan="2">认为法律适用错误或者原判过重的，应当依法改判
死缓复核不能加重被告人的刑罚，变轻容易变重难</td></tr>
<tr><td>可以发回重审或改判</td><td colspan="2">（1）原判事实不清、证据不足的
（2）复核期间出现新的影响定罪量刑的事实、证据的</td></tr>
<tr><td>应当发回重审</td><td colspan="2">原审违反法定诉讼程序，可能影响公正审判的，应当裁定不予核准，撤销原判，发回重审</td></tr>
</table>

五、死刑缓期执行限制减刑案件的审理程序★★★

第一，案件范围。对被判处死刑缓期执行的累犯及因故意杀人、强奸、抢劫、绑架、放火、爆炸、投放危险物质或者有组织的暴力性犯罪被判处死刑缓期执行的犯罪分子，人民法院根据犯罪情节、人身危险性等情况，可以在作出裁判的同时决定对其限制减刑。

第二，中级人民法院一审判死缓的二审与核准，见表 17-6。

表 17-6　中级人民法院一审判死缓的二审与核准

<table>
<tr><td rowspan="2">不上不抗就上报</td><td>中级人民法院判死缓并限制减刑的一审案件，被告人不上诉，人民检察院不抗诉的，中级人民法院上报高级人民法院复核，高级人民法院认为死缓适当，但限制减刑不当的，应当改判，撤销限制减刑（变轻容易）</td></tr>
<tr><td>中级人民法院判死缓没有限制减刑的一审案件，被告人不上诉，人民检察院不抗诉的，中级人民法院上报高级人民法院复核，高级人民法院认为应当限制减刑的，不得对被告人限制减刑（变重难）</td></tr>
<tr><td rowspan="2">上诉抗诉走二审</td><td>中级人民法院判死缓并限制减刑的一审案件，被告人上诉或人民检察院抗诉的，高级人民法院二审认为死缓适当，但限制减刑不当的，应当改判，撤销限制减刑（变轻容易）</td></tr>
<tr><td>中级人民法院判死缓没有限制减刑的一审案件，只有被告人上诉的，高级人民法院二审认为应当限制减刑的，受上诉不加刑限制，不得对被告人限制减刑（变重难）</td></tr>
</table>

第三，中级人民法院一审判死刑立即执行的上诉、复核、核准，见表 17-7。

表 17-7　中级人民法院一审判死刑立即执行的上诉、复核、核准

<table>
<tr><td>上诉、抗诉走二审</td><td>中级人民法院判死刑的一审案件，被告人上诉或人民检察院抗诉的，高级人民法院二审认为一审量刑过重，应当对被告人改判死刑缓期执行的，可以同时决定对其限制减刑（变轻容易）</td></tr>
<tr><td>不上诉、不抗诉就上报</td><td>中级人民法院判死刑的一审案件，被告人不上诉，人民检察院不抗诉的，在上诉、抗诉期满后 10 日内报请高级人民法院复核。高级人民法院复核认为应当改判死刑缓期执行并限制减刑的，可以提审或者发回重新审判（上报路上不改判）</td></tr>
<tr><td>最高人民法院核准结果</td><td>认为应当改判死刑缓期执行并限制减刑的，应当裁定不予核准，并撤销原判，发回重新审判；根据案件情况，必要时，也可以依法改判（《刑诉解释》第 429 条第 5 项）</td></tr>
</table>

【课后阅读】

［1］陈光中，唐露露：《我国死刑复核程序之完善刍议》，《法学杂志》，2020 年第 2 期。

［2］吴宏耀，张亮：《死刑复核程序中被告人的律师帮助权——基于 255 份死刑复核刑事裁定书的实证研究》，《法律适用》，2017 年第 7 期。

［3］高通：《最高人民法院死刑复核全面审查原则再检视》，《法学家》，2017 年第 3 期。

第 18 章 审判监督程序

本章思维导图 <<<

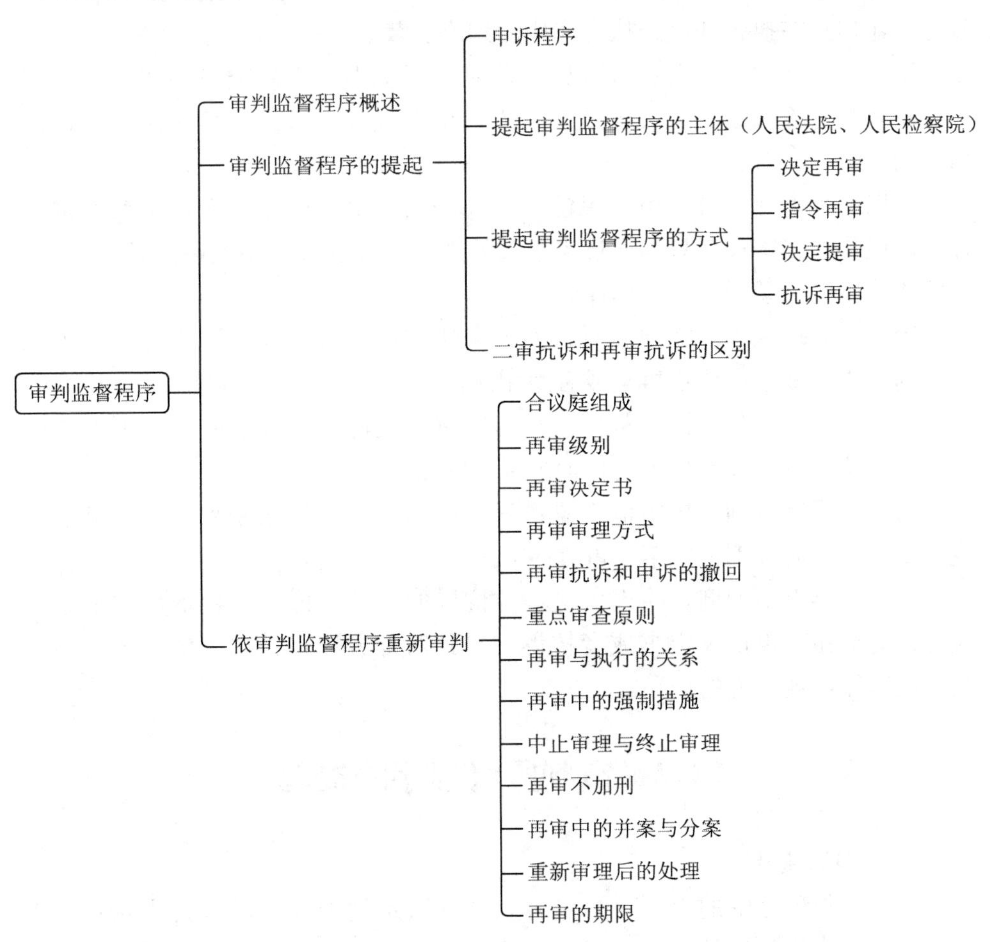

18.1 审判监督程序概述

一、审判监督程序的概念★

审判监督程序又称再审程序，是指人民法院、人民检察院对于已经发生法律效力的判决、裁定，发现在认定事实或者适用法律上确有错误，予以提出并由人民法院对该案重新审判所应遵循的步骤、方式和方法。

审判监督程序并不是每个案件的必经程序，只有对于已经发生法律效力而且确有错误的判决、裁定才能适用。因此，它是一种特殊的救济程序。

二、审判监督程序的特点★★

第一，审理对象。审判监督程序的审理对象是已经发生法律效力的判决、裁定，包括正在执行和已经执行完毕的判决、裁定。

第二，启动主体。由各级人民法院院长提交本院审判委员会决定，最高人民法院和上级人民法院决定及最高人民检察院和上级人民检察院提出抗诉而启动。

所以，再审程序可以由人民法院主动开启，也可以通过人民检察院抗诉开启。但是，二审程序只能通过当事人的上诉，或者人民检察院的抗诉开启，人民法院不能主动开启二审程序。

第三，启动原因。必须经有权的人民法院或者人民检察院审查，认为已生效的判决、裁定在认定事实或者适用法律上确有错误时，才能提起。

第四，审判法院。按照审判监督程序审判案件的人民法院，既可以是原审人民法院，也可以是提审的任何上级人民法院。

第五，程序级别。按照审判监督程序审判案件将根据原来是第一审案件或第二审案件而分别依照第一审程序或第二审程序进行。

第六，再审不加刑。除人民检察院抗诉的以外，再审一般不得加重原审被告人的刑罚，再审决定书或者抗诉书只针对部分原审被告人的，不得加重其他同案原审被告人的刑罚。

18.2 审判监督程序的提起

一、申诉★★

审判监督程序中的申诉，是当事人及其法定代理人、近亲属认为人民法院已经发生法律效力的判决、裁定有错误，要求人民法院或者人民检察院进行审查处理的一种请求。

第一，申诉主体。

根据《刑诉解释》第 451 条的规定，当事人及其法定代理人、近亲属对已经发生法律效力的判决、裁定提出申诉的，人民法院应当审查处理。案外人认为已经发生法律效力的判决、裁定侵害其合法权益，提出申诉的，人民法院应当审查处理。申诉可以委托律师代为进行。

第二，申诉对象。

申诉对象是已经发生法律效力的判决、裁定。

第三，受理机关。

原审人民法院及其上级人民法院，也包括与上述法院对应的人民检察院。

第四，申诉效力。

（1）申诉不能停止判决、裁定的执行。

（2）申诉不能必然引起审判监督程序。

第五，申诉时间。

申诉人最迟在刑罚执行完毕后 2 年内提出申诉。超过 2 年提出申诉，具有下列情形之一的，应当受理：① 可能对原审被告人宣告无罪的；② 原审被告人在规定的期限内向法院提出申诉，法院未受理的；③ 属于疑难、复杂、重大案件的。

第六，法院审查。

（1）原则找终审：申诉由终审法院处理。

（2）越级申诉：上一级人民法院对越级的申诉，可以告知申诉人向终审法院提出申诉，或者直接交终审法院审查处理，并告知申诉人；案件疑难、复杂、重大的，也可以直接审查处理。

（3）死刑申诉：对死刑案件的申诉，可由原核准法院直接审查处理，也可以交由原审法院审查。原审法院应当制作审查报告，提出处理意见，层报原核准的人民法院审查处理。

（4）两级申诉：申诉人对驳回申诉不服的，可向上一级人民法院申诉。上一级人民法院经审查认为申诉不符合再审理由的，应当说服申诉人撤回申诉；对仍然坚持申诉的，应当驳回或通知不予重新审判。

第七，检察院审查申诉的程序。

《高检规则》第 593 条规定，当事人及其法定代理人、近亲属认为人民法院已经发生法律效力的判决、裁定确有错误，向人民检察院申诉的，由作出生效判决、裁定的人民法院的同级人民检察院依法办理。当事人及其法定代理人、近亲属直接向上级人民检察院申诉的，上级人民检察院可以交由作出生效判决、裁定的人民法院的同级人民检察院受理；案情重大、疑难、复杂的，上级人民检察院可以直接受理。当事人及其法定代理人、近亲属对人民法院已经发生法律效力的判决、裁定提出申诉，经人民检察院复查决定不予抗诉后继续提出申诉的，上一级人民检察院应当受理。

《高检规则》第594条规定，对不服人民法院已经发生法律效力的判决、裁定的申诉，经两级人民检察院办理且省级人民检察院已经复查的，如果没有新的证据，人民检察院不再复查，但原审被告人可能被宣告无罪或者判决、裁定有其他重大错误可能的除外。

案例阅读

聂树斌故意杀人、强奸妇女再审案自被媒体报道以来便受到社会各界的广泛关注，被评选入“2016年十大影响性诉讼”“2016年人民法院十大刑事案件”及“2016年推动法治进程十大案件”。从1995年4月27日聂树斌被执行死刑，到2016年12月2日再审改判无罪，经过了21年有余的时间，聂树斌冤案才得以昭雪。申冤之路的艰难，其间的坎坷与辛酸，恐怕只有聂树斌的家人才能够了解。鉴于案件的复杂与疑难程度，为了实现司法的公平正义，回应社会各界的广泛关注，最高人民法院决定直接提审，并且创设性地指令山东高院异地复查，以及依法采取多种措施保障审判的公平公正。再审法庭由最高人民法院第二巡回法庭的5位法官组成，巡回法庭庭长胡云腾法官亲自担任审判长。经过近半年的审理，在严格遵守证据裁判原则与疑罪从无原则的基础上，最终改判聂树斌无罪。毫无疑问，聂树斌案在我国冤错案件纠正的历史上具有里程碑的意义，借用我国刑事诉讼法学界泰斗陈光中先生的话，“聂树斌案应当载入史册”。

二、提起审判监督程序的主体★★★

第一，法院。

（1）本院：本院院长对本院已经生效的裁判，发现确有错误，提交审判委员会讨论决定由本院来审理。提起审判监督程序的权力由院长和审判委员会共同行使，由院长提交审判委员会处理，审判委员会讨论决定是否提起审判监督程序。

（2）上级法院：最高人民法院对各级人民法院已经发生法律效力的判决和裁定，上级人民法院对下级人民法院已经发生法律效力的判决和裁定，如果发现确有错误，有权提审或者指令下级人民法院再审。

第二，检察院。

（1）最高人民检察院：最高人民检察院对各级人民法院（包括最高人民

法院）已经发生法律效力的判决和裁定，有权按照审判监督程序向同级人民法院提出抗诉。

（2）上级人民检察院：上级人民检察院对下级人民法院已经发生法律效力的判决和裁定，如果发现确有错误，有权按照审判监督程序向同级人民法院提出抗诉。

审判监督程序的启动主体见图 18-1。

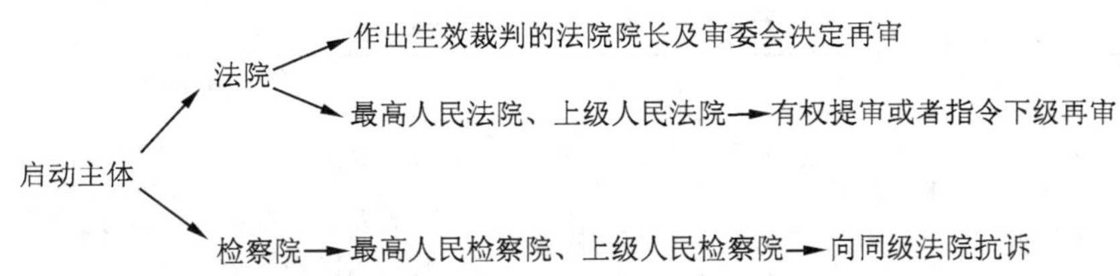

图 18-1　审判监督程序的启动主体

注意：再审抗诉最大的特点就是“上抗下”。唯有最高人民检察院可以针对同级的最高人民法院的裁判提起再审抗诉。基层人民检察院无权提起再审抗诉。地方各级人民检察院发现同级人民法院已经发生法律效力的判决和裁定确有错误的，无权按照审判监督程序提出抗诉，应当报请上级人民检察院按照审判监督程序，向其同级人民法院提出抗诉。

三、提起审判监督程序的方式★★★

提起审判监督程序的方式有：决定再审、指令再审、决定提审、抗诉再审。

第一，决定再审。决定再审是指各级人民法院院长对本院已生效的判决和裁定提交审判委员会决定的审判监督程序的方式。

第二，指令再审。指定再审是指上级人民法院对下级人民法院已经发生法律效力的判决和裁定，如果发现确有错误，可以指令下级人民法院再审从而提起审判监督程序的一种方式。对于指令原审人民法院再审的案件，如果原来是第一审案件，接受抗诉的人民法院应当指令第一审人民法院依照第一审程序进行审判，所作的判决、裁定，可以上诉、抗诉；如果原来是第二审案件，接受抗诉的人民法院应当指令第二审人民法院依照第二审程序进行审判，所作的判决、裁定，是终审的判决、裁定。

第三，决定提审。决定提审是指上级人民法院对下级人民法院已经发生法律效力的判决和裁定，如果发现确有错误，需要重新审理，直接组成合议庭调取原审案卷和材料并进行审判，从而提起审判监督程序的一种方式。

第四，抗诉再审。抗诉再审是指最高人民检察院对各级人民法院已经发生法律效力的判决和裁定，上级人民检察院对下级人民法院已经发生法律效力的判决和裁定，如果发现确有错误，向同级人民法院提出抗诉，从而提起审判监督程序的一种方式。

四、二审抗诉与再审抗诉的区别★★

刑事诉讼中有两种抗诉：一种是二审抗诉，另一种是再审抗诉。

二审抗诉与再审抗诉的区别，见表 18-1。

表 18-1 刑事诉讼的两种抗诉

不同点	二审抗诉	再审抗诉
对象不同	尚未发生法律效力的一审裁判	已经发生法律效力的判决和裁定
抗诉机关不同	原审法院同级地方人民检察院	原审人民法院的上级人民检察院或最高人民检察院
接受机关不同	抗诉检察院的上一级法院	抗诉人民检察院的同级人民法院
抗诉期限不同	有法定的期限（10 天/5 天）	法律没有对再审抗诉的期限作规定
效力不同	导致一审裁判不发生法律效力	不会停止原判决、裁定的执行

18.3 依照审判监督程序对案件的重新审判

一、合议庭组成★

再审法院应当另行组成合议庭进行再审，原来审判该案的审判人员应当回避。

二、再审级别★

第一，一审。如果重新审判的案件，原来是第一审案件，应当按照第一审程序进行审判，所作的判决、裁定可以上诉、抗诉。

第二，二审。原来是第二审案件或者经过提审的案件，应当按照第二审程序进行审判，所作的判决、裁定，是终审的判决、裁定。

三、再审决定书★

人民法院决定按照审判监督程序重新审判的案件，应当制作再审决定书。

四、再审审理方式★★

第一，应当开庭的情形。

（1）依照第一审程序审理的。

（2）依照第二审程序需要对事实或者证据进行审理的。

（3）人民检察院按照审判监督程序提出抗诉的。

（4）可能对原审被告人（原审上诉人）加重刑罚的。

（5）有其他应当开庭审理的情形。

第二，可以不开庭的情形。

（1）原裁判认定事实清楚，证据确实、充分，但适用法律错误，量刑畸重的。

（2）1979 年《刑事诉讼法》施行以前裁判的。

（3）原审被告人（原审上诉人）、原审自诉人已经死亡或者丧失刑事责任能力的。

（4）原审被告人（原审上诉人）在交通十分不便的边远地区监狱服刑，提押到庭确有困难的；但人民检察院提出抗诉的，人民法院应征得人民检察院的同意后不开庭。

（5）人民法院按照审判监督程序决定再审，经 2 次通知，检察院不派员出庭的。

五、再审申诉和抗诉的撤回★★

第一，撤回抗诉。

（1）人民法院审理人民检察院抗诉的再审案件，人民检察院在开庭审理前撤回抗诉的，应当裁定准许。

（2）人民检察院接到出庭通知后不派员出庭，且未说明原因的，可以裁定按撤回抗诉处理，并通知诉讼参与人。

第二，撤回申诉。

（1）人民法院审理申诉人申诉的再审案件，申诉人在再审期间撤回申诉的，可以裁定准许；但认为原判确有错误的，应当不予准许，继续按照再审案件审理。

（2）申诉人经依法通知无正当理由拒不到庭，或者未经法庭许可中途退庭的，可以裁定按撤回申诉处理，但申诉人不是原审当事人的除外。

六、重点审查原则★

依照审判监督程序重新审判的案件，人民法院应当重点针对申诉、抗诉和决定再审的理由进行审理。必要时，应当对原判决、裁定认定的事实、证据和适用法律进行全面审查。

全面审查并不需要被告人全部到庭。开庭审理的再审案件，再审决定书或者抗诉书只针对部分原审被告人，其他同案原审被告人不出庭不影响审理，可不出庭参加诉讼。

七、再审与执行的关系★

再审期间不停止原判决、裁定的执行。但被告人可能经再审改判无罪，或者可能经再审减轻原判刑罚而致刑期届满的，可以决定中止原判决、裁定的执行，必要时，可以对被告人采取取保候审、监视居住的措施。

在民事诉讼中，再审期间裁定中止原裁判的执行，但追索赡养费、抚养费、抚育费、抚恤金、医疗费用、劳动报酬等案件，可以不中止执行。

八、再审中的强制措施★

第一，人民法院。人民法院决定再审的案件，需要对被告人采取强制措施的，由人民法院依法决定。

第二，人民检察院。人民检察院抗诉的再审案件，需要对被告人采取强制措施的，由人民检察院依法决定。

再审中的强制措施的决定主体可以总结为：谁启动，谁决定。

九、中止审理与终止审理★

第一，中止审理。原审被告人（原审上诉人）收到再审决定书或抗诉书后下落不明，或收到抗诉书后未到庭的，人民法院应当中止审理；待其到案后，恢复审理。

第二，终止审理。如果超过 2 年原审被告人（原审上诉人）仍查无下落的，应当裁定终止审理。

十、再审不加刑★

除人民检察院抗诉的以外，再审一般不得加重原审被告人的刑罚。再审决定书或者抗诉书只针对部分原审被告人的，不得加重其他同案原审被告人的刑罚。

十一、再审中的并案与分案★

根据《刑诉解释》第 467 条的规定，对依照审判监督程序重新审判的案件，人民法院在依照第一审程序进行审判的过程中，发现原审被告人还有其他犯罪的，一般应当并案审理；但分案审理更为适宜的，可以分案审理。

十二、重新审理后的处理★★★

根据《刑诉解释》第 472 条的规定，再审案件经过重新审理后，应当按照下列情形分别处理，见表 18-2。

表 18-2　再审案件的处理

维持原判	应当维持	原判决、裁定认定事实和适用法律正确、量刑适当的，应当裁定驳回申诉或者抗诉，维持原判决、裁定
	纠正维持	原判决、裁定定罪准确、量刑适当，但在认定事实适用法律等方面有瑕疵的，应当裁定纠正并维持原判决、裁定
	更正维持	原判决、裁定认定被告人姓名等身份信息有误，但认定事实和适用法律正确、量刑适当的，作出生效判决、裁定的人民法院可以通过裁定对有关信息予以更正

续表

应当改判	依法改判
可以改判	依照第二审程序审理的案件，原判决、裁定事实不清或者证据不足的，可以在查清事实后改判，也可以裁定撤销原判，发回原审人民法院重新审判
疑罪从无	原判决、裁定事实不清或者证据不足，经审理事实已经查清的，应当根据查清的事实依法裁判；事实仍无法查清，证据不足，不能认定被告人有罪的，应当撤销原判决、裁定，判决宣告被告人无罪

十三、再审的期限★★

第一，人民法院按照审判监督程序重新审判的案件，应当在作出提审、再审决定之日起 3 个月以内审结，需要延长期限的，不得超过 6 个月。

第二，接受抗诉的人民法院按照审判监督程序审判抗诉的案件，审理期限适用上述规定；对需要指令下级人民法院再审的，应当自接受抗诉之日起 1 个月以内作出决定，下级人民法院审理案件的期限适用上述规定。

【课后阅读】

［1］卞建林，桂梦美：《启动刑事审判监督程序的困境与出路》，《法学》，2016 年第 4 期。

［2］龙宗智：《刑事再审案件的审理方式与证据调查——兼论再审案件庭审实质化》，《法商研究》，2019 年第 6 期。

［3］张建伟：《刑事申诉的重新定位及其诉讼化难题》，《吉林大学社会科学学报》，2020 年第 4 期。

［4］杨凯：《论审判中心主义视角下刑事冤错案防范机制建构——以湖北高院六年 175 件刑事再审发改案件为样本的实证分析》，《法学评论》，2016 年第 2 期。

［5］刘计划：《刑事冤错案件的程序法分析——以聂树斌案为例》，《比较法研究》，2017 年第 3 期。

［6］胡铭，张健等：《错案是如何发生的》，杭州：浙江大学出版社，2014 年。

第19章　执行

本章思维导图 <<<

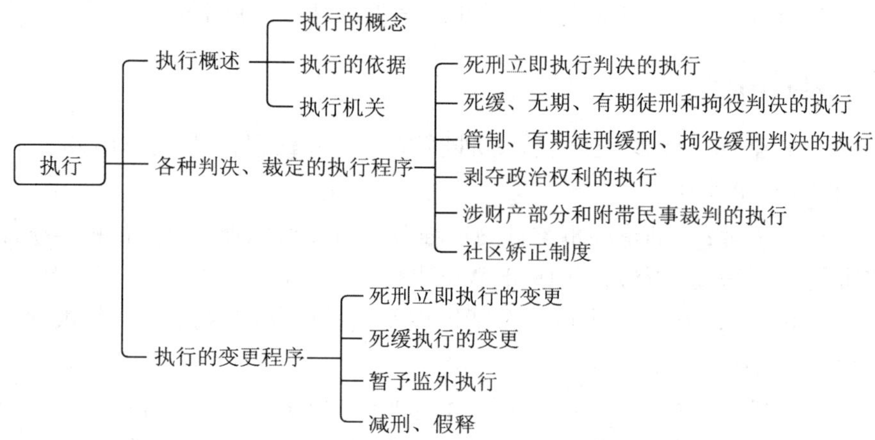

19.1 执行概述

一、执行的概念★

刑事诉讼中的执行是指将人民法院已经发生法律效力的判决、裁定所确定的内容付诸实施及在此过程中处理与之有关的减刑、假释等刑罚执行变更问题时应遵循的步骤、方式和方法。

二、执行的依据★

执行依据一定都是发生法律效力的裁判。

第一，已过法定期限没有上诉、抗诉的判决、裁定。

第二，终审的判决和裁定，即第二审的判决和裁定及最高人民法院第一审的判决和裁定。

第三，高级人民法院核准的死刑缓期二年执行的判决、裁定。

第四，最高人民法院核准的死刑，以及核准在法定刑以下判处刑罚的判决和裁定。

三、执行机关★★

第一，人民法院：负责死刑立即执行、罚金和没收财产，以及无罪或免除刑罚的判决的执行。可以总结为：生、死、钱。

第二，监狱：负责死刑缓期二年执行、无期徒刑、有期徒刑（余刑在 3 个月以上）的执行。

注意：余刑不足 3 个月的，由看守所代为执行。未成年犯管教所负责未成年犯被判处刑罚的执行。

第三，公安机关：负责余刑不足 3 个月的有期徒刑和拘役、剥夺政治权利的执行。

第四，社区矫正机构：负责管制、宣告缓刑、假释或者暂予监外执行的执行。

19.2 各种判决、裁定的执行程序

一、死刑立即执行判决的执行★★

第一，死刑命令的签发。

应当由最高人民法院院长签发执行死刑的命令。签发死刑令的主体是最高人民法院院长，核准死刑的主体是最高人民法院，执行死刑的主体是第一审人民法院。

第二，执行死刑的机关。

（1）执行死刑的机关是第一审人民法院；（2）在死刑缓期执行期间犯罪，最高人民法院核准执行死刑的，由罪犯服刑地的中级人民法院执行。

第三，执行的期限。

人民法院接到执行死刑命令后，应当在7日内执行。

第四，执行死刑的场所。死刑可以在刑场或者指定的羁押场所内执行。刑场不得设在繁华地区、交通要道和旅游景点附近。

第五，执行方法。

执行死刑的方法是枪决、注射或者其他事先经最高人民法院批准的方法。

第六，死刑犯的会见权。

《刑诉解释》第505条规定，第一审人民法院在执行死刑前，应当告知罪犯有权会见其近亲属。罪犯申请会见并提供具体联系方式的，人民法院应当通知其近亲属。确实无法与罪犯近亲属取得联系，或者其近亲属拒绝会见的，应当告知罪犯。罪犯申请通过录音录像等方式留下遗言的，人民法院可以准许。

罪犯近亲属申请会见的，人民法院应当准许并及时安排，但罪犯拒绝会见的除外。罪犯拒绝会见的，应当记录在案并及时告知其近亲属；必要时，应当录音录像。

罪犯申请会见近亲属以外的亲友，经人民法院审查，确有正当理由的，在确保安全的情况下可以准许。

罪犯申请会见未成年子女的，应当经未成年子女的监护人同意；会见可能影响未成年人身心健康的，人民法院可以通过视频方式安排会见，会见时监护人应当在场。

会见一般在罪犯羁押场所进行。

会见情况应当记录在案，附卷存档。

第七，检察监督。

人民法院将罪犯交付执行死刑，应当在交付执行3日前通知同级人民检察院派员到场监督。

第八，其他程序。

（1）执行死刑前，指挥执行的审判人员对罪犯应当验明正身；还要讯问罪犯有无遗言、信札，并制作笔录，再交执行人员执行死刑。

（2）执行死刑应当公布，禁止游街示众或者其他有辱罪犯人格的行为。

（3）执行死刑完毕，应当由法医验明罪犯确实死亡后，在场书记员制作笔录。交付执行的人民法院应当将执行死刑情况（包括执行死刑前后照片）

及时逐级上报最高人民法院。

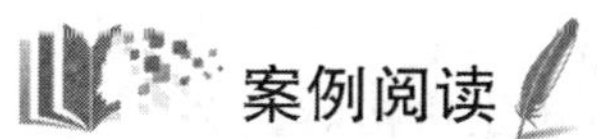

曾成杰案从2008年开始就备受舆论关注。曾成杰，因犯集资诈骗罪，于2011年5月被长沙市中级人民法院依法判处死刑，剥夺政治权利终身，并处没收个人全部财产。2011年12月，湖南省高院依法作出刑事判决，驳回曾成杰的上诉，维持一审判决，并报请最高人民法院核准。2013年6月，最高人民法院依法作出裁定，维持一审判决。2013年7月12日，长沙市中级人民法院依法对曾成杰执行死刑。2013年7月13日，其女曾珊在网络曝光在未通知家属会见的情况下，其父已被执行死刑。此事经长沙市中级法院回应证实后，引发巨大争议。

二、死刑缓期二年执行、无期徒刑、有期徒刑和拘役判决的执行★★

第一，执行机关。

（1）监狱。

被判处死刑缓期二年执行、无期徒刑、有期徒刑的罪犯，执行机关是监狱。

（2）公安机关。

被判处有期徒刑的罪犯，在被交付执行刑罚前，剩余刑期在3个月以下的，由看守所代为执行。被判处拘役的罪犯，由公安机关执行。

第二，执行程序。

（1）根据《刑诉解释》第511条的规定，被判处死刑缓期执行、无期徒刑、有期徒刑、拘役的罪犯，第一审人民法院应当在判决、裁定生效后10日以内，将判决书、裁定书、起诉书副本、自诉状复印件、执行通知书、结案登记表送达公安机关、监狱或者其他执行机关。

从人民法院的警力配备和执行手段等现实情况看，人民法院也难以承担抓捕罪犯的工作。据此，判决、裁定生效后，将罪犯送交执行的机关是公安机关，人民法院只负责送达有关法律文书。

（2）同案审理的案件中，部分被告人被判处死刑，对未被判处死刑的同案被告人需要羁押执行刑罚的，应当在其判决、裁定生效后10日内交付执行。但是，该同案被告人参与实施有关死刑之罪的，应当在最高人民法院复核讯问被判处死刑的被告人后交付执行。

（3）判处有期徒刑、拘役的罪犯，执行期满，应当由执行机关发给释放证明书。

三、管制、有期徒刑缓刑、拘役缓刑判决的执行★★

第一，执行机关。

管制、有期徒刑缓刑、拘役缓刑的执行机关是社区矫正机构。

第二，执行程序。

（1）根据《刑诉解释》第519条第1款的规定，对被判处管制、宣告缓刑的罪犯，人民法院应当依法确定社区矫正执行地。社区矫正执行地为罪犯的居住地；罪犯在多个地方居住的，可以确定其经常居住地为执行地；罪犯的居住地、经常居住地无法确定或者不适宜执行社区矫正的，应当根据有利于罪犯接受矫正、更好地融入社会的原则，确定执行地。

（2）根据《刑诉解释》第519条第2、3款的规定，宣判时，应当告知罪犯自判决、裁定生效之日起10日以内到执行地社区矫正机构报到，以及不按期报到的后果。人民法院应当自判决、裁定生效之日起5日以内通知执行地社区矫正机构，并在10日以内将判决书、裁定书、执行通知书等法律文书送达执行地社区矫正机构，同时抄送人民检察院和执行地公安机关。人民法院与社区矫正执行地不在同一地方的，由执行地社区矫正机构将法律文书转送所在地的人民检察院和公安机关。

（3）缓刑的考查与处理：① 缓刑考验期限内再犯新罪或者发现漏罪，应当依法撤销缓刑的，由审判新罪的法院予以撤销；即使是下级法院也可以撤销上级法院宣告的缓刑，通知原宣告缓刑的人民法院和执行机关即可；② 在缓刑考验期限内违反法律、行政法规或者国务院有关部门关于缓刑的监督管理规定，原决定法院应当依法撤销缓刑；人民法院撤销缓刑的裁定，一经作出，立即生效；③ 在缓刑考验期限内没有《刑法》第77条规定的情形，缓刑考验期满，原判的刑罚就不再执行。如果被同时判处附加刑的，附加刑仍应执行。

四、剥夺政治权利的执行★★

第一，执行机关。

剥夺政治权利的执行机关是公安机关。实践中，由罪犯居住地县级公安机关指定派出所执行。

第二，执行程序。（1）对单处剥夺政治权利的罪犯，人民法院应当在判决、裁定生效后10日内，将判决书、裁定书、执行通知书等法律文书送达罪犯居住地的县级公安机关，并抄送罪犯居住地的县级人民检察院。

（2）执行机关应当按照人民法院的判决，向罪犯及其原所在单位或者居住地群众宣布其犯罪事实、被剥夺政治权利的期限，以及罪犯在执行期间应当遵守的规定。

（3）执行期满，应当由执行机关书面通知本人及其所在单位、居住地基层组织。

五、刑事裁判涉财产部分和附带民事裁判的执行★★

刑事裁判涉财产部分和附带民事裁判的执行，见表 19-1。

表 19-1　刑事裁判涉财产部分和附带民事裁判的执行

执行主体	由第一审人民法院负责裁判执行的机构执行。被执行的财产在异地的，第一审人民法院可以委托财产所在地的同级人民法院代为执行
执行对象	《刑诉解释》第 521 条规定，刑事裁判涉财产部分的执行，是指发生法律效力的刑事裁判中下列判项的执行： ① 罚金、没收财产 ② 追缴、责令退赔违法所得 ③ 处置随案移送的赃款赃物 ④ 没收随案移送的供犯罪所用本人财物 ⑤ 其他应当由人民法院执行的相关涉财产的判项
执行时间	（1）罚金在判决规定的期限内一次或者分期缴纳；期满无故不缴纳或者未足额缴纳的，人民法院应当强制缴纳；经强制缴纳仍不能全部缴纳的，在任何时候，包括主刑执行完毕后，发现被执行人有可供执行的财产的，应当追缴 （2）判处没收财产的，判决生效后，应当立即执行
减免罚金	《刑诉解释》第 524 条规定，因遭遇不能抗拒的灾祸等原因缴纳罚金确有困难，被执行人申请延期缴纳、酌情减少或者免除罚金的，应当提交相关证明材料。人民法院应当在收到申请后 1 个月以内作出裁定。符合法定条件的，应当准许；不符合条件的，驳回申请
没收范围	判处没收财产的，应当执行刑事裁判生效时被执行人合法所有的财产 《刑诉解释》第 526 条规定，执行财产刑，应当参照被扶养人住所地政府公布的上年度当地居民最低生活费标准，保留被执行人及其所扶养人的生活必需费用
赃款赃物的追缴	（1）被告人将依法应当追缴的涉案财物用于投资或者置业的，对因此形成的财产及其收益，应当追缴 （2）被告人将依法应当追缴的涉案财物与其他合法财产共同用于投资或者置业的，对因此形成的财产中与涉案财物对应的份额及其收益，应当追缴
财产转让的处理	被执行人将刑事裁判认定为赃款赃物的涉案财物用于清偿债务、转让或者设置其他权利负担，具有下列情形之一的，人民法院应予追缴： （1）第三人明知是涉案财物而接受的 （2）第三人无偿或者以明显低于市场的价格取得涉案财物的 （3）第三人通过非法债务清偿或者违法犯罪活动取得涉案财物的 （4）第三人通过其他恶意方式取得涉案财物的 注意：第三人善意取得涉案财物的，执行程序中不予追缴。作为原所有人的被害人对该涉案财物主张权利的，人民法院应当告知其通过诉讼程序处理

续表

清偿顺序	最高人民法院《关于刑事裁判涉财产部分执行的若干规定》第 13 条规定，被执行人在执行中同时承担刑事责任、民事责任，其财产不足以支付的，按照下列顺序执行： ① 人身损害赔偿中的医疗费用 ② 退赔被害人的损失 ③ 其他民事债务 ④ 罚金 ⑤ 没收财产 债权人对执行标的依法享有优先受偿权，其主张优先受偿的，人民法院应当在前款第 1 项规定的医疗费用受偿后，予以支持
终结执行	执行财产刑过程中，具有下列情形之一的，人民法院应当裁定终结执行：① 据以执行的刑事判决、裁定被撤销的；② 被执行人死亡或者被执行死刑，且无财产可供执行的；③ 被判处罚金的单位终止，且无财产可供执行的；④ 依照《刑法》第 53 条的规定免除罚金的；⑤ 其他应当终结执行的情形 注意：人民法院裁定终结执行后，发现被执行人有隐匿、转移财产情形的，应当追缴
执行回转	财产刑全部或者部分被撤销的，已经执行的财产应当全部或者部分返还被执行人；无法返还的，应予赔偿

六、社区矫正制度★★★

对被判处管制、宣告缓刑、假释和暂予监外执行的罪犯，依法实行社区矫正。对社区矫正对象的监督管理、教育帮扶等活动，适用《社区矫正法》的相关规定。

第一，社区矫正的机构、人员和职责。

（1）主管部门：国务院司法行政部门主管全国的社区矫正工作，县级以上地方人民政府司法行政部门主管本行政区域内的社区矫正工作。

（2）监督机关：人民检察院依法对社区矫正工作实行法律监督。

（3）执行机关：县级以上人民政府根据需要设置社区矫正机构，负责社区矫正工作的具体实施。

（4）协助主体：居民委员会、村民委员会依法协助社区矫正机构做好社区矫正工作。社区矫正对象的监护人、家庭成员、所在单位或者就读学校应当协助社区矫正机构做好社区矫正工作。

第二，决定与接收。

（1）执行地：社区矫正执行地为社区矫正对象的居住地。社区矫正对象在多个地方居住的，可以确定经常居住地为执行地。社区矫正对象的居住地、经常居住地无法确定或者不适宜执行社区矫正的，社区矫正决定机关应当根据有利于社区矫正对象接受矫正、更好地融入社会的原则，确定执行地。

（2）决定机关：社区矫正决定机关是指依法判处管制、宣告缓刑、裁定假释、决定暂予监外执行的人民法院和依法批准暂予监外执行的监狱管理机关、公安机关。

（3）交付执行：法院判处管制、宣告缓刑、裁定假释的社区矫正对象，应当自判决、裁定生效之日起10日内到执行地社区矫正机构报到。法院决定暂予监外执行的社区矫正对象，由看守所或者执行取保候审、监视居住的公安机关自收到决定之日起10日内将社区矫正对象移送社区矫正机构。监狱管理机关、公安机关批准暂予监外执行的社区矫正对象，由监狱或者看守所自收到批准决定之日起10日内将社区矫正对象移送社区矫正机构。

第三，监督与管理。

（1）矫正小组：根据需要，矫正小组可以由司法所、居民委员会、村民委员会的人员，社区矫正对象的监护人、家庭成员，所在单位或者就读学校的人员及社会工作者、志愿者等组成。社区矫正对象为女性的，矫正小组中应有女性成员。

（2）离开迁居：社区矫正对象离开所居住的市、县或者迁居，应当报经社区矫正机构批准。因社区矫正对象迁居等原因需要变更执行地的，社区矫正机构应当按照有关规定作出变更决定。

（3）电子定位：社区矫正对象有下列情形之一的，经县级司法行政部门负责人批准，可以使用电子定位装置，加强监督管理：违反人民法院禁止令的；无正当理由，未经批准离开所居住的市、县的；拒不按照规定报告自己的活动情况，被给予警告的；违反监督管理规定，被给予治安管理处罚的；拟提请撤销缓刑、假释或者暂予监外执行收监执行的。使用电子定位装置的期限不得超过3个月。对于不需要继续使用的，应当及时解除；对于期限届满后，经评估仍有必要继续使用的，经过批准，期限可以延长，每次不得超过3个月。社区矫正机构对通过电子定位装置获得的信息应当严格保密，有关信息只能用于社区矫正工作，不得用于其他用途。

第四，解除、终止与收监。

（1）解除矫正：社区矫正对象矫正期满或者被赦免的，社区矫正机构应当向社区矫正对象发放解除社区矫正证明书，并通知社区矫正决定机关、所在地的人民检察院、公安机关

（2）终止矫正：社区矫正对象被裁定撤销缓刑、假释，被决定收监执行，或者社区矫正对象死亡的，社区矫正终止。

（3）收监（若逃跑，由公安机关追捕）

《社区矫正法》第 46 条规定，社区矫正对象具有刑法规定的撤销缓刑、假释情形的，应当由人民法院撤销缓刑、假释。对于在考验期限内犯新罪或者发现判决宣告以前还有其他罪没有判决的，应当由审理该案件的人民法院撤销缓刑、假释，并书面通知原审人民法院和执行地社区矫正机构。对于有第 2 款规定以外的其他需要撤销缓刑、假释情形的，社区矫正机构应当向原审人民法院或者执行地人民法院提出撤销缓刑、假释建议，并将建议书抄送人民检察院。社区矫正机构提出撤销缓刑、假释建议时，应当说明理由，并提供有关证据材料。

《社区矫正法》第 47 条规定，被提请撤销缓刑、假释的社区矫正对象可能逃跑或者可能发生社会危险的，社区矫正机构可以在提出撤销缓刑、假释建议的同时，提请人民法院决定对其予以逮捕。人民法院应当在 48 小时内作出是否逮捕的决定。决定逮捕的，由公安机关执行。逮捕后的羁押期限不得超过 30 日。

《社区矫正法》第 48 条规定，人民法院应当在收到社区矫正机构撤销缓刑、假释建议书后 30 日内作出裁定，将裁定书送达社区矫正机构和公安机关，并抄送人民检察院。人民法院拟撤销缓刑、假释的，应当听取社区矫正对象的申辩及其委托的律师的意见。人民法院裁定撤销缓刑、假释的，公安机关应当及时将社区矫正对象送交监狱或者看守所执行。执行以前被逮捕的，羁押 1 日折抵刑期 1 日。人民法院裁定不予撤销缓刑、假释的，对被逮捕的社区矫正对象，公安机关应当立即予以释放。

延伸阅读

在我国，社区矫正已取得了一些阶段性的成效，但是，现在仍处于摸索阶段。调研发现，社区矫正存在诸多困境，比如：社区矫正队伍建设相对落后，社区矫正工作者的专业知识相对匮乏、理论素养较低；资金投入不足、经费匮乏，未建立相关的经费保障体系和制度；矫正措施流于形式、社会对社区矫正的认识不深；更为重要的是，基层社区矫正的社会基础并未有效建立，这是社区矫正发展缓慢的根本原因。当前，基层社区本身的发育还很不成熟，基本上建立在一定的政府行政区划基础上，还没有形成真正意义上的社区。这种社会结构是目前基层实行社区矫正的根本性障碍。中国社区矫正中的“社区”，实际上以政府组织为基础和核心，基本等同于行政区划。城市社区也就是城市政府基础组织的街道、镇、乡，社区矫正的组织与实施机构也就是政府基层组织的司法所。社区的范围也就是该政府基层组织的行政区划范围。如果社区矫正政府化、行政化，那么社区矫正的推行反而意味着政府职能和机构的扩张。从某种程度上来说，社区矫正便只是将犯罪人从政府一个部门的管理转向另一个部门，甚至可能是监狱的“异形”扩张，背离了制度设计的初衷和意义。

19.3 执行的变更程序

在刑事判决、裁定的执行中，由于出现了法定情形，需要对已确定的刑罚内容或刑罚的执行方法加以变更，其处理程序亦是执行程序的组成部分。下面介绍几种主要的执行变更程序。

一、死刑立即执行的变更程序★★

死刑立即执行的变更程序，见表19-2。

表19-2 死刑立即执行的变更程序

<table>
<tr><td>变更情形</td><td colspan="2">执行前，发现有下列情形之一的，应当暂停执行，并层报最高人民法院：
（1）罪犯可能有其他犯罪的
（2）共同犯罪的其他犯罪嫌疑人到案，可能影响罪犯量刑的
（3）共同犯罪的其他罪犯被暂停或者停止执行死刑，可能影响罪犯量刑的
（4）罪犯揭发重大犯罪事实或者有其他重大立功表现，可能需要改判的
（5）罪犯怀孕的
（6）判决、裁定可能有影响定罪量刑的其他错误的</td></tr>
<tr><td rowspan="2">变更的程序</td><td>下级人民法院发现的错误</td><td>（1）下级人民法院执行前，发现有上述情形的，应暂停执行死刑，并立即层报最高人民法院审批
（2）最高人民法院经审查，认为可能影响罪犯定罪量刑的，应当裁定停止执行死刑；认为不影响的，应当决定继续执行死刑
（3）下级人民法院接到最高人民法院停止执行死刑的裁定后，应当会同有关部门调查核实停止执行死刑的事由，并及时将调查结果和意见层报最高人民法院审核</td></tr>
<tr><td>最高人民法院发现的错误</td><td>（1）最高人民法院在执行死刑命令签发后、执行前，发现有法定停止执行情形的，应当立即裁定下级人民法院停止执行死刑，并将有关材料移交下级人民法院
（2）下级人民法院接到最高人民法院停止执行死刑的裁定后，应当会同有关部门调查核实停止执行死刑的事由，并及时将调查结果和意见层报最高人民法院审核</td></tr>
</table>

续表

<table>
<tr><td>最高人民法院的审核</td><td colspan="2">对下级人民法院报送的停止执行死刑的调查结果和意见，由最高人民法院原作出核准死刑判决、裁定的合议庭负责审查，必要时，另行组成合议庭进行审查</td></tr>
<tr><td rowspan="3">处理结果</td><td>依法改判</td><td>确认罪犯正在怀孕的，应当依法改判</td></tr>
<tr><td>发回重审</td><td>（1）确有其他犯罪，依法应当追诉的，应当裁定不予核准死刑，撤销原判，发回重审
（2）确认原裁判有错或罪犯有重大立功表现需改判的，应裁定不予核准，撤销原判，发回重审</td></tr>
<tr><td>继续执行</td><td>确认原裁判没有错误，罪犯没有重大立功表现，或者重大立功表现不影响原裁判执行的，应当裁定继续执行原核准死刑的裁判，并由院长再签发执行死刑的命令</td></tr>
</table>

案例阅读

2003年10月，江西省铅山县一看守所所长王启田、副所长王大兴玩忽职守，擅自将死刑犯徐新生和同案在押女犯刘春燕提出监号，让其两人单独"会见"，导致发生刘春燕怀孕事件引发热议。徐新生因参与组织铅山"朱氏"黑社会性质组织，于2002年落入法网，同年年底被依法判处死刑。在等待死刑复核期间，自知死罪难逃的徐新生竟起坏心，向看守所提出要见同案女犯刘春燕，并以不让见面就自杀相要挟。时任看守所所长的王启田、副所长王大兴为"安抚"徐新生，竟擅自同意其要求，于2003年1月20日和30日下午两次将徐、刘两人提出监号，且未派专人看管，让两人单独"会见"，每次长达两个小时，致使徐、刘两犯两次在该所预审室会议室发生性关系，造成在押女犯刘春燕怀孕的严重后果。案发后，铅山县人民检察院于2003年3月3日决定以涉嫌玩忽职守罪对王启田、王大兴立案侦查，并向县人民法院提起公诉。

二、死刑缓期二年执行的变更★★

死刑缓期二年执行的变更，见表19-3。

表19-3　死刑缓期二年执行的变更

执行机关	由公安机关依法将该罪犯送交执行刑罚
执行期间	根据《刑诉解释》第498条的规定，死刑缓期执行的期间，从判决或者裁定核准死刑缓期执行的法律文书宣告或者送达之日起计算。死刑缓期执行期满，依法应当减刑的，人民法院应当及时减刑。死刑缓期执行期满减为无期徒刑、有期徒刑的，刑期自死刑缓期执行期满之日起计算。

续表

两种结局	减刑	（1）在缓卅执行期间，如果没有故意犯罪，2 年期满以后，减为无期徒刑 （2）死缓犯在缓期执行期间，如果确有重大立功表现，2 年期满以后，减为 25 年有期徒刑
	执行死刑	（1）在死刑缓期执行期间，如果故意犯罪，情节恶劣，查证属实，报请最高人民法院核准后，应当执行死刑 （2）如果是在死刑缓期二年执行期满后，尚未裁定减刑前又犯罪的，应当依法减刑后对新罪另行审判 （3）对故意犯罪未执行死刑的，不再报高级人民法院核准，死刑缓期执行的时间重新计算，并层报最高人民法院备案，备案不影响判决、裁定的生效和执行 （4）最高人民法院经备案审查，认为原判不予执行死刑错误，确需改判的，应当依照审判监督程序予以纠正

三、暂予监外执行★★

暂予监外执行是指被判处无期徒刑、有期徒刑或者拘役的罪犯，具有法律规定的某种特殊情况，不适宜在监狱或者拘役所等场所执行刑罚，暂时采取不予关押的一种变通执行方法，见表 19-4。

表 19-4　暂于监外执行

适用对象	（1）有期徒刑 （2）拘役 （3）无期徒刑（特殊情况）	
适用条件	（1）罪犯有严重疾病需保外就医，对罪犯确有严重疾病，必须保外就医的，由省级人民政府指定的医院诊断并开具证明文件；对适用保外就医可能有社会危险性的罪犯，或者自伤自残的罪犯，不得保外就医 （2）怀孕或者正在哺乳自己婴儿的妇女，对被判处无期徒刑的罪犯，有此情形的，也可以暂予监外执行 （3）生活不能自理，适用暂予监外执行不致危害社会的	
决定主体	交付执行前	对具备暂予监外执行条件的罪犯，由交付执行的人民法院决定。 《刑诉解释》第 514 条规定，罪犯在被交付执行前，因有严重疾病、怀孕或者正在哺乳自己婴儿的妇女、生活不能自理的原因，依法提出暂予监外执行的申请的，有关病情诊断、妊娠检查和生活不能自理的鉴别，由人民法院负责组织进行。 《刑诉解释》第 515 条第 2 款规定，人民法院在作出暂予监外执行决定前，应当征求人民检察院的意见。
	交付执行后	（1）监狱提出书面意见，报省级以上监狱管理机关批准 （2）看守所提出书面意见，报设区的市一级以上公安机关批准 注意：监外执行究竟由哪个机关决定或者批准关键要看是在执行前还是执行中

续表

执行主体	由社区矫正机构负责执行	
收监执行	情形	（1）不符合监外执行条件的 （2）严重违反有关规定的 （3）情形消失后，罪犯刑期未满的
	主体	（1）对人民法院决定暂予监外执行的罪犯，依法应当予以收监的，在人民法院作出决定后，由公安机关依照《刑事诉讼法》第 264 条第 2 款的规定送交执行刑罚法院收监执行决定书，一经作出，立即生效 （2）如果罪犯是在执行过程中被决定暂予监外执行的，执行机关应当通知监狱等执行机关收监 《六机关规定》第 35 条规定，被决定收监执行的社区矫正人员在逃的，社区矫正机构应当立即通知公安机关，由公安机关负责追捕
刑期计算	（1）不符合条件的罪犯通过贿赂等非法手段被暂予监外执行的，在监外执行的时间不计入执行刑期 （2）罪犯在监外执行期间脱逃的，脱逃的时间不计入执行刑期	
监外执行的监督	（1）对意见书的监督：监狱、看守所提出暂予监外执行的书面意见的，应当将书面意见的副本抄送检察院。检察院发现罪犯不符合暂予监外执行法定条件或者提请暂予监外执行违反法定程序的，应当在 10 日以内向决定或者批准机关提出书面检察意见，同时也可以向监狱、看守所提出书面纠正意见 （2）对决定书的监督：决定或者批准机关应当将暂予监外执行决定书抄送人民检察院，人民检察院认为暂予监外执行不当的，应当自接到通知之日起 1 个月以内将书面意见送交决定或者批准机关，决定或者批准机关接到人民检察院的书面意见后，应当立即对该决定进行重新核查	

四、减刑与假释★★★

第一，减刑的概念、对象和条件。

（1）减刑的概念。

减刑是指被判处管制、拘役、有期徒刑或者无期徒刑的罪犯，在执行期间确有悔改或者立功表现，由人民法院依法适当减轻其原判刑罚的制度。

（2）减刑的对象。

① 管制；② 拘役；③ 有期徒刑；④ 无期徒刑。

（3）减刑的条件。

① 认真遵守监规，接受教育改造，确有悔改或者立功表现的，可以减刑；② 有重大立功表现的，应当减刑。

第二，假释的概念、对象和条件。

（1）假释的概念。

假释是指对于被判处有期徒刑、无期徒刑的犯罪分子经过一定期限的服刑改造，确有悔改表现，释放后不致再危害社会的，附条件地将其提前释放的一种制度。

（2）假释的对象。

① 有期徒刑；② 无期徒刑。

注意：对累犯及因故意杀人、强奸、抢劫、绑架、放火、爆炸、投放危险物质或者有组织的暴力性犯罪被判处 10 年以上有期徒刑、无期徒刑的罪犯，不得假释。

（3）假释的条件。

① 已实际执行一定的刑期，即被判处有期徒刑的犯罪分子，实际执行原判刑期 1/2 以上，被判处无期徒刑的犯罪分子，实际执行 13 年以上；② 认真遵守监规，接受教育改造，确有悔改表现，释放后不致再危害社会。

注意：以上两个条件须同时具备。但根据《刑法》第 81 条的规定，如果有特殊情况，经最高人民法院核准，可以不受上述执行刑期的限制。所谓特殊情况，是指涉及政治性、外交性等情况。

第三，减刑、假释的管辖法院及审理期限，见表 19-5。

表 19-5　减刑、假释的管辖法院及审理期限

死刑缓期	对被判处死刑缓期执行的罪犯的减刑，由罪犯服刑地的高级人民法院在收到同级监狱管理机关审核同意的减刑建议书后 1 个月以内作出裁定
无期徒刑	对被判处无期徒刑的罪犯的减刑、假释，由罪犯服刑地的高级人民法院，在收到同级监狱管理机关审核同意的减刑、假释建议书后 1 个月内作出裁定，案情复杂或者情况特殊的，可以延长 1 个月
有期徒刑	对被判处有期徒刑和被减为有期徒刑的罪犯的减刑、假释，由罪犯服刑地的中级人民法院，在收到执行机关提出的减刑、假释建议书后 1 个月内作出裁定，案情复杂或者情况特殊的，可以延长 1 个月
拘役、管制	对被判处拘役、管制的罪犯的减刑，由罪犯服刑地中级人民法院，在收到同级执行机关审核同意的减刑建议书后 1 个月内作出裁定
社区矫正	对社区矫正对象的减刑，由社区矫正执行地的中级以上人民法院在收到社区矫正机构减刑建议书后 30 日以内作出裁定

第四，减刑、假释的审理（最高人民法院《关于减刑、假释案件审理程序的规定》），见表 19-6。

表 19-6 减刑与假释的审理

公告程序	人民法院审理减刑、假释案件，应当在立案后 5 日内将执行机关报请减刑、假释的建议书等材料依法向社会公示；公示内容应当包括罪犯的个人情况、原判认定的罪名和刑期、罪犯历次减刑情况、执行机关的建议及依据。公示应当写明公示期限和提出意见的方式。公示期限为 5 日
审判组织	人民法院审理减刑、假释案件，应当依法由审判员或者由审判员和人民陪审员组成合议庭进行
应当开庭审理的情形	根据《刑诉解释》第 538 条的规定，审理减刑、假释案件，应当组成合议庭，可以采用书面审理的方式，但下列案件应当开庭审理：① 因罪犯有重大立功表现提请减刑的；② 提请减刑的起始时间、间隔时间或者减刑幅度不符合一般规定的；③ 被提请减刑、假释罪犯系职务犯罪罪犯，组织、领导、参加、包庇、纵容黑社会性质组织罪犯，破坏金融管理秩序罪犯或者金融诈骗罪犯的；④ 社会影响重大或者社会关注度高的；⑤ 公示期间收到不同意见的；⑥ 人民检察院提出异议的；⑦ 有必要开庭审理的其他案件
通知对象	（1）人民法院开庭审理减刑、假释案件，应当通知人民检察院、执行机关及被报请减刑、假释罪犯参加庭审 （2）人民法院根据需要，可以通知证明罪犯确有悔改表现或者立功、重大立功表现的证人，公示期间提出不同意见的人，以及鉴定人、翻译人员等其他人员参加庭审 注意：减刑、假释案件的审理，不需要辩护人
书面审理	（1）书面审理减刑案件，可以提讯被报请减刑罪犯 （2）书面审理假释案件，应当提讯被报请假释罪犯
公布文书	减刑、假释裁定书应当通过互联网依法向社会公布
法院纠错	根据《刑诉解释》第 541 条的规定，人民法院发现本院已经生效的减刑、假释裁定确有错误的，应当另行组成合议庭审理；发现下级人民法院已经生效的减刑、假释裁定确有错误的，可以指令下级人民法院另行组成合议庭审理，也可以自行组成合议庭审理

第五，减刑、假释的监督（《人民检察院办理减刑、假释案件规定》）。

（1）事前监督。

人民检察院收到执行机关抄送的减刑、假释建议书副本后，应当逐案进行审查，可以向人民法院提出书面意见。发现减刑、假释建议不当或者提请减刑、假释违反法定程序的，应当在收到建议书副本后 10 日以内，依法向审理减刑、假释案件的人民法院提出书面意见，同时将检察意见书副本抄送执行机关。案情复杂或者情况特殊的，可以延长 10 日。

（2）事后监督。

① 人民检察院经审查认为人民法院减刑、假释裁定不当的，应当在收到裁定书副本后 20 日以内，依法向作出减刑、假释裁定的人民法院提出书面纠

正意见；② 人民检察院对人民法院减刑、假释裁定提出纠正意见的，应当监督人民法院在收到纠正意见后 1 个月以内重新组成合议庭进行审理并作出最终裁定；③ 人民检察院发现人民法院已经生效的减刑、假释裁定确有错误的，应当向人民法院提出书面纠正意见，提请人民法院按照审判监督程序依法另行组成合议庭重新审理并作出裁定。

第六，假释的处理结果。

对于被假释的罪犯，在假释考验期限内，由社区矫正机构执行，结果分为以下两种。

（1）执行完毕。

被假释的罪犯，在考验期内没有违反法律、行政法规和公安机关有关假释的监督管理规定的行为，则被认为原判刑罚已执行完毕，公安机关应当向本人宣布并通报原裁定假释的人民法院和原关押罪犯的刑罚执行机关，无需另外办理释放手续。假释期满是认为原判刑罚已执行完毕，而缓刑期满是原判刑罚不再执行。

（2）撤销假释。

① 罪犯在假释考验期限内犯新罪或者发现漏罪，应当撤销假释的，由审判新罪的人民法院撤销原判决、裁定宣告的假释，并书面通知原审人民法院和执行机关；② 罪犯在假释考验期限内，有违法违规的，原作出假释判决、裁定的人民法院应当在收到社区矫正机构的撤销假释建议书后 30 日以内，作出撤销假释的裁定。人民法院撤销缓刑、假释的裁定，一经作出，立即生效。

【课后阅读】

1998 年 2 月 18 日，孙小果因强奸女性、强制侮辱女性、故意伤害、寻衅滋事数罪并罚，被昆明市中级人民法院判处死刑，剥夺政治权利终身。此后，孙小果却离奇地逃离了死刑，靠其母亲、继父通过熟人介绍，拉拢司法系统、监狱系统要职人员，里应外合，通过取保候审、保外就医、偷天换日设计发明专利、在监狱多次获得表扬、立功等暗箱操作，致使孙小果获得多个“减刑”，并且在短短几年之后就出狱，成了昆明夜场的“老总”。为了遏制“监狱发明”乱象，最高法 2016 年 11 月 15 日出台《关于办理减刑、假释案件具体应用法律的规定》，就对“有发明创造或者重大技术革新”作出了专门限制，明确“发明创造或者重大技术革新应当是罪犯在刑罚执行期间独立或者为主完成并经国家主管部门确认的发明专利”。从云南孙小果被判死刑后违规减刑出狱，到内蒙古巴图孟和故意杀人后纸面服刑 15 年，再到郭文思违规减刑 9 次后释放。多起案例显示，违规违法减刑、假释、暂予监外执行等涉

“减假暂”司法腐败损害法律权威、破坏社会公平，在刑罚执行中，减刑、假释、暂予监外执行（含保外就医）等容易滋生腐败，“以权赎身”“提（钱）出狱”等现象给司法公信力造成了严重影响。

【课后阅读】

［1］吴宗宪：《我国社区矫正法的历史地位与立法特点》，《法学研究》，2020 年第 4 期。

［2］吴雨豪：《死刑威慑力实证研究——基于死刑复核权收回前后犯罪率的分析》，《法商研究》，2018 年第 4 期。

［3］王复春：《故意杀人罪死缓限制减刑的适用状况实证研究》，《法学家》，2020 年第 6 期。

［4］王志亮：《监狱定性观点的宪法追问及其价值意义》，《甘肃政法大学学报》，2020 年第 6 期。

［5］刘雪斌，钱伟强：《死缓适用影响情节的实证研究——以 614 份故意杀人罪一审死刑判决书为分析样本》，《法制与社会发展》，2018 年第 2 期。

第四篇：

刑事诉讼特别程序篇

第 20 章 未成年人刑事案件诉讼程序

本章思维导图 <<<

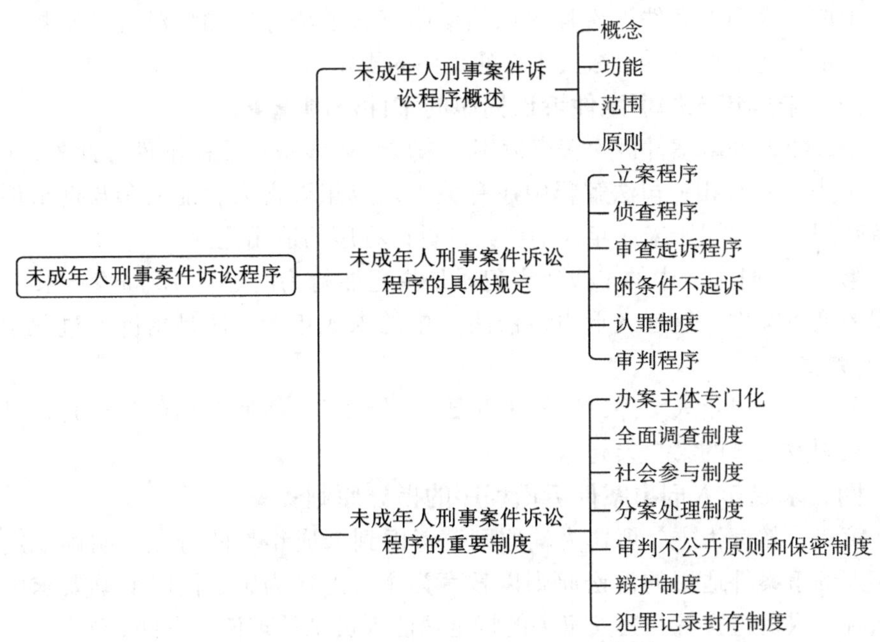

20.1 未成年人刑事案件诉讼程序概述

一、未成年人刑事案件诉讼程序的概念★

未成年人刑事案件诉讼程序是指专门适用于未成年人刑事案件的侦查、起诉、审判、执行等程序的一种特别刑事诉讼程序。

二、未成年人刑事案件诉讼程序的功能★★

未成年人司法更关注行为人而不是行为本身，关注未成年人回归社会、恢复正常生活状态，而不是对犯罪行为本身的制裁。因此，教育和保护贯穿未成年人司法程序的始终，也是其基本立场。设立未成年人刑事案件诉讼程序，旨在为涉罪未成年人提供着眼于其未来发展的处理、分流和矫正机制，避免简单惩罚等干预方式不当对其人格形成带来的负面影响。

未成年人刑事案件诉讼程序依然依附于普通程序，如果没有特别规定的内容，依然适用刑事诉讼法关于普通程序的规定。

三、未成年人刑事案件诉讼程序的案件范围★★

未成年人刑事案件诉讼程序适用于未成年人涉嫌犯罪的案件。此外，《刑事诉讼法》及其相关司法解释中还有关于未成年被害人、证人参与刑事诉讼的特殊规定，也属于未成年人刑事案件诉讼程序的适用范围。

第一，《刑法》中的未成年人犯罪是指犯罪行为时已满 12 周岁、未满 18 周岁的刑事案件。但是《刑事诉讼法》中的未成年人一般是指诉讼过程中未满 18 周岁的人。

第二，未成年人案件，年龄很重要。“周岁”，按照公历的年、月、日计算，从周岁生日的第二天起算。

四、未成年人刑事案件诉讼程序的指导原则★★

第一，教育为主、惩罚为辅原则。考虑到未成年人的特点，明确规定未成年人刑事案件适用的诉讼原则以教育为主、惩罚为辅，同时明确要求由人民法院、人民检察院和公安机关的特定司法人员来处理该类案件。

第二，保障未成年犯罪嫌疑人、被告人的诉讼权利原则。人民法院、人民检察院和公安机关办理未成年人刑事案件，应当保障未成年人行使其诉讼权利，保障未成年人得到法律帮助，并由熟悉未成年人身心特点的审判人员、检察人员、侦查人员承办。

案例阅读

李某一案件发生后，各方消息层出不穷。2013 年 7 月 28 日，李家聘请的

“法律顾问”又通过微博曝出猛料：李某一的母亲梦某，以监护人的身份恳请法院对此案公开审理。但该案是否公开审理，并不依监护人的申请，而应依法律的规定。李某一等五人涉嫌强奸一案有两个不公开审理的理由：一是被告人中有4人为未成年人；二是案件涉及个人隐私。虽然我们并不确定4名未成年被告人到审判时会不会都已年满18周岁。但只要有1人为未成年人，此案就没有公开审理的理由。

20.2　未成年人刑事案件诉讼程序的具体规定

一、立案程序★★

公安机关办理未成年人刑事案件时，应当重点查清未成年犯罪嫌疑人实施犯罪行为时是否已满12周岁、14周岁、16周岁、18周岁的临界年龄。

对于没有充分证据证明被告人实施被指控的犯罪时已经达到法定刑事责任年龄且确实无法查明的，应当推定其没有达到相应法定刑事责任年龄。相关证据足以证明被告人实施被指控的犯罪时已经达到法定刑事责任年龄，但是无法准确查明被告人具体出生日期的，应当认定其达到相应法定刑事责任年龄。

二、侦查程序★★

未成年人刑事案件的侦查程序，应当注意采用与未成年人身心特点相适应的传唤和讯问方法。

《刑事诉讼法》第281条规定：对于未成年人刑事案件，在讯问和审判的时候，应当通知未成年犯罪嫌疑人、被告人的法定代理人到场。无法通知、法定代理人不能到场或者法定代理人是共犯的，也可以通知未成年犯罪嫌疑人、被告人的其他成年亲属，所在学校、单位、居住地基层组织或者未成年人保护组织的代表到场，并将有关情况记录在案。到场的法定代理人可以代为行使未成年犯罪嫌疑人、被告人的诉讼权利。

到场的法定代理人或者其他人员认为办案人员在讯问、审判中侵犯未成年人合法权益的，可以提出意见。讯问笔录、法庭笔录应当交给到场的法定代理人或者其他人员阅读或者向其宣读。

讯问女性未成年犯罪嫌疑人，应当有女工作人员在场。

审判未成年人刑事案件，未成年被告人最后陈述后，其法定代理人可以进行补充陈述。询问未成年被害人、证人，适用《刑事诉讼法》第281条第1款、第2款、第3款的规定。

三、审查起诉程序★★

第一，听取意见与讯问未成年人。审查起诉中应当听取其父母或其他法定代理人、辩护人、未成年被害人及其法定代理人的意见。审查起诉中讯问未成年犯罪嫌疑人的程序，同上述侦查中的讯问要求。

第二，安排会见和通话。移送审查起诉的案件具备法定条件的，且其法定代理人、近亲属等与本案无牵连的，经公安机关同意，检察人员可以安排在押的未成年犯罪嫌疑人与其法定代理人、近亲属等进行会见、通话。会见、通话时，检察人员可以在场。

四、附条件不起诉★★★★

第一，附条件不起诉的适用条件。根据《刑事诉讼法》第282条第1款的规定，对于未成年人涉嫌刑法分则第四章、第五章、第六章规定的犯罪，可能判处1年有期徒刑以下刑罚，符合起诉条件，但有悔罪表现的，人民检察院可以作出附条件不起诉的决定。可知，附条件不起诉需要满足以下几个条件：① 适用对象是犯罪时已满14周岁不满18周岁的未成年人；② 涉嫌刑法分则第四章至六章规定的犯罪；③ 根据具体犯罪事实、情节，可能被判处1年有期徒刑以下刑罚；④ 犯罪事实清楚，证据确实、充分，符合起诉条件；⑤ 具有悔罪表现。

第二，附条件不起诉的适用程序，见表20-1。

表20-1　未成年人犯罪附条件不起诉的适用程序

听取意见	人民检察院在作出附条件不起诉的决定以前，应当听取公安机关、被害人、未成年犯罪嫌疑人的法定代理人、辩护人的意见，并制作笔录附卷；被害人是未成年人的，还应当听取被害人的法定代理人、诉讼代理人的意见 注意：此处不需要公安机关、被害人同意
听证程序	公安机关或者被害人对附条件不起诉有异议或争议较大的案件，人民检察院可以召集侦查人员、被害人及其法定代理人、诉讼代理人、未成年犯罪嫌疑人及其法定代理人、辩护人举行不公开听证会，充分听取各方的意见和理由
送达程序	人民检察院作出附条件不起诉的决定后，应当制作附条件不起诉决定书，并在3日以内送达公安机关、被害人或者其近亲属及其诉讼代理人、未成年犯罪嫌疑人及其法定代理人、辩护人
	附条件不起诉决定书送达时，应当告知被害人或者其近亲属及其诉讼代理人，如果对附条件不起诉决定不服，可以自收到附条件不起诉决定书后7日以内向上一级人民检察院申诉
	人民检察院应当当面向未成年犯罪嫌疑人及其法定代理人宣布附条件不起诉决定，告知考验期限、在考验期内应当遵守的规定和违反规定应负的法律责任，以及可以对附条件不起诉决定提出异议，并制作笔录附卷

续表

变更措施	未成年犯罪嫌疑人在押的，作出附条件不起诉决定后，人民检察院应当作出释放或者变更强制措施的决定
备案程序	人民检察院在作出附条件不起诉决定后，应当在10日内将附条件不起诉决定书报上级人民检察院主管部门备案；上级人民检察院认为下级人民检察院作出的附条件不起诉决定不适当的，应当及时撤销下级人民检察院作出的附条件不起诉决定，下级人民检察院应当执行

第三，附条件不起诉的救济程序，见表20-2。

表20-2　未成年人犯罪的附条件不起诉的救济程序

公安机关	复议	公安机关认为附条件不起诉决定有错误，要求复议的，人民检察院应当在收到要求复议意见书后的30日以内作出复议决定，通知公安机关
	复核	上一级人民检察院应当在收到提请复核意见书后的30日以内作出决定，制作复核决定书送交提请复核的公安机关和下级人民检察院；经复核改变下级人民检察院附条件不起诉决定的，应当撤销下级人民检察院作出的附条件不起诉决定，交由下级人民检察院执行
被害人	被害人对人民检察院对未成年犯罪嫌疑人作出的附条件不起诉的决定和不起诉的决定，可以向上二级人民检察院申诉，但不可向法院自诉	
被不起诉人	未成年犯罪嫌疑人及其法定代理人对人民检察院决定附条件不起诉有异议的，人民检察院应当作出起诉的决定：① 提出异议，应当起诉；② 无罪辩解，理由成立，法定不诉；③ 对决定没意见，对考查条件和考验期有意见，可调整；④ 撤回异议，还可以附条件不起诉	

第四，附条件不起诉的监督考察。

（1）考验期限。

附条件不起诉的考验期为6个月以上1年以下，从人民检察院作出附条件不起诉的决定之日起计算。

（2）考验机关。

在附条件不起诉的考验期内，人民检察院应当对被附条件不起诉的未成年犯罪嫌疑人进行监督考察。

（3）考验义务。

应当的事项。被附条件不起诉的未成年犯罪嫌疑人，应当遵守下列规定：① 遵守法律法规，服从监督；② 按照考察机关的规定报告自己的活动情况；③ 离开所居住的市、县或者迁居，应当报经考察机关批准；④ 按照考察机关的要求接受矫治和教育。

可以的事项。人民检察院可以要求被附条件不起诉的未成年犯罪嫌疑人接受下列矫治和教育：① 完成戒瘾治疗、心理辅导或者其他适当的处遇措施；② 向社区或者公益团体提供公益劳动；③ 不得进入特定场所，与特定的人员会见或者通信，从事特定的活动；④ 向被害人赔偿损失、赔礼道歉等；⑤ 接受相关教育；⑥ 遵守其他保护被害人安全及预防再犯的禁止性规定。

案例阅读

2021 年 2 月，最高人民检察院第十三届检察委员会第六十三次会议决定，将胡某某抢劫等六件案例（检例 103-107 号）作为第二十七批指导性案例，第二十七批指导性案例均为涉罪未成年人附条件不起诉相关案例。检例第 107 号唐某等人聚众斗殴案，在这 5 个案例中又显得尤为特殊，因为它是唯一一个撤销附条件不起诉案例。本案充分体现了检察机关对涉罪未成年人“宽容不纵容，依法惩戒和依法从宽并行”的未成年人检察工作理念。2017 年 3 月 15 日，唐某与潘某因琐事在电话里发生口角，双方相约至某广场斗殴。从结果看，这次殴打没有造成人员伤亡。检察机关综合考虑了唐某的犯罪情节、悔罪表现、犯罪成因及帮教条件，并征求公安机关、法定代理人意见后，认定唐某符合附条件不起诉条件，于 2017 年 7 月 21 日依法对唐某作出附条件不起诉决定，考验期 6 个月。检察机关成立了由检察官、唐某的法定代理人和某酒店负责人组成的帮教小组，开展考察帮教工作。针对唐某的实际情况，帮教小组为唐某提供了烹饪技能培训，督促唐某参加义务劳动和志愿者活动，要求法定代理人加强监管并禁止唐某出入特定场所。同时，帮教小组委托专业心理咨询师对唐某多次开展心理疏导，对唐某的父母开展家庭教育指导，改善亲子关系。从唐某在考察期的表现来看，在考验前期唐某能够遵守各项监督管理规定，表现良好，但到了后期，唐某开始无故迟到、旷工，还出入酒吧、夜店等娱乐场所。面对这种情况，检察机关及时调整强化了帮教措施。

在检察机关多次训诫及心理疏导后，唐某仍然擅自离开工作的酒店，并明确表示拒绝接受帮教。检察机关全面评估唐某在考验期的表现，发现其在考验期内，多次夜不归宿，经常在凌晨出入酒吧、夜店、KTV 等娱乐场所；与他人结伴为涉嫌寻衅滋事犯罪的人员助威；多次醉酒，上班迟到、旷工；不向检察机关和酒店负责人报告就擅自离开帮教单位，经劝说之后仍然拒绝上班。同时，唐某的法定代理人也没有如实报告唐某日常表现，在检察机关调查核实时，唐某的法定代理人还帮助唐某欺骗检察机关。因此，检察机关认定唐某违反考察机关附条件不起诉的监督管理规定，情节严重。在 2018 年 1 月 15 日，检察机关依法撤销唐某的附条件不起诉决定。

第五，附条件不起诉的处理结果。

（1）起诉：被附条件不起诉的未成年犯罪嫌疑人，在考验期内有下列情形之一的，人民检察院应当撤销附条件不起诉的决定，提起公诉：① 实施新的犯罪的；② 发现决定附条件不起诉以前还有其他犯罪需要追诉的；③ 违反治安管理规定，造成严重后果，或者多次违反治安管理规定的；④ 违反考察机关有关附条件不起诉的监督管理规定，造成严重后果，或者多次违反考察机关有关附条件不起诉的监督管理规定的。对于未成年犯罪嫌疑人在考验期内实施新的犯罪或者在决定附条件不起诉以前还有其他犯罪需要追诉的，人民检察院应当移送侦查机关立案侦查。

（2）不起诉：被附条件不起诉的未成年犯罪嫌疑人，在考验期内没有上述情形，考验期满的，人民检察院应当作出不起诉的决定。

五、审判程序★★★★

未成年人刑事案件审判程序，见表 20-3。

表 20-3　未成年人刑事案件审判程序

告知权利	人民法院向未成年被告人送达起诉书副本时，应向其讲明被指控的罪行和有关法律规定，并告知其审判程序和诉讼权利、义务
简易程序	对未成年人刑事案件适用简易程序审理，应当征求未成年被告人及其法定代理人、辩护人的意见，上述任何人员提出异议的，不适用简易程序
法代到场	应当通知未成年犯罪嫌疑人、被告人的法定代理人或者其他合适的成年人到场；到场的法定代理人可以代为行使未成年被告人的诉讼权利；上述程序同样适用于简易程序和询问未成年被害人、证人
法庭设置	应当在辩护台靠近旁听区一侧为法定代理人或者合适的成年人设置席位
庭审语言	发现有对未成年被告人威胁、训斥、诱供或者讽刺等情形的，审判长应当制止
量刑建议	控辩双方提出判处管制、宣告缓刑等量刑建议的，应当向法庭提供有关未成年被告人能够获得监护、帮教及对所居住社区无重大不良影响的书面材料
法庭教育	（1）法庭辩论结束后，法庭可以根据未成年人的生理、心理特点和案件情况，对未成年被告人进行法治教育；判决未成年被告人有罪的，宣判后，应当对未成年被告人进行法治教育 （2）对未成年被告人进行教育，应当邀请法定代理人以外的成年亲属或者教师、辅导员等参加
补充陈述	未成年被告人最后陈述完结后，法庭应当询问其法定代理人是否补充陈述

续表

公开宣判	（1）对未成年人刑事案件，宣告判决应当公开进行 （2）对依法应当封存犯罪记录的案件，宣判时，不得组织人员旁听；有旁听人员的，应当告知其不得传播案件信息
心理疏导	人民法院根据情况，可以对未成年被告人、被害人、证人进行心理疏导
心理测评	根据实际需要并经未成年被告人及其法定代理人同意，可以对未成年被告人进行心理测评，心理测评报告可以作为办理案件和教育未成年人的参考
亲情会见	开庭前和休庭时，法庭根据情况，可以安排未成年被告人与其法定代理人或者其他合适的成年人会见

六、未成年人刑事案件适用认罪认罚从宽制度★★

认罪认罚从宽制度所关注的促进犯罪者的认罪悔罪与教育改造，实现预防再犯的刑罚目的与未成年人刑事案件诉讼程序所秉承的教育、感化、挽救的原则在一定程度上具有相同性，可以适用于未成年人刑事案件。但基于未成年人年龄尚小和发育不健全的情况，其适用认罪认罚从宽制度存在一些不同于成年人案件的特点。

第一，未成年犯罪嫌疑人认罪认罚的，在签署具结书时应当有其法定代理人、辩护人在场，未成年犯罪嫌疑人及其法定代理人、辩护人都对认罪认罚没有异议且愿意签署具结书的，应当签署具结书。未成年犯罪嫌疑人法定代理人应当到场并签字确认。法定代理人无法到场的，合适的成年人应当到场签字确认。

第二，如果未成年犯罪嫌疑人的法定代理人、辩护人对认罪认罚有异议，但未成年人本人同意认罪认罚的，不需要签署具结书。同时，基于处理未成年人犯罪以教育为主、惩罚为辅的原则，虽然未签署具结书，同样可以对其适用认罪认罚制度从宽处理。

第三，与成年人案件适用认罪认罚从宽制度通常适用速裁程序不同，鉴于速裁程序一般不进行法庭调查、法庭辩论，且采取集中审理和集中宣判的方式不利于对未成年被告人开展法庭教育，难以充分贯彻教育、感化、挽救的方针，因此未成年人刑事案件适用认罪认罚从宽制度的也不适用速裁程序。

20.3 未成年人刑事诉讼程序中的重要制度

一、办案主体专门化★★

人民法院、人民检察院和公安机关办理未成年人刑事案件，应当保障未成年人行使其诉讼权利，保障未成年人得到法律帮助，并由熟悉未成年人身心特点的审判人员、检察人员、侦查人员承办。

强奸、猥亵、虐待、遗弃未成年人等侵害未成年人人身权利的犯罪案件可以由少年法庭审理，这是因为，审理上述案件不仅要解决对被告人的定罪量刑问题，更要重视做好对未成年被害人心理干预、经济救助、法律援助、转学安置等帮扶救助工作。由熟悉未成年人身心特点的专业法官负责相关工作，能够更好地保障工作效果，实践中，不少法院设立了少年圆桌法庭，审判“零距离”彰显了司法关怀。

二、全面调查制度★★

办理未成年人刑事案件，除了完成与成年人案件同样的查明案情、收集证据和确认犯罪人等各项工作外，诉讼活动还应当对未成年犯罪嫌疑人、被告人的生理与心理、监护教育和犯罪前后的表现等情况进行调查，必要时还要进行医疗检查和心理学、精神病学的调查分析，为教育、挽救未成年人确定有针对性的方案和方法，取得良好的教育改造效果。

三、社会参与制度★★

刑事诉讼法所规定的其他合适成年人讯问到场和审判在场、社会背景调查和附条件不起诉的监督考察等都强调社会参与。

四、分案处理制度★★

分案处理，即在处理未成年人刑事案件时，应当对未成年人案件与成年人案件实行诉讼程序分离、分案处理，对犯罪的未成年人与犯罪的成年人分别关押、分别执行。

五、审理不公开原则和保密制度★★

根据《刑诉解释》第557条的规定，开庭审理时被告人不满18周岁的案件，一律不公开审理。经未成年被告人及其法定代理人同意，未成年被告人所在学校和未成年人保护组织可以派代表到场。到场代表的人数和范围，由法庭决定。经法庭同意，到场代表可以参与对未成年被告人的法庭教育工作。对依法公开审理，但可能需要封存犯罪记录的案件，不得组织人员旁听；有旁听人员的，应当告知其不得传播案件信息。

六、辩护制度★★

未成年犯罪嫌疑人、被告人没有委托辩护人的，人民法院、人民检察院、公安机关应当通知法律援助机构指派律师为其提供辩护。

未成年人强制辩护制度适用的年龄以诉讼时为准。重新开庭后，未成年被告人再次当庭拒绝辩护人辩护的，不予准许。重新开庭后，被告人已满18周岁的，再次当庭拒绝辩护人辩护的，可以准许，但被告人不得再次另行委托辩护人或者要求另行指派律师，由其自行辩护。

七、未成年人犯罪记录封存制度★★★

第一，封存条件。犯罪的时候不满18周岁，被判处5年有期徒刑以下刑罚的，应当对相关犯罪记录予以封存。

第二，封存措施。犯罪记录被封存的，不得向任何单位和个人提供，但司法机关为办案需要或者有关单位根据国家规定进行查询的除外。依法进行查询的单位，应当对被封存的犯罪记录的情况予以保密。

第三，解除封存。对被封存犯罪记录的未成年人，符合下列条件之一的，应当对其犯罪记录解除封存：① 实施新罪，且新罪与封存记录之罪数罪并罚后被决定执行5年有期徒刑以上刑罚的；② 发现漏罪，且漏罪与封存记录之罪数罪并罚后被决定执行5年有期徒刑以上刑罚的。

延伸阅读

未成年人犯罪记录封存的实践与引爆舆情的“瓮安事件”密切相关。2008年6月，贵州瓮安县三中女生李某的非正常死亡引发全县震动，之后爆发了震动全国的“6·28”群体性事件。被公安机关传唤调查的青少年中，最终被依法处理的未成年人共有96名。有“违法犯罪记录”的96人，回归社会后怎么办？之前，国内已有零星尝试。经过调研和专家论证后，贵州决定在瓮安县试行未成年人违法和轻罪记录消除制度，制定了《关于对“6·28”事件涉案未成年人违法及轻罪犯罪记录消除的指导意见》等规范性文件。在瓮安县实践的基础上，2010年，贵州省人大通过修订《贵州省未成年人保护条例》，第一次为探索该制度提供了法律依据。2012年，修改后的刑诉法以国家立法的形式吸收了实践经验，正式规定了未成年人犯罪记录封存制度。随着《刑法》和《刑事诉讼法》的相继修改，各地启动未成年犯罪记录封存，陆续出台了细化规定。但目前在实践中也出现了细则庞杂、制定主体不一、内容各异等问题。2020年，随着《未成年人保护法》和《预防未成年人犯罪法》相继修订通过，封存制度再次受到关注。《预防未成年人犯罪法》新增条款规定，未成年人接受专门矫治教育、专门教育的记录，以及被行政处罚、采取刑事强制措施和不起诉的记录，也应被封存。

【课后阅读】

［1］姚建龙，陈子航：《〈未成年人保护法〉的修订、进步与展望》，《青年探索》，2021年第5期。

［2］叶青：《未成年人刑事诉讼法学》，北京：北京大学出版社，2019 年。

［3］宋英辉，何挺：《未成年人刑事案件诉讼程序研究综述》，北京：中国检察出版社，2019 年。

［4］自正法：《附条件不起诉运作的实证考察与优化路径》，《理论探索》，2020 年第 6 期。

［5］安琪：《保护、惩治与预防——我国少年司法制度变迁七十年（1949—2019）》，《中国青年研究》，2020 年第 2 期。

第 21 章　当事人和解的公诉案件诉讼程序

本章思维导图 <<<

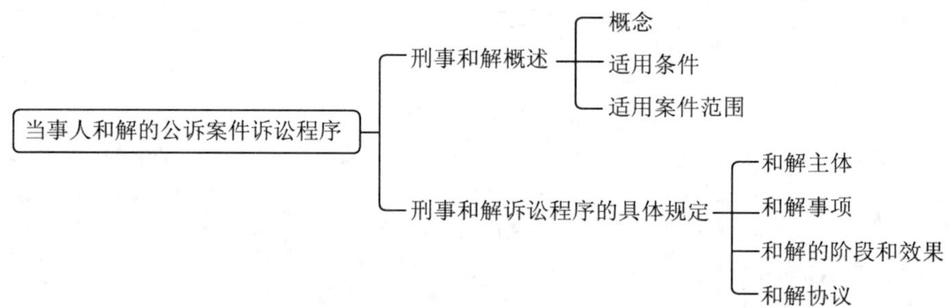

21.1　刑事和解概述

一、刑事和解的概念★

刑事和解有广义和狭义之分。广义的刑事和解既包括刑事公诉案件的和解，也包括刑事自诉案件及附带民事诉讼案件的和解；狭义的刑事和解仅指刑事公诉案件的和解。本章所指的刑事和解，如无特殊说明，仅指狭义的刑事和解，即公诉案件的刑事和解。

二、刑事和解的适用条件★★

第一，积极条件：当事人和解的公诉案件诉讼程序，应当同时符合下列条件：

（1）犯罪嫌疑人真诚悔罪，向被害人赔偿损失、赔礼道歉等。

（2）被害人明确表示对犯罪嫌疑人予以谅解。

（3）双方当事人自愿和解，符合有关法律规定。

（4）属于侵害特定被害人的故意犯罪或者有直接被害人的过失犯罪。

（5）案件事实清楚，证据确实、充分。

第二，消极条件：犯罪嫌疑人、被告人在5年以内未曾故意犯罪。

犯罪嫌疑人在5年内曾故意犯罪，无论该故意犯罪是否已经追究，均应当认定为上述的5年以内曾经故意犯罪。

三、刑事和解适用案件范围★★

根据《刑事诉讼法》第288至290条及《刑诉解释》的规定，当事人和解公诉案件的适用范围具体包括：

（1）因民间纠纷引起，涉嫌《刑法》分则第四章、第五章规定的犯罪案件，可能判处3年以下有期徒刑的。

（2）除渎职犯罪以外的可能判处7年有期徒刑以下刑罚的过失犯罪案件。

（3）例外规定：犯罪嫌疑人、被告人在5年内曾经故意犯罪的案件不得适用当事人和解程序，这里的犯罪限于故意犯罪，如果5年内是过失犯罪，那么还可以适用刑事和解程序。

对于案件范围，应注意以下情形：

（1）以下几种情形不属于因民间纠纷引起的犯罪案件：① 雇凶伤害他人的；② 涉及黑社会性质组织犯罪的；③ 涉及寻衅滋事的；④ 涉及聚众斗殴的；⑤ 多次故意伤害他人身体的；⑥ 其他不宜和解的。

（2）此处“3年有期徒刑以下刑罚”是指宣告刑而非法定刑，也就是说，即便法定刑在3年有期徒刑以上的，只要综合全案证据判断其有可能被处以

3 年有期徒刑以下刑罚，也可以适用刑事和解的规定。

（3）渎职罪的犯罪客体主要是国家机关的正常管理活动，其侵害的直接对象是国家利益而非公民个人人身权利、民主权利及财产权利，“获得被害人谅解”这一条件无法满足，因此在渎职罪中，刑事和解无从适用。

案例阅读

2018 年 9 月，河南平顶山市鲁山县人民检察院通过官方微博发表文章《鲁山一初中生一时冲动犯错 检察官介入下双方冰释前嫌》，鲁山县人民检察院的文章写道：小赵今年 16 岁，是鲁山县某中学初二学生。暑假里小赵和 17 岁女孩小花强行发生了性关系。7 月 24 日，鲁山县人民检察院作出批准逮捕的决定。但是承办案件的检察官韩昊基于“最大限度地关注未成年嫌疑人的成长”的考量，深入了解了小赵的家庭成长环境，对其进行心理疏导，帮助他认识自己行为的错误。小赵写下悔过书和致歉信，希望得到被害人的谅解，最后检察官联系当地调解委员会促成双方达成和解，双方父母“冰释前嫌”，自愿签订了和解协议书，小赵家长赔偿小花父母 8 万元。这篇文章发表后，引发了公众对于刑事和解程序的质疑：一、强奸罪，这种恶劣案件为什么也可以调解？是不是在“和稀泥”？二、这是不是意味着，同一个案件，有钱人就可以“用钱买刑”，是不是违背了刑法平等原则？2018 年 10 月 9 日，河南省人民检察院发布消息，被告人赵某强奸一案，由河南省鲁山县公安局立案侦查。

21.2 刑事和解诉讼程序的具体规定

一、和解主体★★

第一，被害人方。

（1）被害人本人。

（2）被害人死亡的，其近亲属可以与被告人和解。

（3）被害人系无行为能力或者限制行为能力人的，其法定代理人、近亲属可以代为和解。

第二，被告人方。

（1）犯罪嫌疑人、被告人本人。

（2）被告人的近亲属经被告人同意，可以代为和解。

（3）被告人系限制行为能力人的，其法定代理人可以代为和解。

注意：人民法院和人民检察院并不是参与和解的主体，只发挥促成和解的作用。双方当事人和解的，公安机关、人民检察院、人民法院应当听取当事人和其他有关人员的意见，对和解的自愿性、合法性进行审查，并主持制作和解协议书。

二、和解的事项★

第一，可协商事项：双方当事人可以就赔偿损失、赔礼道歉等民事责任事项进行和解，并且可以就被害人及其法定代理人或者近亲属是否要求或者同意公安机关、人民检察院、人民法院对犯罪嫌疑人依法从宽处理进行协商，见图 21-1。

第二，不可协商事项：不得对案件的事实认定、证据采信、法律适用和定罪量刑等依法属于公安机关、人民检察院、人民法院职权范围的事宜进行协商。

图 21-1　刑事和解

三、和解的阶段和效果★★

刑事和解可以适用于公安机关开始立案直至人民法院作出最终判决的全部程序阶段。在不同的诉讼阶段，由不同的办案机关负责刑事和解的具体工作。

第一，公安机关：公安机关可以向人民检察院提出从宽处理的建议。

注意：公安机关不能因为双方当事人的和解而撤销案件。

第二，人民检察院：（1）人民检察院可以向人民法院提出从宽处罚的建议。（2）对于犯罪情节轻微，不需要判处刑罚的，可以作出不起诉的决定。

第三，人民法院：人民法院可以依法对被告人从宽处理。

在侦查、检察和审判各个环节中，办理刑事和解案件只需按照法律、司法解释及规章的具体规定进行即可。但是一些地方司法机关、司法人员、律师对刑事和解案件的相关规定的理解发生歧义，进而影响刑事和解案件的正确办理，导致案件处理适用法律错误。在刑事司法实践中，更有一些地方公检法抛开刑事诉讼法和“两高”司法解释及公安部的规章，召开联席会，以会议纪要的形式，对刑事诉讼法及两高一部的规定进行了再次的违法立法，规定对达成刑事和解的刑事案件由公安机关以撤销案件等方式予以侦查终结。那么，这种会议纪要是否合法，县级公检法有无权力出台这种会议纪要，公安机关对达成刑事和解的案件不移送审查起诉而直接终结侦查是否合法？回答当然是否定的。这是对我国刑事诉讼法有关刑事和解规定的一种曲解，产生的直接后果即是对应当接受刑事处罚的犯罪嫌疑人的一种刑事放纵，也是对被害人利益的一种伤害。

四、和解协议★★

第一，和解协议的制作与审查。

双方当事人和解的，公安机关、人民检察院、人民法院应当听取当事人和其他有关人员的意见，对和解的自愿性、合法性进行审查，并主持制作和解协议书。

第二，和解协议的签名。

（1）根据《刑诉解释》第 592 条第 2、3 款的规定，和解协议书应当由双方当事人和审判人员签名，但不加盖人民法院印章。和解协议书一式三份，双方当事人各持一份，另一份交人民法院附卷备查。（2）根据《刑诉解释》第 592 条第 4 款的规定，对和解协议中的赔偿损失内容，双方当事人要求保密的，人民法院应当准许，并采取相应的保密措施。

第三，和解协议的履行。

根据《刑诉解释》第 593 条第 1 款的规定，和解协议约定的赔偿损失内容，被告人应当在协议签署后即时履行。

第四，和解协议的无效。

根据《高检规则》第 504 条的规定，犯罪嫌疑人或者其亲友等以暴力、威胁、欺骗或者其他非法方法强迫、引诱被害人和解，或者在协议履行完毕之后威胁、报复被害人的，应当认定和解协议无效。已经作出不批准逮捕或者不起诉决定的，人民检察院根据案件情况可以撤销原决定，对犯罪嫌疑人批准逮捕或者提起公诉。

第五，和解协议的反悔。

根据《刑诉解释》第 593 条第 2 款的规定，和解协议已经全部履行，当事人反悔的，人民法院不予支持，但有证据证明和解违反自愿、合法原则的除外。

第六，刑事和解与附带民事诉讼。

根据《刑诉解释》第 594 条的规定，双方当事人在侦查、审查起诉期间已经达成和解协议并全部履行，被害人或者其法定代理人、近亲属又提起附带民事诉讼的，人民法院不予受理，但有证据证明和解违反自愿、合法原则的除外。

第 595 条被害人或者其法定代理人、近亲属提起附带民事诉讼后，双方愿意和解，但被告人不能即时履行全部赔偿义务的，人民法院应当制作附带民事调解书。

延伸阅读

目前来看，在实践中刑事和解的适用范围和案件性质比较集中。公安司法机关办理的刑事和解案件主要集中在交通肇事罪、故意伤害罪、盗窃罪等罪名上。在刑事和解案件中，交通肇事案件和轻伤害案件占刑事和解总量的 82%，其中，交通肇事案件占 51%，轻伤害案件占 31%，而抢劫、抢夺犯罪适用和解的很少。交通肇事案件作为在基层常发的案件，如果肇事者经济能力较强，并且能够积极认错、赔偿，往往容易得到被害人及其家属的谅解。

延伸阅读

［1］陈光中，葛琳：《刑事和解初探》，《中国法学》，2006 年第 5 期。

［2］陈瑞华：《刑事诉讼的私力合作模式——刑事和解在中国的兴起》，《中国法学》，2006 年第 5 期。

［3］赵恒：《认罪认罚与刑事和解的衔接适用研究》，《环球法律评论》，2019 年第 3 期。

［4］李会彬：《刑事和解制度的理论基础新探——以刑、民事责任转化原理为视角》，《法商研究》，2015 年第 4 期。

［5］张健：《晚清民国刑事和解的第三领域——基于龙泉司法档案刑事案件官批民调制度的考察》，《中国刑事法杂志》，2013 年第 4 期。

第 22 章　缺席审判程序

本章思维导图 <<<

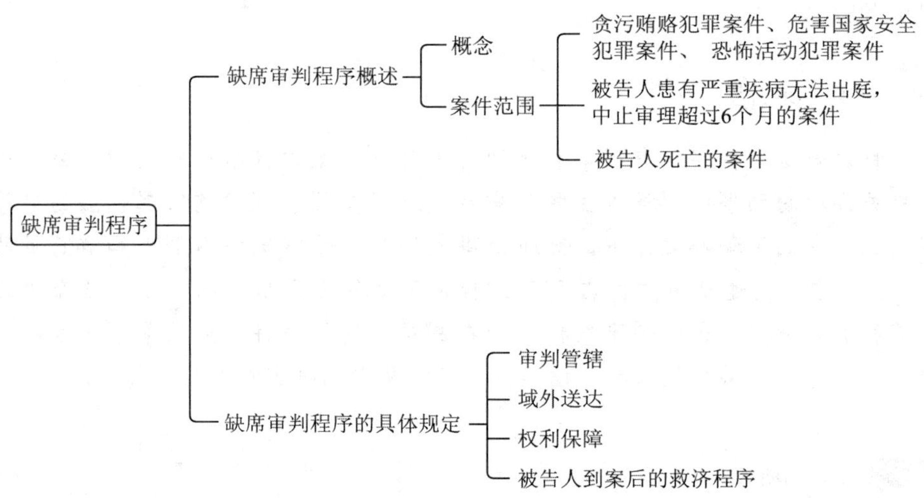

22.1 缺席审判程序概述

一、缺席审判程序的概念★

缺席审判制度是指法院在审理案件过程中，一方当事人非因法定事由缺席法庭，在满足法定条件的情形下，法庭继续审理并依法作出判决或裁定的诉讼制度。

延伸阅读

在我国民事案件中，缺席审判经常出现。如果原告没有正当理由不到庭，那就按撤诉处理。如果被告经依法传唤拒不到庭，就可以缺席审判。但在刑事案件中，出于对犯罪嫌疑人、被告人的诉讼权利的保护，一直没有确立缺席审判制度。2018 年，《刑事诉讼法》第三次修正后，建立了具有中国特色的刑事缺席审判制度。对刑事缺席审判立法是为了适应反腐败和国际追逃追赃工作的需要，使一些犯罪嫌疑人、被告人潜逃境外的特殊案件能得到及时处理，避免因为时间过长证据灭失情形的发生。同时，对潜逃境外的犯罪分子及时作出法律上的否定评价，以彰显法治权威，维护国家和社会公众利益。2021 年 3 月 8 日，最高人民检察院检察长张军在《最高人民检察院工作报告》中指出，检察机关首次适用缺席审判程序，对潜逃境外 19 年的贪污犯罪嫌疑人程三昌提起公诉。这是刑事缺席审判程序入法以来的首次适用，标志着缺席审判程序从“纸面上的法律”成为“行动中的法律”，将对外逃腐败分子产生强大的威慑作用。该案引起了广泛的关注，也使缺席审判程序再次成为热议的焦点。

二、缺席审判程序的案件范围★★★

从整个刑事诉讼的制度来讲，被告人出庭的对席审判是一个常态，缺席审判实际是作为被告人审判时应当在场的例外的补充性规定。为了确保这一制度的正确和公正实施，这次增加缺席审判对案件的适用范围作了严格的限制。根据《刑事诉讼法》第 291、296、297 条的规定，有三种类型的案件可以适用缺席审判程序。

第一，贪污贿赂犯罪案件，以及需要及时进行审判，经最高人民检察院核准的严重危害国家安全犯罪、恐怖活动犯罪案件。

第二，被告人患有严重疾病无法出庭，中止审理超过 6 个月的案件。

第三，被告人死亡的案件。

（1）被告人死亡的，人民法院应当裁定终止审理，但有证据证明被告人无罪，人民法院经缺席审理确认无罪的，应当依法作出判决。

（2）人民法院按照审判监督程序重新审判的案件，被告人死亡的，人民法院可以缺席审理，依法作出判决。

22.2 缺席审判程序的具体规定

一、审判管辖★★★

根据《刑事诉讼法》第 291 条第 2 款的规定，对于贪污贿赂犯罪案件，以及需要及时进行审判，经最高人民检察院核准的严重危害国家安全犯罪、恐怖活动犯罪的案件，如果适用缺席审判程序，由犯罪地、被告人离境前居住地或者最高人民法院指定的中级人民法院组成合议庭进行审理。

第一，地域管辖：由犯罪地、被告人离境前居住地或者最高人民法院指定的法院管辖。

第二，级别管辖：由中级人民法院管辖。

第三，审判组织：由合议庭进行审理。

注意：刑事诉讼法中的特别规定，仅限于贪污贿赂犯罪案件，以及需要及时进行审判，经最高人民检察院核准的严重危害国家安全犯罪、恐怖活动犯罪案件，对于其他两类缺席审判的案件并不适用。

二、域外送达★

根据《刑事诉讼法》第 292 条的规定，人民法院应当通过有关国际条约规定的或者外交途径提出的司法协助方式，或者被告人所在地法律允许的其他方式，将传票和人民检察院的起诉书副本送达被告人。传票和起诉书副本送达后，被告人未按要求到案的，人民法院应当开庭审理，依法作出判决，并对违法所得及其他涉案财产作出处理。

三、权利保障★★★

建立缺席审判制度需充分保障当事人的诉讼权利。立法对委托辩护、法律援助辩护作出了相关规定，同时赋予了被告人近亲属上诉权及异议权。

第一，辩护权。

根据《刑事诉讼法》第 293 条的规定，人民法院缺席审判案件，被告人有权委托辩护人，被告人的近亲属可以代为委托辩护人。被告人及其近亲属没有委托辩护人的，人民法院应当通知法律援助机构指派律师为其提供辩护。

第二，救济权。

根据《刑事诉讼法》第 294 条的规定，人民法院应当将判决书送达被告人及其近亲属、辩护人。被告人或者其近亲属不服判决的，有权向上一级人民法院上诉。辩护人经被告人或者其近亲属同意，可以提出上诉。人民检察院认为人民法院的判决确有错误的，应当向上一级人民法院提出抗诉。

第三，近亲属参加诉讼权。

根据《刑诉解释》第 602 条的规定，人民法院审理人民检察院依照刑事诉讼法第 291 条第 1 款的规定提起公诉的案件，被告人的近亲属申请参加诉讼的，应当在收到起诉书副本后、第一审开庭前提出，并提供与被告人关系的证明材料。有多名近亲属的，应当推选 1 至 2 人参加诉讼。

根据《刑诉解释》第 603 条的规定，人民法院审理人民检察院依照刑事诉讼法第 291 条第 1 款的规定提起公诉的案件，参照适用公诉案件第一审普通程序的有关规定。被告人的近亲属参加诉讼的，可以发表意见，出示证据，申请法庭通知证人、鉴定人等出庭，进行辩论。

四、犯罪嫌疑人、被告人到案后的救济程序★★★

犯罪嫌疑人与被告人到案后的救济程序，见表 22-1。

表 22-1　犯罪嫌疑人与被告人到案后的救济程序

审查起诉中	根据《高检规则》第 509 条第 1 款的规定，审查起诉期间，犯罪嫌疑人自动投案或者被抓获的，人民检察院应当重新审查
报请核准中	根据《高检规则》第 509 条第 2 款的规定，对严重危害国家安全犯罪、恐怖活动犯罪案件报请核准期间，犯罪嫌疑人自动投案或者被抓获的，报请核准的人民检察院应当及时撤回报请，重新审查案件
法院审理中	根据《刑事诉讼法》第 295 条第 1 款的规定，在审理过程中，被告人自动投案或者被抓获的，人民法院应当重新审理。此情形下，无须被告人提出异议，人民法院就应当重新审理本案
裁判生效后	根据《刑事诉讼法》第 295 条第 2 款的规定，罪犯在判决、裁定发生法律效力后到案的，人民法院应当将罪犯交付执行刑罚。交付执行刑罚前，人民法院应当告知罪犯有权对判决、裁定提出异议。罪犯对判决、裁定提出异议的，人民法院应当重新审理。 根据《刑事诉讼法》第 295 条第 3 款的规定，依照生效判决、裁定对罪犯的财产进行的处理确有错误的，应当予以返还、赔偿。

【课后阅读】

[1] 卞建林，吴思远：《刑事缺席审判程序：立法反思与实践走向》，《求是学刊》，2020 年第 5 期。

[2] 邵劭：《我国刑事缺席审判程序中的异议权》，《中国法学》，2021 年第 5 期。

[3] 吴进娥：《我国刑事缺席审判"重审规则"的合理性证成——基于程序类型化的研究进路》，《法学论坛》，2021 年第 4 期。

[4] 步洋洋：《论我国刑事缺席审判制度的类型化》，《政法论坛》，2020 年第 4 期。

[5] 周长军：《外逃人员缺席审判适用条件的法教义学分析》，《法学杂志》，2019 年第 8 期。

第 23 章　违法所得的没收程序

本章思维导图 <<<

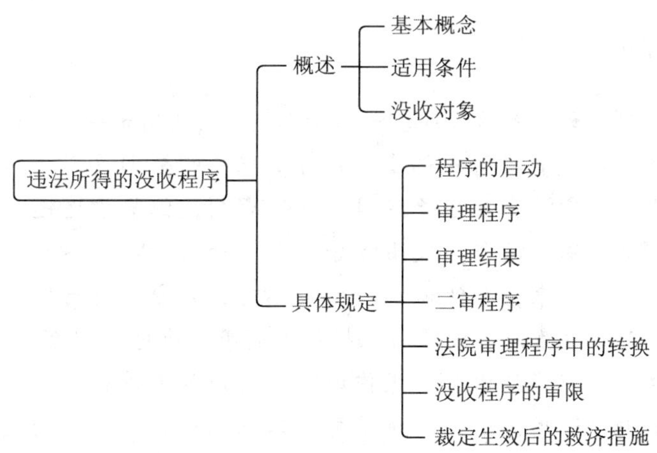

23.1 犯罪嫌疑人、被告人逃匿、死亡案件违法所得没收程序概述

一、基本概念★

犯罪嫌疑人、被告人逃匿、死亡案件违法所得的没收程序是指当某些案件中犯罪嫌疑人、被告人逃匿或者死亡时，追缴其违法所得及其他涉案财产所特有的方式、方法和步骤。要区分本章中的没收程序和前面执行程序中所涉及的没收财产刑的刑罚，犯罪嫌疑人、被告人逃匿、死亡案件违法所得的没收程序并不以定罪为前提，而没收财产刑的刑罚是以定罪为前提。

延伸阅读

我国《刑事诉讼法》于2012年、2018年分别新增未经定罪的没收程序和缺席审判程序，是对中国腐败犯罪刑事诉讼程序的全面更新。尽管通过缺席审判程序可对境外贪污腐败分子在国内进行审判，但基于追逃追赃工作相辅相成的特性，追赃不彻底会导致腐败分子在国外的营养液不断，为其逍遥法外提供机会，如此一来，即使通过缺席审判对犯罪分子进行宣判，案件所涉及的巨额公共财产也难以有效追回，相关的刑事判决也难以有效执行。因此，对未经定罪的没收程序的概念、操作规范和适用范围进行明确，无论是对缺席审判程序的衔接适用，还是对推动司法体制综合配套措施的改革完善，均具有重要意义。

一方面，犯罪嫌疑人、被告人逃匿、死亡案件违法所得的没收程序本身注重追求诉讼效率，关注的是如何防止因犯罪嫌疑人、被告人逃匿、死亡而引起的诉讼拖延和国有资产流失问题。另一方面，该程序涉及的是犯罪嫌疑人、被告人的财产权利，易于进行救济。因此，在犯罪嫌疑人、被告人逃匿、死亡案件违法所得的没收程序中，我们不需要预先解决犯罪嫌疑人、被告人的定罪量刑问题，也不受无罪推定、禁止双重危险等原则的约束。

案例阅读

2019年12月31日，湖南省岳阳市中级人民法院公开开庭审理了“红通人员”犯罪嫌疑人彭旭峰受贿及其妻子贾斯语受贿、洗钱违法所得没收申请

一案，并于2020年1月3日公开宣判，裁定没收犯罪嫌疑人彭旭峰、贾斯语在境内的违法所得人民币1.038 922 38亿元、黄金制品及在澳大利亚、塞浦路斯、新加坡、圣基茨和尼维斯联邦等国家共计5处房产、250万欧元国债、50.002 8万美元；对彭旭峰、贾斯语违法所得追缴不足部分，继续追缴。

经审理查明：2010年至2017年，犯罪嫌疑人彭旭峰单独或伙同犯罪嫌疑人贾斯语等人，利用彭旭峰担任长沙市住房与建设委员会副主任、长沙市轨道交通集团有限公司党委书记、董事长等职务上的便利，为有关单位和个人在工程承揽、土地承租、设备采购等事项上谋取利益，收受有关单位、个人给予的财物共计折合人民币2.389 925 885 6亿元和美元12万元。2012年至2017年，犯罪嫌疑人贾斯语将犯罪嫌疑人彭旭峰受贿所得人民币4 299.603 495万元通过地下钱庄或者借用他人账户转移至境外。彭旭峰、贾斯语分别于2017年3月24日、3月10日逃匿境外，至今不到案。

岳阳市中级人民法院认为，本案有证据证明犯罪嫌疑人彭旭峰实施了受贿犯罪、贾斯语实施了受贿、洗钱犯罪，检察机关申请没收彭旭峰、贾斯语在境内外的有关财产属于二人的违法所得及其他涉案财产，依法应当适用违法所得没收程序裁定没收。法庭遂作出上述裁定。

二、适用条件★★

根据《刑事诉讼法》第298条第1款的规定，对于贪污贿赂犯罪、恐怖活动犯罪等重大犯罪案件，犯罪嫌疑人、被告人逃匿，在通缉1年后不能到案，或者犯罪嫌疑人、被告人死亡，依照刑法规定应当追缴其违法所得及其他涉案财产的，人民检察院可以向人民法院提出没收违法所得的申请。

根据上述条文规定，没收程序主要概括为两种情形：

第一，逃匿。对于贪污贿赂犯罪、恐怖活动犯罪等重大犯罪案件，犯罪嫌疑人、被告人逃匿，在通缉1年后不能到案，依照刑法规定应当追缴其违法所得及其他涉案财产的。

第二，死亡。对于犯罪嫌疑人、被告人死亡，依照刑法规定应当追缴其违法所得及其他涉案财产的，当犯罪嫌疑人、被告人死亡时，案件范围不限于贪污贿赂犯罪、恐怖活动犯罪，也不限于重大犯罪案件，只要有违法所得及其他涉案财产需要追缴的，均可适用违法所得没收程序。

三、没收对象★★

实施犯罪行为所取得的财物及其孳息，以及被告人非法持有的违禁品、供犯罪所用的本人财物，都应当认定为“违法所得及其他涉案财产”。

23.2 犯罪嫌疑人、被告人逃匿、死亡案件违法所得没收程序的具体规定

一、程序的启动★★

第一，侦查机关（调查机关）提出意见书。

监察机关或者公安机关向人民检察院移送没收违法所得意见书，应当由有管辖权的人民检察院的同级监察机关或者公安机关移送。

第二，检察院审查意见书。

（1）主管部门：人民检察院审查监察机关或者公安机关移送的没收违法所得意见书，向人民法院提出没收。违法所得的申请及对违法所得没收程序中调查活动、审判活动的监督，由负责捕诉的部门办理。

（2）审查程序：① 根据《高检规则》第 523 条第 1 款的规定，人民检察院应当在接到监察机关或者公安机关移送的没收违法所得意见书后 30 日以内作出是否提出没收违法所得申请的决定。30 以内不能作出决定的，可以延长 15 日。② 根据《高检规则》第 523 条第 2 款的规定，对于监察机关或者公安机关移送的没收违法所得案件，经审查认为不符合刑事诉讼法第 298 条第 1 款规定条件的，应当作出不提出没收违法所得申请的决定，并向监察机关或者公安机关书面说明理由；认为需要补充证据的，应当书面要求监察机关或者公安机关补充证据，必要时也可以自行调查。③ 根据《高检规则》第 523 条第 3 款的规定，监察机关或者公安机关补充证据的时间不计入人民检察院办案期限。

（3）监督程序：① 人民检察院发现公安机关应当启动违法所得没收程序而不启动的，可以要求公安机关在 7 日以内书面说明不启动的理由。经审查，认为公安机关不启动理由不能成立的，应当通知公安机关启动程序。② 人民检察院发现公安机关在违法所得没收程序的调查活动中有违法情形的，应当向公安机关提出纠正意见。

（4）程序切换：① 没收转公诉：在审查公安机关移送的没收违法所得意见书的过程中，在逃的犯罪嫌疑人，被告人自动投案或者被抓获的，人民检察院应当终止审查，并将案卷退回公安机关处理。② 公诉转没收：在人民检察院审查起诉过程中，犯罪嫌疑人死亡，或者贪污贿赂犯罪、恐怖活动犯罪等重大犯罪案件的犯罪嫌疑人逃匿，在通缉 1 年后不能到案，依照刑法规定

应当追缴其违法所得及其他涉案财产的，人民检察院可以直接提出没收违法所得的申请。

注意：人民法院不能主动开启违法所得没收程序。如果犯罪嫌疑人、被告人逃匿的，人民法院应当根据《刑事诉讼法》第206条的规定中止审理；如果犯罪嫌疑人、被告人死亡的，人民法院应当根据《刑事诉讼法》第16条的规定终止审理。如果符合没收违法所得条件的，应当再由人民检察院提出没收违法所得的申请，人民法院不能直接作出没收违法所得的裁定。

案例阅读

最高检指导案例（检例第74号）：李华波贪污案。李华波在红色通报发布一年后不能到案，2013年3月6日，上饶市人民检察院向上饶市中级人民法院提出没收李华波违法所得申请。2015年3月3日，上饶市中级人民法院作出一审裁定，认定李华波涉嫌重大贪污犯罪，其逃匿新加坡后被通缉，一年后未能到案。现有证据能够证明，被新加坡警方扣押的李华波夫妇名下财产共计540余万新加坡元，均系李华波的违法所得，依法予以没收。相关人员均未在法定期限内提出上诉，没收裁定生效。

二、审理程序★★

第一，管辖法院。由犯罪地或者犯罪嫌疑人、被告人居住地的中级人民法院进行审理。

第二，审判组织。由人民法院组成合议庭进行审理。

第三，申请审查。根据《刑诉解释》第613条第1款的规定，对没收违法所得的申请，人民法院应当在30日以内审查完毕，并按照下列情形分别处理：（1）属于没收违法所得申请受案范围和本院管辖，且材料齐全、有证据证明有犯罪事实的，应当受理。（2）不属于没收违法所得申请受案范围或者本院管辖的，应当退回人民检察院。（3）没收违法所得申请不符合“有证据证明有犯罪事实”标准要求的，应当通知人民检察院撤回申请。（4）材料不全的，应当通知人民检察院在7日以内补送；7日以内不能补送的，应当退回人民检察院。

第四，财产保全。人民检察院尚未查封、扣押、冻结申请没收的财产或者查封、扣押、冻结期限即将届满，涉案财产有被隐匿、转移或者毁损、灭失危险的，人民法院可以查封、扣押、冻结申请没收的财产。

第五，公告程序。人民法院受理没收违法所得的申请后，应当在15日内发出公告。公告期为6个月，公告期间不适用中止、中断、延长的规定。

第六，申请参诉。犯罪嫌疑人、被告人的近亲属和其他利害关系人有权申请参加诉讼，也可以委托派讼代理人参加诉讼。

第七，审理方式。根据《刑诉解释》第619条第2款的规定，利害关系人申请参加或者委托诉讼代理人参加诉讼的，应当开庭审理。没有利害关系人申请参加诉讼的，或者利害关系人及其诉讼代理人无正当理由拒不到庭的，可以不开庭审理。根据《刑诉解释》第619条第3款的规定，人民法院确定开庭日期后，应当将开庭的通知至迟在开庭审理3日以前送达；受送达人在境外的，至迟在开庭审理30日以前送达。

第八，举证责任。人民法院对没收违法所得的申请进行审理，人民检察院应当承担举证责任。人民法院对没收违法所得的申请开庭审理的，人民检察院应当派员出席法庭。

三、审理结果★★

第一，裁定没收。人民法院经审理，对经查证属于违法所得及其他涉案财产，除依法返还被害人的以外，应当裁定予以没收。

第二，裁定驳回。对不属于应当追缴的财产的，应当裁定驳回申请，解除查封、扣押、冻结措施。

案例阅读

黄艳兰违法所得没收申请一案，是在"两高"《关于适用犯罪嫌疑人、被告人逃匿、死亡案件违法所得没收程序若干问题的规定》（法释〔2017〕1号）发布后，国内首起适用该程序的案件。庭审中，检方提供了8组证据证明黄艳兰的3项主要犯罪事实：一是利用公司账户资金购买52套房产，系公款购买；二是利用公款炒作期货体外循环涉嫌侵吞1.8亿元；三是自三家公司换取6 000余万美元，不知去向。经审理查明：犯罪嫌疑人黄艳兰实施贪污犯罪后逃匿境外。其用于购买涉案52套房产资金来源于国有公司公款，检察机关申请没收的房产及相关银行账户存款属于黄艳兰贪污违法所得。桂林市中级人民法院认为，本案有证据证明犯罪嫌疑人黄艳兰实施了贪污犯罪，检察机关申请没收的财产属于黄艳兰贪污犯罪所得及产生的收益，依法应当适用违法所得没收程序裁定没收。

四、第二审程序★★

第一，上诉、抗诉。

对于人民法院作出的裁定，犯罪嫌疑人、被告人的近亲属和其他利害关系人或者人民检察院可以在5日以内提出上诉、抗诉。

第二，第二审结果。

（1）根据《刑诉解释》第623条第1款的规定，对不服第一审没收违法所得或者驳回申请裁定的上诉、抗诉案件，第二审人民法院经审理，应当按照下列情形分别处理：① 第一审裁定认定事实清楚和适用法律正确的，应当驳回上诉或者抗诉，维持原裁定；② 第一审裁定认定事实清楚，但适用法律有错误的，应当改变原裁定；③ 第一审裁定认定事实不清的，可以在查清事实后改变原裁定，也可以撤销原裁定，发回原审人民法院重新审判；④ 第一审裁定违反法定诉讼程序，可能影响公正审判的，应当撤销原裁定，发回原审人民法院重新审判。

（2）根据《刑诉解释》第623条第2款的规定，第一审人民法院对发回重新审判的案件作出裁定后，第二审人民法院对不服第一审人民法院裁定的上诉、抗诉，应当依法作出裁定，不得再发回原审人民法院重新审判；但是，第一审人民法院在重新审判过程中违反法定诉讼程序，可能影响公正审判的除外。

五、法院审理程序中的转换★★

法院审理程序中的转换，见表23-1。

表23-1　法院审理程序中的转换

没收程序转公诉程序	根据《刑诉解释》第625条的规定，在审理申请没收违法所得的案件过程中，在逃的犯罪嫌疑人、被告人到案的，人民法院应当裁定终止审理。人民检察院向原受理申请的人民法院提起公诉的，可以由同一审判组织审理。 注意：人民法院不能主动将没收程序转换为公诉程序，需要由检察院向法院提起公诉
公诉程序转没收程序或缺席程序	根据《刑诉解释》第626条的规定，在审理案件过程中，被告人脱逃或者死亡：符合《刑事诉讼法》第298条第1款规定的，人民检察院可以向人民法院提出没收违法所得的申请；符合《刑事诉讼法》第291条第1款规定的，人民检察院可以按照缺席审判程序向人民法院提起公诉

六、没收程序的审理期限★★

审理申请没收违法所得案件的期限，参照公诉案件第一审普通程序和第二审程序的审理期限执行。公告期间和请求刑事司法协助的时间不计入审理期限。

七、裁定生效后的救济措施★★

第一，犯罪嫌疑人、被告人到案，被提起公诉的。没收违法所得裁定生效后，犯罪嫌疑人、被告人到案并对没收裁定提出异议，人民检察院向原作出裁定的人民法院提起公诉的，可以由同一审判组织审理。人民法院经审理，应当按照下列情形分别处理：

（1）原裁定正确的，予以维持，不再对涉案财产作出判决。

（2）原裁定确有错误的，应当撤销原裁定，并在判决中对有关涉案财产一并作出处理决定。

第二，犯罪嫌疑人、被告人没有到案的。人民法院生效的没收裁定确有错误的，应当依照审判监督程序予以纠正。

延伸阅读

2012 年修订的《刑事诉讼法》增设了“犯罪嫌疑人、被告人逃匿、死亡案件违法所得的没收程序”，该程序为犯罪嫌疑人、被告人在逃匿、死亡的情形下进行赃款赃物的追回提供了新的解决路径，即可以不对犯罪嫌疑人、被告人进行定罪，直接针对与犯罪行为相关的违法所得进行没收。该项制度提高了我国跨境追赃的效率和力度，在 7 年的实践中也取得了如“李华波”案的重大成果。由于《刑事诉讼法》对于未定罪没收的规定在设立时就存在着诸如定性不明确、规定可操作性较低等问题，虽然在后续的立法过程中又新增了如最高人民法院、最高人民检察院《关于适用犯罪嫌疑人、被告人逃匿、死亡案件违法所得没收程序若干问题的规定》《中华人民共和国国际刑事司法协助法》等相关规定，仍无法完全解决实践中存在的问题。在这种情况下，为了进一步完善未定罪没收程序，就需要我们进一步放眼世界，借鉴西方发达国家国家关于未定罪没收程序实践中的相关经验对我国的制度进行完善。2018 年修订的《刑事诉讼法》继续保留了未定罪没收制度的同时，还引入了在跨境追赃中与未定罪没收制度有着类似功能的缺席审判制度。这对未定罪没收程序的实践应用与进一步完善也提出了新的挑战，在司法实践中，如何区分未定罪没收程序和刑事缺席审判程序的适用的条件，如何促进未定罪没收制度与刑事缺席审判的相互促进，也是在未来的追逃追赃过程中一个需要探讨的课题。

【课后阅读】

［1］陈卫东，李响：《论违法所得没收特别程序中的利害关系人》，《政法论坛》，2015 年第 1 期。

［2］熊秋红：《从特别没收程序的性质看制度完善》，《法学》，2013 年第 9 期。

［3］孙皓：《保全、没收与分配：针对财产权的刑事程序架构》，《财经法学》，2021 年第 4 期。

［4］何帆：《刑事没收研究：国际法与比较法的视角》，北京：法律出版社，2007 年。

第 24 章　精神病人的强制医疗程序

本章思维导图 <<<

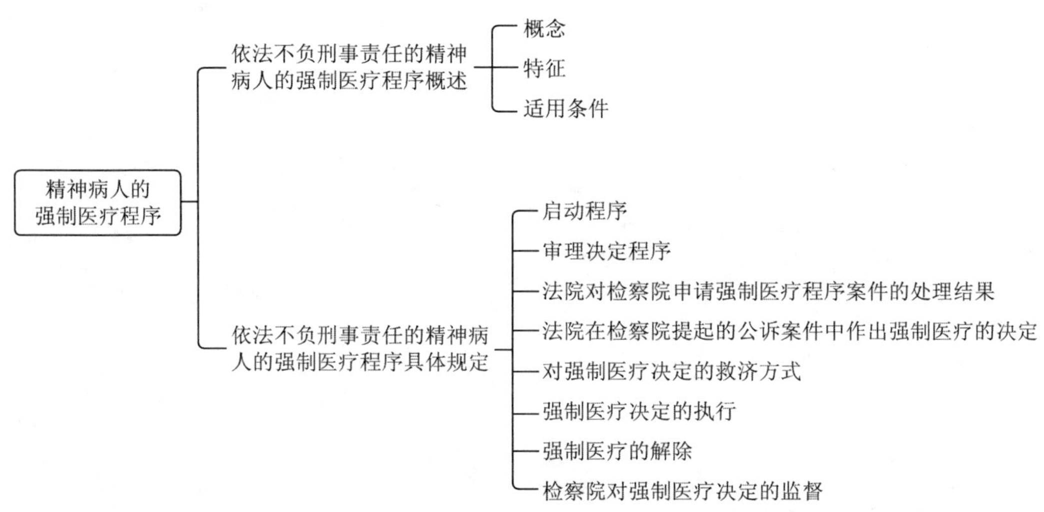

24.1 依法不负刑事责任的精神病人的强制医疗程序概述

一、强制医疗程序的概念★

强制医疗是出于避免危害社会和保障精神疾病患者健康利益的目的而采取的一项对精神疾病患者的人身自由予以一定限制并对其所患精神疾病进行治疗的特殊保安处分措施。

二、强制医疗程序的特征★★

第一，适用对象的特殊性。

我国强制医疗的适用对象是实施暴力行为，危害公共安全或者严重危害公民人身安全，经法定程序鉴定依法不负刑事责任的精神病人。

第二，适用措施的强制性。

如果行为人符合强制医疗的法定适用条件，不论本人或其家属是否同意，只要经人民法院决定都应强制入院，在专门的医疗机构中接受监护隔离和康复治疗。

第三，适用目的的双重性。

（1）通过积极康复治疗，使被强制对象恢复健康、改善精神状况，从而达到维护精神病人身体健康利益的目的。（2）通过强制性医疗，消除被强制对象的人身危险性，使其不再对社会公众构成威胁，实现保障公众安全、维护社会和谐有序的目的。

所以，从性质上说，强制医疗是针对精神病人的一种社会防卫措施，而非刑罚措施。

三、强制医疗程序的适用条件★★

第一，实施了危害公共安全或者严重危害公民人身安全的暴力行为的精神病人。立法将强制医疗的适用对象局限于具有暴力倾向及主动攻击意识的精神病人，这在客观上要求行为人实施了暴力行为并造成了一定的危害结果，即对公共安全造成了危害或者严重危害了公民的人身安全。

第二，经法定程序鉴定属依法不负刑事责任的精神病人。在侦查、审查起诉阶段，公安机关、人民检察院有权启动精神病鉴定程序。在审判阶段，针对控辩双方有争议的鉴定意见进行核实时，法院可以启动重新鉴定或者补充鉴定。犯罪嫌疑人的辩护人、近亲属有权申请启动精神病鉴定程序。

第三，有继续危害社会的可能。

案例阅读

连续发生的精神病患者犯罪引发全社会的关注。2019年7月18日，日本"京都动画"工作室被41岁的犯罪嫌疑人青叶真司纵火，导致35人死亡，造成日本动漫界空前的惨重损失。同年7月20日，我国香港演员任达华在商演时被陈某（偏执型精神分裂症）刺伤，所幸并无生命危险。近年来，精神病患者犯罪往往因案件性质恶劣、伤亡惨重、鉴定质疑、难以追责等引发巨大的舆论争议。对于完全无刑事责任能力的精神病患者，为了防止继续危害社会的事件发生，并保护当事人的合法权益，公众多寄希望通过强制医疗"一劳永逸"地解决"武疯子"肇事的问题。然而，调查显示，仅16.0%的精神病患者被强制医疗。为什么强制医疗面临执行难的难题呢？目前存在强制医疗可操作性不强、"僧多粥少"的问题。国家卫健委的统计数字显示，截止到2017年年底，全国登记在册的严重精神障碍患者达581万人。另据不完全统计，全国每年由精神病患者引发的刑事案件达1万起以上。一些严重精神病患者在公共场所肇事肇祸、采用暴力手段导致无辜群众伤亡的事件屡见报端，引起社会广泛的关注和恐慌。

24.2 依法不负刑事责任的精神病人的强制医疗程序的具体规定

一、启动程序★★

依法不负刑事责任的精神病人的强制医疗的启动程序，见表24-1。

表24-1 依法不负刑事责任的精神病人的强制医疗的启动程序

公安机关	公安机关发现精神病人符合强制医疗条件的，应当写出强制医疗意见书，移送人民检察院	
人民检察院	主管部门	人民检察院审查公安机关移送的强制医疗意见书，向人民法院提出强制医疗的申请及对强制医疗决定的监督，由捕诉部门办理
	审查程序	（1）人民检察院应当在接到公安机关移送的强制医疗意见书后30日以内作出是否提出强制医疗申请的决定 （2）对于公安机关移送的强制医疗案件，经审查认为不符合《刑事诉讼法》第302条规定条件的，应当作出不提出强制医疗申请的决定，并向公安机关书面说明理由；认为需要补充证据的，应当书面要求公安机关补充证据，必要时也可以自行调查。 （3）公安机关补充证据的时间不计入人民检察院办案期限。

续表

人民检察院	监督程序	人民检察院发现公安机关应当启动强制医疗程序而不启动的，可以要求公安机关在 7 日以内书面说明不启动的理由。经审查，认为公安机关不启动理由不能成立的，应当通知公安机关启动程序。
	申请程序	对于公安机关移送的或者在审查起诉过程中发现的精神病人符合强制医疗条件的，人民检察院应当向人民法院提出强制医疗的申请。
人民法院	人民法院在审理案件过程中发现被告人符合强制医疗条件的，可以作出强制医疗的决定。	

所以，启动强制医疗程序的方式有两个：检察院申请和法院决定。公安机关没有直接启动强制医疗程序的权力，只是提出意见书，移送人民检察院。对实施暴力行为的精神病人，在人民法院决定强制医疗前，公安机关可以采取临时的保护性约束措施。法院不能主动开启审判程序，但是可以主动作出强制医疗的决定。

案例阅读

过去，对精神病患者进行强制医疗通过政府部门的行政程序决定，但由于强制医疗关涉公民的人身权利，该种做法的程序公正性不足，也不利于保障被强制医疗者的合法权利，实践中甚至发生“被精神病”的情况。为此，《刑事诉讼法》第 303 条规定，根据本章规定对精神病患者强制医疗的，由人民法院决定。公安机关发现精神病患者符合强制医疗条件的，应当写出强制医疗意见书，移送人民检察院。《刑事诉讼法》还增设了“依法不负刑事责任的精神病患者的强制医疗程序”。然而，对于如何执行、怎么实施强制医疗却没有提及配套措施。《精神卫生法》也未就强制医疗的救治机构、经费人员等作出呼应。

在执法过程中，目前依旧存在一些刑事案件的办案人员一听说作案者患过精神障碍，就送往医疗机构要求办理住院，没走司法程序就实施强制医疗的现象。实际上，对于暴力犯罪的重症精神患者，按照我国《刑事诉讼法》，应该通过一系列司法程序，有刑事责任能力的，能正常接受诉讼和受审，则正常受审；没有刑事责任能力的，由法院决定实施强制医疗，一般是由安康医院（或强制医疗所）收治。

二、审理决定程序★★★

第一，管辖法院。

根据《刑诉解释》第 631 条的规定，人民检察院申请对依法不负刑事责任的精神病人强制医疗的案件，由被申请人实施暴力行为所在地的基层人民法院管辖；由被申请人居住地的人民法院审判更为适宜的，可以由被申请人居住地的基层人民法院管辖。

第二，审判组织。

人民法院受理强制医疗的申请后，应当组成合议庭进行审理。

对申请的审查处理：根据《刑诉解释》第 633 条的规定，对人民检察院提出的强制医疗申请，人民法院应当在 7 日以内审查完毕，并按照下列情形分别处理：① 属于强制医疗程序受案范围和本院管辖且材料齐全的，应当受理；② 不属于本院管辖的，应当退回人民检察院；③ 材料不全的，应当通知人民检察院在 3 日以内补送；3 日以内不能补送的，应当退回人民检察院。

第三，权利保障。

（1）根据《刑诉解释》第 634 条第 1 款的规定，审理强制医疗案件，应当通知被申请人或者被告人的法定代理人到场；被申请人或者被告人的法定代理人经通知未到场的，可以通知被申请人或者被告人的其他近亲属到场。

（2）根据《刑诉解释》第 634 条第 2 款的规定，被申请人或者被告人没有委托诉讼代理人的，应当自受理强制医疗申请或者发现被告人符合强制医疗条件之日起 3 日以内，通知法律援助机构指派律师担任其诉讼代理人，为其提供法律帮助。

（3）根据《刑诉解释》第 635 条第 2 款的规定，审理强制医疗案件，应当会见被申请人，听取被害人及其法定代理人的意见。

第四，审理方式。

审理强制医疗案件，应当组成合议庭，开庭审理。被申请人、被告人的法定代理人请求不开庭审理并经人民法院审查同意的除外。

第五，审理期限。

经人民法院审理，对被申请人或者被告人符合强制医疗条件的，应当在 1 个月以内作出强制医疗的决定。

三、法院对检察院申请强制医疗程序案件的处理结果★★

根据《刑诉解释》第 637 条的规定，对申请强制医疗的案件，人民法院审理后，应当按照下列情形分别处理：

第一，符合刑事诉讼法第 302 条规定的强制医疗条件的，应当作出对被申请人强制医疗的决定。

第二，被申请人属于依法不负刑事责任的精神病人，但不符合强制医疗条件的，应当作出驳回强制医疗申请的决定；被申请人已经造成危害结果的，应当同时责令其家属或者监护人严加看管和医疗。

第三，被申请人具有完全或者部分刑事责任能力，依法应当追究刑事责任的，应当作出驳回强制医疗申请的决定，并退回人民检察院依法处理。

注意：针对强制医疗的申请，法院只能作出“决定”。

四、法院在检察院提起的公诉案件中作出强制医疗的决定★★

人民法院在审理过程中发现被告人可能符合强制医疗条件的，应当依照法定程序对被告人进行法医精神病鉴定。经鉴定，被告人属于依法不负刑事责任的精神病人的，应当适用强制医疗程序进行审理。根据《刑诉解释》第639条的规定，人民法院审理后，应当按照下列情形分别处理：

第一，被告人符合强制医疗条件的，应当判决宣告被告人不负刑事责任，同时作出对被告人强制医疗的决定。

第二，被告人属于依法不负刑事责任的精神病人，但不符合强制医疗条件的，应当判决宣告被告人无罪或者不负刑事责任；被告人已经造成危害结果的，应当同时责令其家属或者监护人严加看管和医疗。

第三，被告人具有完全或者部分刑事责任能力，依法应当追究刑事责任的，应当依照普通程序继续审理。

五、对强制医疗决定的救济方式★★

第一，被决定强制医疗的人、被害人及其法定代理人、近亲属对强制医疗决定不服的，可以自收到决定书第2日起5日以内向上一级人民法院申请复议。

第二，对不服强制医疗决定的复议申请，上一级人民法院应当组成合议庭审理，并在1个月内按照下列情形分别作出复议决定：① 被决定强制医疗的人符合强制医疗条件的，应当驳回复议申请，维持原决定；② 被决定强制医疗的人不符合强制医疗条件的，应当撤销原决定；③ 原审违反法定诉讼程序，可能影响公正审判的，应当撤销原决定，发回原审人民法院重新审判。

案例阅读

湖北省十堰市的彭宝泉“被精神病事件”：湖北省十堰市的彭宝泉，因拍摄了几张群众上访的照片后，被送进派出所，并被派出所送进当地的茅箭精神病医院。河南漯河市的徐林东“被精神病事件”：帮助残疾人状告镇政府而被送进精神病医院的漯河的徐林东，6年半里被捆绑48次、电击54次，从而使得“被精神病事件”更引发社会关注。

六、强制医疗决定的执行★

人民法院决定强制医疗的，应当在作出决定后5日内向公安机关送达强制医疗决定书和强制医疗执行通知书，由公安机关将被决定强制医疗的人送交强制医疗。

延伸阅读

目前，强制医疗决定的执行存在一定问题。

一是相关责任部门不明确，执行难。根据《刑事诉讼法》第303条第3款规定，对实施暴力行为的精神病人，在法院决定强制医疗前，公安机关可以采取临时的保护性约束措施。现实中，涉案精神病人为外地人员，且辖区内无可以托付的监护人的，只能建议公安机关采取临时保护性约束措施。由于现有法律未对相关责任主体及职责作出规定，故在司法实践中，即使公安机关接受检察建议愿意采取相关措施，但是因没有相关部门愿意接受涉案精神病人，导致执行举步维艰。深圳市龙岗区检察院办理的赵某强制医疗案即是典型例证。该案中，民政部门、福利院等均拒绝接收赵某，公安机关不得已将赵某交由康宁医院，即使先行交付费用，康宁医院为避免承担责任，仍要求办案民警连续7天看管赵某，直至法院作出最终决定。

二是相关法律规定过于笼统，操作难。修改后的刑事诉讼法明确规定了对依法不负刑事责任的精神病人进行强制医疗，但未对执行程序、执行地点及执行费用等具体问题作出规定，导致操作起来无章可循。在龙岗区检察院办理的5起强制医疗案件中，涉案精神病人的强制医疗费用是公、检、法三大机关面临的棘手问题。精神病人的治疗周期长、费用高，涉案精神病人的监护人为逃避经济责任，对强制医疗的相关问题都是避之不及，而政府财政也未设立相关专项救助资金。在司法系统内部，相关的救助资金一般都是针对刑事案件的被害人，而涉案精神病人一般都是刑事案件中的犯罪嫌疑人或者被告人，适用起来也存在困难。

三是现有医疗条件有限，医疗难。依法应当被强制医疗的精神病人，一般都是重度精神病人，社会危险性高，应当接受较好的专业治疗。目前，龙岗区检察院申请强制医疗的案件，法院予以支持后，一般都是由公安机关将涉案人员交由康宁医院治疗。而事实上，康宁医院作为该领域资历最深的专业医院，早已不堪重负。在赵某强制医疗案中，法院作出最终决定前，赵某由民警照看，在康宁医院治疗。据民警介绍，赵某与另外3个精神病人关在一个小小的治疗房里，狭隘的空间让4个精神病人互相产生负面的影响，导致病人情绪更不稳定，非常不利于康复治疗。

四是精神病人情况复杂，“出路”难。在强制医疗案件中，精神病人接受强制医疗后，何时可以解除强制医疗？如何判断是否符合解除条件？解除后病人如何安置？这些问题在司法实践和法律条文中均找不到答案。现实生活中，一般司法机关的承办人员无法对病人的病情作出专业判断，只能靠医院出具的相关鉴定结论，没有其他评估标准。即使医生认为病人可以出院，对社会不再存在危险性，涉案精神病人的家属也不愿意接收病人，导致治疗后的精神病人无处可留。在赵某强制医疗案中，其父亲在检察院排除万难申请到 2 万元救助资金后，才肯过来接走赵某。

七、强制医疗的解除★★

第一，启动方式。

（1）建议解除。

强制医疗机构应当定期对被强制医疗的人进行诊断评估。对于已不具有人身危险性，不需要继续强制医疗的，应当及时提出解除意见，报决定强制医疗的人民法院批准。

（2）申请解除。

被强制医疗的人及其近亲属申请解除强制医疗的，应当向决定强制医疗的人民法院提出。被强制医疗的人及其近亲属提出的解除强制医疗申请被人民法院驳回，6 个月后再次提出申请的，人民法院应当受理。

第二，法院审查。

人民法院应当组成合议庭进行审查，并在 1 个月内按照下列情形分别处理：

（1）被强制医疗的人已不具有人身危险性，不需要继续强制医疗的，应当作出解除强制医疗的决定，并可责令被强制医疗的人的家属严加看管和医疗。

（2）被强制医疗的人仍具有人身危险性，需要继续强制医疗的，应当作出继续强制医疗的决定。

人民法院应当在作出决定后 5 日内将决定书送达强制医疗机构、申请解除强制医疗的人、被决定强制医疗的人和人民检察院。决定解除强制医疗的，应当通知强制医疗机构在收到决定书的当日解除强制医疗。

八、检察院对强制医疗决定的监督★★

人民检察院认为强制医疗决定或者解除强制医疗决定不当，在收到决定书后 20 日内提出书面纠正意见的，人民法院应当另行组成合议庭审理，并在 1 个月内作出决定。

案例阅读

2018 年《人民检察院强制医疗决定程序监督工作规定》出台，坚决防止和纠正犯罪嫌疑人“假冒精神病人”逃脱法律制裁和普通人“被精神病”而错误强制医疗。在强制医疗实施过程中，“被精神病”现象一直为人诟病。除了需要警惕行政机关把上访人员关入精神病院的现象外，还需要注意“被亲属送进精神病院进行强制医疗”的情形。例如，驻马店市一同性恋男子就被妻子及家人送入精神病院进行强制治疗。遇有此种情况，当事人及其近亲属对强制医疗存在争议，应赋予他们诉诸司法的权利。

【课后阅读】

［1］元轶：《法官心证与精神病鉴定及强制医疗关系论》，《政法论坛》，2016 年第 6 期；

［2］胡嘉金，刘志军：《解除强制医疗程序实务探析》，《法律适用》，2018 年第 13 期。

［3］王君炜：《我国强制医疗诉讼救济机制之检讨》，《法学》，2016 年第 12 期。

［4］王迎龙：《刑事强制医疗制度研究》，北京：中国政法大学出版社，2016 年。

第 25 章　涉外刑事诉讼程序与刑事司法协助制度

本章思维导图 <<<

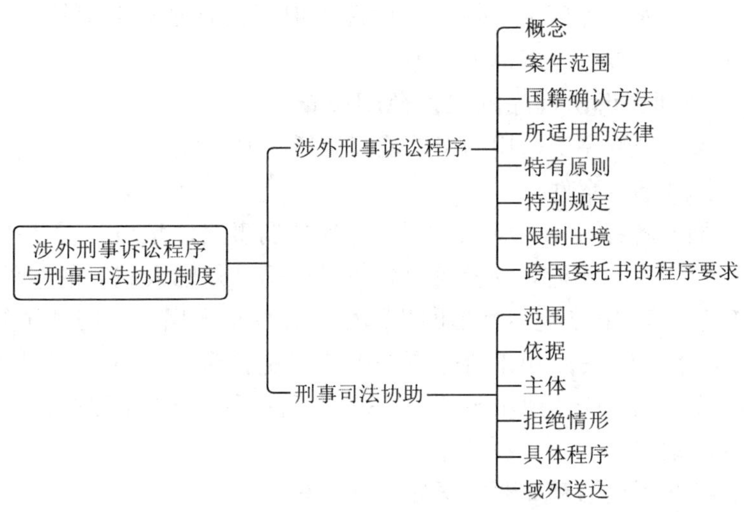

25.1　涉外刑事诉讼程序

一、涉外刑事诉讼程序的概念★

涉外刑事诉讼程序是指诉讼活动涉及外国人（包括无国籍人）或需要在国外进行的刑事诉讼所特有的方式、方法和步骤。简言之，涉外刑事诉讼程序，就是涉外刑事诉讼所特有的方式、方法和步骤。

涉外刑事诉讼与涉外案件的刑事诉讼不同。涉外刑事诉讼是指刑事诉讼活动涉及外国人（包括无国籍人）或者某些诉讼活动需要在国外进行这两种情况。涉外刑事诉讼包括涉外案件的刑事诉讼，但又不仅指涉外案件的刑事诉讼。在司法实践中，有些案件不是涉外案件，但案发时或案发后的一些特殊情况，使得这些案件的诉讼活动涉及外国人或需要在国外进行。例如：目击案件发生的证人是外国人，或虽是中国人但诉讼时已身在国外；案件发生后，犯罪嫌疑人、被告人潜逃国外等。

二、涉外刑事诉讼程序的案件范围★★

涉外刑事诉讼程序所适用的案件范围包括两类。

第一，涉外刑事案件。

根据《刑诉解释》第475条的规定，涉外刑事案件是指：① 在中华人民共和国领域内，外国人犯罪或者我国公民对外国、外国人犯罪的案件；② 符合刑法第7条、第10条规定情形的我国公民在中华人民共和国领域外犯罪的案件；③ 符合《刑法》第8条、第10条规定情形的外国人犯罪的案件；④ 符合刑法第9条规定情形的中华人民共和国在所承担国际条约义务范围内行使管辖权的案件。

第二，某些诉讼活动需要在国外进行的案件。

（1）某些刑事诉讼活动需要在国外进行的非涉外刑事案件。

（2）外国司法机关管辖的，根据国际条约或者互惠原则，外国司法机关请求中国司法机关为其提供刑事司法协助的案件，等等。

延伸阅读

长久以来，在涉外刑事诉讼方面，国内学者大多只专注于研究外国人在我国境内犯罪的刑事案件。近年来，随着我国对外开放力度的加大，我国公民已经遍布全球，特别是随着“一带一路战略”的提出和推进，我国对外贸易、对外投资不断增长，对外劳务输出日益增多。与此同时，我国公民在境外犯罪，以及外国人对我国公民犯罪的案件同样逐年增长，加之外国人在境外针对我国公民犯罪的刑事案件，特别是跨国犯罪集团侵害我国公民合法权益的案件的增多，如备受关注的湄公河“10·5”中国船员遇害案和“9·28”特大跨国电信诈骗案，涉外刑事审判成为重要课题。

三、国籍确认方法★

根据《刑诉解释》第477条的规定，按照下列方法确定外国人的国籍：

第一，根据其入境时持用的有效证件确认。现实中存在被告人通过海关进入我国境内，但持有两国甚至多国护照或身份证明的情形，此种情形下，应当以其通关时所持用的国籍证件为认定国籍的依据。

第二，国籍不明的，根据公安机关或者有关国家驻华使领馆出具的证明确认。

第三，国籍无法查明的，以无国籍人对待，适用本章有关规定，在裁判文书中写明“国籍不明”。

四、涉外刑事诉讼所适用的法律★

涉外刑事诉讼是中国刑事诉讼活动的一个组成部分，因而它所适用的实体法和程序法都应是中国的法律及中国参加或者缔结的国际条约或国际公约，不存在适用外国实体法和程序法的问题。即使中国司法机关接受外国司法机关的请求，协助他们调查取证、查缉罪犯，也应按照中国刑事诉讼法规定的方法、步骤进行。

五、涉外刑事诉讼的特有原则★★

涉外刑事诉讼的特有原则是指司法机关及诉讼参与人进行涉外刑事诉讼时所应遵守的行为准则。

第一，适用中国刑事法律和信守国际条约相结合的原则。

第二，外国籍犯罪嫌疑人、被告人享有中国法定的诉讼权利并承担诉讼义务的原则。

第三，使用中国通用的语言文字进行诉讼的原则。

第四，外国籍当事人委托中国律师辩护或代理的原则。

注意：此处不等于必须委托中国辩护人或者代理人，如果外国人以非律师身份出现，是可以的，但是不能享有律师的相关权利，只能享有一般的辩护人、代理人的权利。

六、涉外刑事诉讼的特别规定★

第一，管辖。第一审涉外刑事案件，除《刑事诉讼法》第21~23条规定的以外，由基层人民法院管辖。必要时，中级人民法院可以指定辖区内若干基层人民法院集中管辖第一审涉外刑事案件，也可以依照《刑事诉讼法》第

24 条的规定，审理基层人民法院管辖的第一审涉外刑事案件。

第二，特定事项通知有关国家驻华使、领馆。

第三，探视、会见与旁听。

七、限制出境★

第一，对涉外刑事案件的被告人，可以决定限制出境。

第二，对开庭审理案件时必须到庭的证人，可以要求暂缓出境。

第三，限制外国人出境的，应当同时通报同级人民政府外事主管部门和当事人国籍国驻华使、领馆。

第四，人民法院决定限制外国人和中国公民出境的，应当书面通知被限制出境的人在案件审理终结前不得离境，并可以采取扣留护照或者其他出入境证件的办法限制其出境；扣留证件的，应当履行必要手续，并发给其扣留证件的证明。

第五，需要对外国人和中国公民在口岸采取边控措施的，受理案件的人民法院应当按照规定制作边控对象通知书，并附有关法律文书，层报高级人民法院办理交控手续。紧急情况下，需要采取临时边控措施的，受理案件的人民法院可以先向有关口岸所在地出入境边防检查机关交控，但应当在 7 日以内按照规定层报高级人民法院办理手续。

八、跨国委托书的程序要求★

根据《刑诉解释》第 486 条的规定，外国籍当事人从中华人民共和国领域外寄交或者托交给中国律师或者中国公民的委托书，以及外国籍当事人的监护人、近亲属提供的与当事人关系的证明，必须经所在国公证机关证明，所在国中央外交主管机关或者其授权机关认证，并经中华人民共和国驻该国使领馆认证，或者履行中华人民共和国与该所在国订立的有关条约中规定的证明手续，但我国与该国之间有互免认证协定的除外。

25.2 刑事司法协助

一、刑事司法协助的概念★

刑事司法协助是指一国的法院或其他的司法机关，根据另一国的法院或其他司法机关的请求，代为或者协助实行与刑事诉讼有关的司法行为。

延伸阅读

改革开放以来，我国不断加强反腐败的制度和刑事法治建设，取得了积极成效。但是伴随着全球化的发展，近年来我国携款外逃事件频繁发生。在此过程中，通过洗钱将巨额资金汇出境外，准备护照，将家属转移出境，然后择机潜逃境外，已经成为腐败犯罪分子出逃的经典方式。针对这种局面，近年来我国大力加强境外追逃追赃的反腐败国际刑事司法合作，办结了赖昌星遣返案、中国银行开平支行案、胡星劝返案、高山劝返案等一系列成功案例，追回了大量涉案腐败犯罪资产。党的十八大以来，以习近平同志为核心的党中央展开了新一轮反腐败高潮，要求各有关部门加大反腐败国际追逃追赃力度，不能让外国成为一些腐败分子的“避罪天堂”，腐败分子即使逃到天涯海角，也要把他们追回来绳之以法。党的十八届四中全会通过的《关于全面推进依法治国若干重大问题的决定》特别强调，要深化司法领域国际合作，完善我国司法协助体制，扩大国际司法协助覆盖面，加强反腐败国际合作，加大海外追赃追逃、遣返引渡力度。

二、刑事司法协助的范围★

狭义的刑事司法协助是指与审判有关的刑事司法协助，它包括送达刑事司法文书、询问证人和鉴定人、搜查、扣押、有关物品的移交及提供有关法律资料等。广义的刑事司法协助除了狭义上的刑事司法协助以外，还包括引渡等内容。

三、刑事司法协助的依据★

根据《刑诉解释》第 491 条的规定，请求和提供司法协助，应当依照《中华人民共和国国际刑事司法协助法》、我国与有关国家、地区签订的刑事司法协助条约、移管被判刑人条约和有关法律规定进行。对请求书的签署机关、请求书及所附材料的语言文字、有关办理期限和具体程序等事项，在不违反中华人民共和国法律的基本原则的情况下，可以按照刑事司法协助条约的规定或者双方协商办理。

四、刑事司法协助的主体★

刑事司法协助的主体是指请求提供刑事司法协助和接受请求提供刑事司法协助的司法机关，包括请求国的司法机关和接受请求国的司法机关。在主张刑事司法协助狭义说的国家，刑事司法协助的主体仅指人民法院；在主张刑事司法协助广义说的国家，刑事司法协助的主体，除了法院外，还包括检察机关、公安机关。

我国主张刑事司法协助广义说，因此，我国的公安机关、检察机关和人民法院都是刑事司法协助的主体。

五、刑事司法协助的拒绝情形★

根据《刑诉解释》第 492 条的规定，外国法院请求的事项有损中华人民共和国的主权、安全、社会公共利益以及违反中华人民共和国法律的基本原则的，人民法院不予协助；属于有关法律规定的可以拒绝提供刑事司法协助情形的，可以不予协助。

六、刑事司法协助的具体程序★★

第一，我国请求外国。根据《刑诉解释》第493条第1款的规定，人民法院请求外国提供司法协助的，应当层报最高人民法院，经最高人民法院审核同意后交由有关对外联系机关及时向外国提出请求。

第二，外国请求我国。根据《刑诉解释》第493条第2款的规定，外国法院请求我国提供司法协助，有关对外联系机关认为属于人民法院职权范围的，经最高人民法院审核同意后转有关人民法院办理。

七、刑事司法协助的域外送达★

根据《刑诉解释》第495条的规定，人民法院向在中华人民共和国领域外居住的当事人送达刑事诉讼文书，可以采用下列方式：① 根据受送达人所在国与中华人民共和国缔结或者共同参加的国际条约规定的方式送达；② 通过外交途径送达；③ 对中国籍当事人，所在国法律允许或者经所在国同意的，可以委托我国驻受送达人所在国的使领馆代为送达；④ 当事人是自诉案件的自诉人或者附带民事诉讼原告人的，可以向有权代其接受送达的诉讼代理人送达；⑤ 当事人是外国单位的，可以向其在中华人民共和国领域内设立的代表机构或者有权接受送达的分支机构、业务代办人送达；⑥ 受送达人所在国法律允许的，可以邮寄送达；自邮寄之日起满3个月，送达回证未退回，但根据各种情况足以认定已经送达的，视为送达；⑦ 受送达人所在国法律允许的，可以采用传真、电子邮件等能够确认受送达人收悉的方式送达。

案例阅读

最高检指导案例（检例第74号）：李华波贪污案。2011年1月29日，李华波逃往新加坡。2011年2月13日，鄱阳县人民检察院以涉嫌贪污罪对李华波立案侦查，同月16日，上饶市人民检察院以涉嫌贪污罪对李华波决定逮捕。中新两国当时未签订双边引渡和刑事司法协助条约，经有关部门充分沟通协商，决定依据两国共同批准加入的《联合国反腐败公约》和司法协助互惠原则，务实开展该案的国际司法合作。为有效开展工作，中央追逃办先后多次组织召开案件协调会，由监察、检察、外交、公安、审判和司法行政及地方执法部门组成联合工作组先后8次赴新加坡开展工作。因中新两国最高检察机关均被本国指定为实施《联合国反腐败公约》司法协助的中央机关，其中6次由最高人民检察院牵头组团与新方进行工作磋商，拟定李华波案国际司法合作方案，相互配合，分步骤组织实施。2011 年 2 月 23 日，公安部向国际刑警组织请求对李华波发布红色通报，并向新加坡国际刑警发出协查函。2011 年 3 月初，新加坡警方拘捕李华波。随后新加坡法院发出冻结令，冻结李华波夫妇转移到新加坡的涉案财产。2012 年 9 月，新加坡总检察署以 3 项“不诚实盗取赃物罪”指控李华波。2013 年 8 月 15 日，新加坡法院一审判决认定对李华波的所有指控罪名成立，判处其 15 个月监禁。

为迫使李华波回国投案，中方依法吊销李华波全家 4 人中国护照并通知新方。2015 年 1 月，新加坡移民局作出取消李华波全家 4 人新加坡永久居留权的决定。2015 年 2 月 2 日，李华波主动写信要求回国投案自首。2015 年 5 月 9 日，李华波被遣返回国，同日被执行逮捕。2015 年 12 月 30 日，上饶市人民检察院以李华波犯贪污罪向上饶市中级人民法院提起公诉。2017 年 1 月 23 日，上饶市中级人民法院以贪污罪判处李华波无期徒刑，剥夺政治权利终身，并处没收个人全部财产。扣除同案犯徐德堂等人已被追缴的赃款及依照违法所得没收程序裁定没收的赃款，剩余赃款继续予以追缴。李华波案集追逃、追赃和异地追诉于一体，是在《刑事诉讼法》增设了违法所得特别没收程序后，我国首次适用未定罪没收程序追缴外逃腐败分子境外赃款的成功案例。

【课后阅读】

［1］冯俊伟：《刑事司法协助所获证据的可采性审查：原则与方法》，《中国刑事法杂志》，2017 年第 6 期。

［2］郭华：《涉外刑事诉讼与司法协助程序》，北京：中国人民公安大学出版社，2011 年。

［3］楼伯坤：《APEC 成员合作反腐司法一体化机制构建》，《中国法学》，2016 年第 2 期。